CS 比 较 译 丛 38

比 较 出 思 想

比较
Comparative Studies

事业还是家庭？

CAREER AND FAMILY
WOMEN'S CENTURY-LONG JOURNEY TOWARD EQUITY

女性追求平等的百年旅程

［美］克劳迪娅·戈尔丁（Claudia Goldin） 著
颜进宇　颜超凡 译

中信出版集团｜北京

图书在版编目（CIP）数据

事业还是家庭？/（美）克劳迪娅·戈尔丁著；颜进宇，颜超凡译. -- 北京：中信出版社，2023.7（2023.10重印）
书名原文：Career and Family: Women's Century-Long Journey toward Equity
ISBN 978-7-5217-5704-0

Ⅰ.①事… Ⅱ.①克…②颜…③颜… Ⅲ.①家庭经济学－研究 Ⅳ.① F063.4

中国国家版本馆 CIP 数据核字（2023）第 095081 号

Career and Family: Women's Century-Long Journey toward Equity by Claudia Goldin
Copyright © 2021 by Claudia Goldin
All rights reserved. No part of this book may be reproduced or transmitted in any form or by any means, electronic or mechanical, including photocopying, recording or by any information storage and retrieval system, without permission in writing from the Publisher.
Simplified Chinese translation copyright © 2023 by CITIC Press Corporation
ALL RIGHTS RESERVED
本书仅限中国大陆地区发行销售

事业还是家庭？
著者：　　[美]克劳迪娅·戈尔丁
译者：　　颜进宇　颜超凡
出版发行：中信出版集团股份有限公司
　　　　　（北京市朝阳区东三环北路 27 号嘉铭中心　邮编 100020）
承印者：　北京通州皇家印刷厂

开本：787mm×1092mm 1/16　　印张：20.25　　字数：278 千字
版次：2023 年 7 月第 1 版　　印次：2023 年 10 月第 2 次印刷
京权图字：01-2021-4110　　书号：ISBN 978-7-5217-5704-0
　　　　　　　　　　　　　　定价：79.00 元

版权所有·侵权必究
如有印刷、装订问题，本公司负责调换。
服务热线：400-600-8099
投稿邮箱：author@citicpub.com

目 录

"比较译丛"序　III

中文版序　VII

第 1 章　无法命名的新问题　001

第 2 章　传递接力棒　019

第 3 章　分岔路口　049

第 4 章　桥梁群体　067

第 5 章　和贝蒂·弗里丹站在十字路口　089

第 6 章　无声的革命　116

第 7 章　革命推手　142

第 8 章　注意差距　161

第 9 章　律师和药师案例　187

第 10 章　随时待命　208

后　　记　被放大的旅途终点　235

致　　谢　255

资料来源附录　261

注　　释　269

参考文献　305

"比较译丛"序

2002年，我为中信出版社刚刚成立的《比较》编辑室推荐了当时在国际经济学界产生了广泛影响的几本著作，其中包括《枪炮、病菌与钢铁》、《从资本家手中拯救资本主义》、《再造市场》（有一版的中文书名为《市场演进的故事》）。其时，通过20世纪90年代的改革，中国经济的改革开放取得了阶段性成果，突出标志是初步建立了市场经济体制的基本框架和加入世贸组织。当时我推荐这些著作的一个目的是，通过比较分析世界上不同国家的经济体制转型和经济发展经验，启发我们在新的阶段，多角度、更全面地思考中国的体制转型和经济发展的机制，由此便开启了"比较译丛"的翻译和出版。从那时起至今，"比较译丛"引介了数十种译著，内容涵盖经济学前沿理论、转轨经济、比较制度分析、经济史、经济增长和发展等诸多方面。

时至2015年，中国已经成为世界第二大经济体，跻身中等收入国家的行列，并开始向高收入国家转型。中国经济的增速虽有所放缓，但依然保持在中高速的水平上。与此同时，曾经引领世界经济发展的欧美等发达经济体，却陷入了由次贷危机引爆的全球金融危机，至今仍未走出衰退的阴影。这种对比自然地引发出有关制度比较和发展模式比较的讨论。在这种形势下，我认为更有必要以开放的心态，更多、更深入地学习各国的发展经验和教训，从中汲取智慧，这对思考中国的深层次问题极具价值。正如美国著名政治学家和社会学家李普塞特（Seymour Martin Lipset）说过的一句名言："只懂得一个国家的人，他实际上什么国家都不懂。"（Those who only know one country know no country.）这是因为只有越过自己的国家，才能知道什么是真正的共同规律，什么是真正的特殊情况。如果没有比较分析的视野，既不利于深刻地认识中国，也不利于明智地认识世界。

相比于人们眼中的既得利益，人的思想观念更应受到重视。就像技术创新可以放宽资源约束一样，思想观念的创新可以放宽政策选择面临的政治约束。无论是我们国家在20世纪八九十年代的改革，还是过去和当下世界其他国家的一些重大变革，都表明"重要的改变并不是权力和利益结构的变化，而是当权者将新的思想观念付诸实施。改革不是发生在既得利益者受挫的时候，而是发生在他们运用不同策略追求利益的时候，或者他们的利益被重新界定的时候"。[①]可以说，利益和思想观念是改革的一体两面。囿于利益而不敢在思想观念上有所突破，改革就不可能破冰前行。正是在这个意义上，当今中国仍然处于一个需要思想创新、观念突破的时代。而比较分析可以激发好奇心、开拓

---

① Dani Rodrik, "When Ideas Trump Interests:Preferences,Worldviews,and Policy Innovations," NBER Working Paper 19631,2003.

新视野、启发独立思考、加深对世界的理解，因此是催生思想观念创新的重要机制。衷心希望"比较译丛"能够成为这个过程中的一部分。

钱颖一

2015年7月5日

中文版序

本书所传达的主题思想，既适用于美国女性，也适用于中国女性。这两个国家的女性都需要在家庭和事业之间权衡取舍。

随着越来越多的女性接受高等教育，越来越多的人开始选择小规模的家庭，一些女性甚至放弃了生育孩子。其"罪魁祸首"不仅在于就业歧视，还涉及一个事实，即女性往往总是"被期望"应该照顾子女和年迈的父母。造成这种偏见的部分原因与规范和传统有关，尽管这类习俗在世界上的许多地方已经削减，尤其是在改革开放后的中国。

然而，引发事业和家庭相互权衡的另一个原因与工作日益变得"贪婪"密不可分。夫妻，尤其是受教育程度较高的夫妻，如果进行分工，一人从事长时间、不规律的工作，另一人从事较灵活的工作并承担起照顾责任，那么他们的经济状况大体会更好。但这将导致夫妻不公平和性别不平等。于是，一些女性转而追求事业，结果是"剩女"与日俱增，进而生育率不断下降。

因此，无论对于中国还是美国女性，本书讨论的问题同样紧迫，纵使大家走到这一步的道路可能并不完全相同。

第1章
无法命名的新问题

当今,形形色色的夫妻比以往任何时候都更加努力地在事业与家庭之间、工作与生活之间寻求平衡。作为公民,我们正集体感悟照护家人对当下和子孙后代的意义及价值。我们开始充分感知它的成本,包括收入损失、事业停滞、伴侣(异性或同性)之间的权衡,以及单身母亲或父亲面临的严苛要求。这些认知早在新冠疫情暴发前已经呈现,只不过疫情转移了人们的关注点。

1963年,贝蒂·弗里丹(Betty Friedan)写了一本书,叙述大学学历女性因沦为家庭主妇而深感沮丧的故事,指出她们面临的问题"无法命名"。将近60年过去,女性大学毕业生大都走上了职业道路,但是相对于同期毕业的男性,她们的收入和晋升始终令人感觉她们一直受到排挤。她们同样遭遇了"无法命名的问题"。

可她们的问题偏偏有诸多名字:性别歧视、性别偏见、职业天花板、妈妈轨道、心不在焉……任君挑选。甚而,这个问题似乎有迅速解决的方法。我们应该辅导女性提高竞争力,训练她们更好地谈判。我们必须揭露管理者的隐性偏见。政府应当在公司董事会推行性别平等的规定，实施同工同酬原则，等等。

美国和其他地方的女性都在大声疾呼，希望获得对上述问题的回应。她们的担忧遍布美国各大报刊的头条新闻（和书籍封面）。女性需要更多激励吗？她们应该心无旁骛吗？为什么女性无法像男性同行那样在公司快速升职？为什么她们得不到与经验和资历相称的薪酬？

更多的私人疑虑困扰着众多女性，一些可以和亲密伴侣分享，一些只能跟知心朋友私下交流。该不该和与你一样醉心于事业的人约会？你会推迟组建家庭吗，即便确定自己想要一个家？假如35岁之前没有伴侣，要不要冷冻自己的卵子？你愿意为抚养孩子放弃雄心勃勃的事业（也许是自高考后就一直为之奋斗的事业）吗？如若不愿意，那么谁来准备午餐，接送参加游泳培训的孩子，接听学校医务室打来的令人慌张的电话？

女性一直觉得待遇不公。她们的事业落于人后，收入也比丈夫和男同事低。她们被告知她们的问题是咎由自取。她们竞争不够积极，或者谈判不到位；不要求占有一席之地，而纵使要求了，也没能理直气壮。可女人又被告知，她们的问题并非自身造成的，哪怕这些问题最终使她们受挫。她们被利用，被歧视，被骚扰，被排除在男性主导的世界之外。

所有这些因素都真实存在。但它们是问题的根源吗？它们是否共同引发了男性和女性在工资和职业上的主要差异？如果它们被奇迹般地修复，女人和男人的世界、夫妻和年轻父母的世界会不会彻底改变？还有，它们都是"无法命名的新问题"吗？

尽管热烈的公共和私人探讨已经将这些重要问题公之于众，但我们仍然经常忽视严峻且渊源久远的性别差异问题。于是有：

某家公司受到象征性惩罚，又一名女性进入董事会，几家科技巨头开始引入陪产假……从经济意义上来讲，这类解决方法等同于扔给黑死病患者一盒创可贴。

这些回应并没有消除性别收入差距。因为治标不治本，所以它们永远无法为性别不平等问题提供完整的解答。它们也永远不能帮助女性在事业和家庭上取得与男性相同的成就。如果我们想消弭甚或只是缩小收入差距，首先必须深入挖掘这些挫折的根源，并赋予这个问题更准确的名字：贪婪的工作（greedy work）[1]。

我唯愿，当你阅读本书之际，在我写完这一章时仍然肆虐的新冠疫情已经消退，我们可以从其惨痛的教训中有所收获。这次疫情放大了部分问题，加剧了某些争论，同时暴露了更多久已恶化的冲突。但是在发生这场全球灾难的几十年前，我们早就面临照护家人和外出工作之间的矛盾。事实上，实现事业与家庭平衡的旅程已经进行了一个多世纪。

在20世纪的大部分时间里，女性被歧视是阻碍她们发展事业的主要因素。20世纪30—50年代的历史文献中留有大量证据，确凿地证明就业和收入方面存在偏见与歧视。30年代末，公司经理告诉调查机构，"贷款工作不适合女性"，"从事这类工作（汽车销售）的人要接触大众……女性并不适合"，此外，"不会让女性从事经纪工作"。[2]这是大萧条末期的实景。而即使在50年代末劳动力市场紧张时期[3]，公司代表也断然表示"不雇用有孩子的女性""不鼓励带孩子的……已婚女性重返岗位"，以及"怀孕是自愿辞职的理由，虽说公司很乐意让这些女性在孩子（譬如）上初中后回来上班"。

法律和公司政策中排斥已婚女性就业的婚姻限制，直到20世纪40年代都很盛行。它们甚至演变成了怀孕限制乃至将有婴儿或孩子的女性排斥在外的雇用政策。学术机构和一些政府机关则禁止裙带关系。无数的工作受到性别、婚姻状况,当然还有种族的限制。

今天,我们已经看不到这类鲜明的证据。当前数据显示,真实的薪酬和就业歧视问题虽然仍然严重,但也已相对减弱。这并不意味着多数女性不会再遭遇歧视和偏见,也不代表工作场所不存在性骚扰和性侵犯。我们见证过意义重大的美国"#MeToo"反性骚扰运动。20世纪90年代末,莉莉·莱德贝特向平等就业机会委员会(EEOC)提起针对固特异公司的性骚扰诉讼,并赢得了诉讼。这对于她是一场真正的胜利,但她在恢复主管职务后撤销了指控。数年后,她又提起一桩家喻户晓的薪酬歧视案。因为男性下属性别歧视以及领导对此完全无视,莱德贝特的绩效评分很低,几乎没有加过薪。在莱德贝特的案例中,她和同事之间的工资差距完全源于歧视。

那么,当工作中的性别平等似乎终于触手可及,向女性开放的职业也比从前更多之时,为什么收入差异依然存在?现实里女性是否真的"同工低酬"?总体上,这些现象已经没那么严重了。同工不同酬的薪酬歧视只能解释性别收入差距的一小部分。如今,问题已经改变了。

有人将性别收入差距归因于"职业隔离",认为男性和女性都在自我选择或被迫投身某些带性别偏向的职业(如护士与医生、教工与教授),而这些职业的报酬恰巧不同。但数据告诉我们,真实情况并非如此。在美国人口普查列出的近500种职业中,三分之二的性别收入差异源于各职业内部的因素。[4]即便女性从事的职业遵循男性的分布，比如女性是医生，男性是护士[5]，顶多也就能消除三分之一的性别收入差距。由此，实证分析显示，收入差距的更大部分源自其他方面。

运用纵向数据追踪个人长期的生活和收入信息，我们发现，刚走出大学校门（或研究生院）的男性和女性的工资极其接近。例如在职业生涯的头几年，应届大学毕业生和新晋MBA（工商管理硕士）的性别收入差距并不大[6]；而且，这主要是因为男性和女性的学习领域和职业选择存在差别。男性和女性几乎是站在同一起跑线上的。他们有非常相似的机会，但做出的选择不尽相同，从而产生了微弱的初始工资差距。

随着岁月的流逝，在大学毕业大约10年之后，男性和女性的收入差异才变得明显。他们开始在不同的市场领域为不同的企业工作。毫不意外，这一变化通常始于孩子出生的一两年后，并且几乎总是对女性的职业生涯造成负面影响。而性别收入差距也在婚后逐渐扩大。

职业女性的出现，从根本上改变了美国家庭与经济之间的关系。性别收入差距仅仅是一个更大问题的表征，除非了解这个更大问题的发展轨迹，否则我们永远无法揭开它的真面目。性别收入差距是职业差距的结果，职业差距是夫妻不公平的根源。要真正理解这句话，我们需要认真回顾女性在美国经济中扮演的角色，思考在整个20世纪，这一角色发生了怎样的变化。

我们将着重聚焦女性大学毕业生，因为她们最有机会成就事业，且其数量在一段时间内不断增加。截至2020年，美国近45%的25岁女性已经或即将从四年制院校毕业；而男性的这一比例仅为36%。[7]当然，女性大学毕业生的数量并非一直超越男性。长期以来，由于种种原因，女性在上大学和从大学毕业方面都处于极大的劣势地位。1960年，美国从四年制学院或大学毕业的男女比例为1.6∶1。但自20世纪60年代末70年代初开始，情况渐渐转变了。到了1980年，男性的优势已然消失。从那时起，每年从四年制院校毕业的女性多于男性。[8]

女性不仅以创纪录的人数从高等院校毕业，她们的眼光也越来越高远。相比从前，这些女性大学毕业生更渴望获得一流的学士后学位，并在随后踏入充满挑战的职业领域。在2007—2009年大衰退之前，23%的女性大学毕业生正在攻读最高专业学位，包括法学博士、哲学博士、医学博士和MBA。要知道，这个数字在过去40年里增长了4倍多；而在相同时期，男性的这一比例保持在30%左右。越来越多的女性计划开启长期、高薪、有成就感的职业生涯，收获持久的成就渐已成为个人身份的标志。

她们中更多的人有了孩子，生育子女的比例达到了"婴儿潮"结束以来的最高水平。今天，将近80%的女性大学毕业生在40岁前至少生育了一个孩子（如果包括收养孩子的未生育者，则增加1.5个百分点）。15年前，所有40多岁的女性大学毕业生中只有73%至少生育过一次。因此20世纪70年代初出生的女性大学毕业生，生育率远高于50年代中期出生的女性大学毕业生。[9]现在，像凯莎·兰斯·博顿斯（Keisha Lance Bottoms，亚特兰大市市长）、莉兹·切尼（Liz Cheney，共和党众议员）、塔米·达克沃斯（Tammy Duckworth，伊利诺伊州联邦众议员）、萨曼莎·鲍尔（Samantha Power，美国常驻联合国前代表）和洛丽·特拉汉（Lori Trahan，民主党众议员）这样的女性远多于过去，她们事业有成，养育了孩子，目前不过在50岁知命之年。

女性大学毕业生不再毫无异议地接受"有事业就没有家庭"的宿命，有孩子的则不再满足"有家庭但没有事业"的人生。总之，女性大学毕业生们希望在这两个舞台上都成就辉煌。但是若想得偿所愿，需要就大量的时间冲突进行谈判并做出一系列困难的抉择。

时间最是公平。大家拥有相同的时间，都必须在时间分配上艰难地抉择。女性要在事业成功和家庭幸福之间谋取平衡，最根本的问题就是时间冲突。投身事业往往意味着早期投入大量的时间，正好赶上"应该"生孩子的那几年。享受家庭生活同样需要付出很多时间。这些选择会产生动态的结果，而我们几乎没有能力对错误的决定进行补救。50年前，一位有三个孩子的企业女高管在给年轻女性提供职业建议时说道："这很难，但还是去努力吧。"[10]

我们总要进行选择，比如是参加聚会还是埋头读书，是选修较难的课程还是轻松的课程。当然，有些选择极其重要。譬如早婚还是晚婚；读研还是马上找工作；现在就要孩子，还是先把握住一个千载难逢的机会；花时间陪客户，还是和孩子共度时光。对于女性大学毕业生，当拿到学士学位时，这些关乎时间分配的重大抉择便摆在了面前。

不久前，女性大学毕业生的结婚年龄还很小。直到1970年左右，女性大学毕业生的初婚年龄中位数都在23岁上下[11]；紧接着，第一个孩子降生。早婚往往阻碍女性继续进修，至少不能马上进修。新婚夫妇搬家更多是为了丈夫的前程和子女的教育，而不是为了妻子。女性总是很难最大限度地改善自己未来的职业前景。相反，她们常常牺牲自己的事业成全家庭的幸福。

对于20世纪40年代至60年代末毕业的女性大学生，早婚是因为延迟结婚是个大难题。在开始一段认真的（性）关系不久后拴牢对方、佩戴定情饰物并最终订婚，是应对婚前怀孕的重要保险措施。在缺乏由女性控制且高效的避孕措施的年代，女性的选择十分有限。

到了1961年，避孕药被发明出来，获得FDA（美国食品药品管理局）批准后，大量已婚女性踊跃购买。然而，州法律和社会习俗不允许在年轻单身女性中推广避孕药。1970年左右，这些限制逐渐瓦解，原因多种多样，但大部分与避孕无关。避孕药使女性大学毕业生有了新的能力去规划自己的生活，消除了第一道束缚。她们可以参加耗时的——确切地说是需要全身心投入的学士后教育和培训。结婚和生孩子的时间可以推迟，刚好足够女性为职业生涯打下基础。

自那时起，事情开始翻天巨变。1970年后，初婚年龄慢慢爬升[12]，如今，女性大学毕业生的初婚年龄中位数在28岁左右。

但即便时间限制问题解决了，其他问题又接踵而至。研究生教育往往始于大学教育的后期，且完成学业需要的时间更长。从学术界到医疗、法律、会计、咨询等诸多领域，第一次晋升的时间越来越晚。这样几年下来，又一场时间冲突必须解决。

大约十多年前，个人在30岁出头时迎来首次升职。到了最近，首次升级出现在35~40岁之间。当个人首次晋升至合伙人、终身职位或其他高职位后，这个时间点已不再是生育第一个孩子的最佳年龄。第一次生育通常发生在这些职业里程碑之前。孩子往往会颠覆职业生涯，职业生涯则往往会颠覆女性生育孩子的能力。

时间点的选择是严酷的。对于想组建家庭的女性,要到30多岁才生第一个孩子,绝不利于她们在家庭和生育方面的规划。然而,女性大学毕业生还是使出浑身解数,包括使用辅助生殖技术,成功突破了难关。近期,在刚过45岁的女性中,有孩子的女性比例惊人地增长。[13]生育率提高并不能减轻尝试过但没能成功生育的女性的沮丧、悲伤和身体疼痛;对于成功生育的女性,这也不表示她们可以维持自己的职业生涯。

尽管困难重重,历史上仍然发生了许多积极变化,指引我们朝着提高女性自我效能(self-efficacy)和实现更大的两性平等阔步迈进。女性能更好地管理生育能力。结婚的时间较晚,因而婚姻持续的时间更长。现在,大学毕业生中女性占比很高;她们中不少人参加了专业和研究生学位课程,并以名列前茅的成绩毕业。最好的公司、机构和部门竞相雇用她们。然后呢?

如果一个女人有机会蓬勃发展事业并顺利生育孩子,那么时间冲突就会出现。养育孩子需要时间,发展事业也需要时间。哪怕是最富裕的夫妇,也无法将所有的照护事宜外包。假如父母不能关爱和养育孩子,何必把他们带到这个世界呢?

最基本的时间限制是谁在家随叫随到,换言之,必要时谁将放下工作居家守候。父母都可以为家事待命,夫妻的机会总归是平等的。但这对一个家庭的成本有多高?很高!如今的夫妇对这一现实再清楚不过了。

随着人们对事业和家庭的渴望与日俱增,无数职业的一个重要部分渐渐变得清晰可见、举足轻重:对许多走上职业轨道的人而言,工作是贪婪的。加班、周末或晚上工作的人可以挣更多钱,甚至时薪都明显更高。

贪婪的工作

工作的贪婪意味着，有孩子或有其他照护责任的夫妻可以通过分工获益。这种分工并不表示要弹回《天才小麻烦》的世界。女性仍旧可以追逐高要求的职业，但夫妇中的一员将主要关注家庭，一有紧急情况就得离开办公室或工作场所赶回家去。这位家长的职位要相当灵活，一般不会被要求在晚上10点回复电子邮件或电话；不必为某项并购缺席孩子的足球比赛。与之相反，另一位家长则可以在工作中随叫随到。对于随时为家庭待命的人，晋级、提升和收入遭受的潜在影响不言而喻。

专业人士和管理人员的工作一直都很贪婪。比如，律师总是熬夜加班；人们总是根据智力产出评判学者，甚而期待他们晚上也不要停止思考；大多数医生和兽医都曾24小时待命。

20世纪80年代初以来，随着收入不平等不断加剧，贪婪工作的价值大幅飙升。收入分配最顶端的人的收入日益膨胀，跻身高层的工人能得到更大的奖励。工作时间最长、灵活性最低的工作，薪酬高得多；其他工作的工资则停滞不前。因此，一些对女性来说一开始就很难进入的职位，比如金融业职位，在过去数十年里恰恰收入增幅最大。那些从头到尾参与交易的私募股权合伙人，解决建模难题的人，参加了每一场会议和深夜晚宴的人，将最有可能获得巨额奖金和梦寐以求的晋升机会。

近几十年间，尽管女性的资历和职位都在提升，但大学毕业生的性别收入差距却始终不变，一个重要的原因可能是收入不平等的加剧。或许，这才导致了20世纪80年代末90年代初大学毕业生的性别收入差距超过全体人口的性别收入差距。女性一直奋楫争先,既要自强不息,又要对抗普遍存在的强大的收入不平等洪流。

贪婪的工作也意味着,为了增加家庭收入,夫妻公平已经并将继续被抛弃。当夫妻公平被弃如敝屣,性别平等通常也随之而去(不计同性婚姻)。我们继承的性别规范以各种方式得到加强:把更多育儿责任分派给母亲,把更多家庭照护责任分派给成年女儿。

考虑已婚夫妇伊莎贝尔和卢卡斯(以我几年前遇到的一对夫妻为原型)。他们毕业于同一所文理学院,后来又获得了相同的信息技术(IT)高等学位。跟着,他们被同一家公司雇用,我们姑且称其为IS公司。

IS公司让他们在两个职位中做选择。第一个职位的工作时间很标准,可以灵活安排开始和结束工作的时间。第二个职位需要晚上和周末随时待命,不过每年的总工作时间未必增加很多。第二个职位的薪水高出20%,以吸引愿意在不固定的时间工作的人才。另外,IS公司还通过此职位挑选管理者。起初,伊莎贝尔和卢卡斯都选择了这个"贪婪的"职位。两人同样能干,同样没有其他义务,在相同的级别和薪酬下工作了若干年。

快30岁时,伊莎贝尔希望自己的生活拥有更多的灵活性和空间,以便多花些时间陪伴孱弱的母亲。她仍然留在IS公司,不过,挑了个工作时间相同但时间安排较灵活的职位。这一职位不那么"贪婪",当然报酬也就没有那么丰厚。

我们可以从图1.1中观察两人的发展轨迹。他们起点相同;卢卡斯坚守的贪婪岗位路径缺乏灵活性,由实线描绘,时薪(如果是按月领薪水,为隐性工资;如果按小时计酬,为显性工资)随着小时数的增加而增加，甚或可能随着特殊的时间要求而增加。如果他一周工作60小时，工资将是他每周工作40小时的1.5倍以上。卢卡斯的隐性时薪随工作时间的增加（或工作时间缺乏弹性）而增加，这意味着即使他每周的工作时间不到原来的两倍，他每周的收入也会翻番。

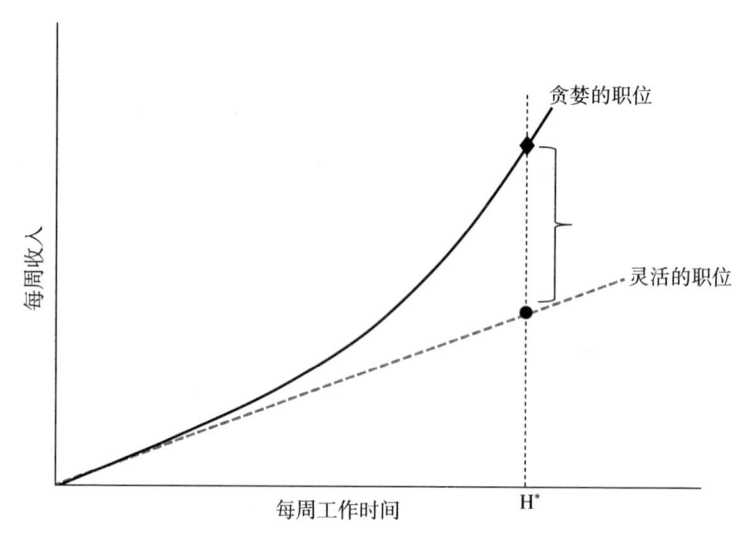

图 1.1 性别不平等与夫妻不公平

注：考虑提供给伊莎贝尔和卢卡斯的两个职位。一个工作安排灵活，不管员工每周工作多少小时，时薪都一样。另一职位灵活性很低（或称之为"贪婪"），工作时间越长，时薪就越高。横轴表示每周工作时间（或某种衡量必须工作特定时间的标准），纵轴表示每周收入。H^*是每周的正常工作时长，比如40或45小时。菱形（贪婪职位）和圆点（灵活职位）之间的差异代表不选择贪婪职位的员工每周要放弃的收入。

伊莎贝尔的新角色，即更灵活的职位，由虚线给出。她的时薪是固定的，所以她工作多少小时或在什么时间工作并不重要，工资都一样。如果她工作60小时，收入就是工作40小时的1.5倍。在贪婪职位正常工作一周后，卢卡斯来到菱形表示的位置。同理，伊莎贝尔在新职位正常工作一周后，处于圆点表示的位置。

当这对夫妇决定要孩子时，至少需要一位家长随时待命。他们不可能都在卢卡斯的职位上工作，毕竟这个职位的工作时间不灵活且不可预测。如果真是这样，万一学校医务室打来电话，或孩子的托儿所突然中午关闭，两人就都抽不出时间应对了。倘若工作要求他们周四上午11点务必准时到办公室，他们只能祈祷孩子不会在这个时间摔下秋千，或家里的老人不会在这个时候去看医生。

夫妻二人都可以在伊莎贝尔的职位上工作。然而，特别是由于打算要孩子，他们恐怕负担不起这个决定，因为那样意味着两人都要放弃卢卡斯的职位每周可带来的额外收入。如果他们想对半分摊育儿责任，就得掂量一下这个愿望需要付出多大的代价。这可能是一大笔费用，大到他们不得不牺牲夫妻公平来换取更高的家庭收入。

和大多数想要孩子的异性夫妇一样，伊莎贝尔保留灵活的职位，卢卡斯则继续待在贪婪的职位上。（即使排除分娩后的最初几个月和孩子的整个婴儿期，这种情况仍将成立。）

卢卡斯的收入持续超过伊莎贝尔，而且在他们有了孩子后，他们的收入差距只增不减。他扶摇直上，她原地踏步。对其他面对相似处境的夫妇来说，甚至在生孩子之前，工资差距都有可能拉大，因为打算生孩子的夫妇通常会搬迁以便优化就业机会，尤其是丈夫的就业机会。这正是性别工资差距始终巨大的一个重要原因。

至于同性伴侣，不存在性别收入差距，但伴侣公平仍有可能会被抛弃，原因与促使伊莎贝尔和卢卡斯做出决定的原因相同。

在一个充斥贪婪工作的世界里，伴侣公平的代价十分高昂。

如果女性不为家庭随时待命，她们自然可以从事时间长、报酬高、时间安排不可预测、晚上随叫随到、周末偶尔加班的工作，事实上，很多女性已经身体力行。对于刚毕业的女性大学生和家庭负担较少的女性，选择时间长、要求高的工作未尝不可。可一旦宝宝降生，优先事项就会改变。基本的照护非常耗时，并且女性突然要为家庭随时待命了。为了给家人提供更多方便，她们必须减少对雇主和客户的服务。于是，她们往往减少工作时间，或者选择灵活性更高的工作，但收入要少得多。随着孩子长大和日益独立，这些责任会减少，而在这些时期，女性的收入相对于男性确实有所增长。但其他家庭需求往往会在以后的生活中出现，慢慢取代孩子减少的需求。

伊莎贝尔和卢卡斯的故事并不罕见。当大学毕业生找到人生伴侣并开始规划家庭时，他们就面临一个极其严峻的选择：是要更公平的婚姻，还是要更宽裕的婚姻。

公平的婚姻

前段时间，我在本科研讨班上问同学们想要什么样的婚姻。有位学生不假思索地答道："我想要一个想我所想的男人。"她的回答令我触动，因为她坦率表达了对公平的向往。我的许多学生和朋友后来都重复过这个观点，但从未如此简洁明了。然而，接下来的难题是，即使找到满意的人，如果双方都从事高要求的职业，则很难顾及家庭公平；如果双方都从事低要求的职业，则很难顾及家庭收入。为了最大限度地提高家庭的潜在收入，一方要在办公室承担耗时的工作，另一方要在事业上做出牺牲，承担耗时的家务劳动。无论性别，后者的收入都会减少。

性别是不容忽视的因素，因为从古到今，牺牲事业回归家庭的大多是女性。女人绝不慵懒，也不缺乏天赋，她们打一开始就和男人处于平等的位置。部分由于我们将要探索的性别规范根深蒂固，所以即便是胸怀抱负、才华横溢的女性，也觉得有必要为了家庭而放慢自己的事业发展步伐。男性能够拥有家庭并更上一层楼，是因为女性在事业上做出退让，把更多时间留给了家庭。双方都有所失：男人放弃了陪伴家人的时间，女人放弃了部分事业。

对现代读者而言，女性在事业上可以后退一步也可以向前一步的想法貌似很正常。同男性一样，女性可以上学，可以追求更高的教育和赚钱的职业。但是，大家有必要静下来反思：这种情况究竟有多新？1900年时，有年幼孩子的女性大学毕业生极少进入劳动力市场，更别提开启职业生涯了。投身工作的女性通常没有孩子，往往也不结婚。一个多世纪后的今天，女性才不仅仅在工作，她们拥有了有意义的职业，许多人还已经或准备兼顾平等的婚姻家庭。在整个世界历史上，这种情况从未发生过。

当超过一半人口的经济角色出现变化，这就标志着惊人的历史转变，足以引发巨大的影响。不但女性大学毕业生的生活彻底改变了；这场深刻转变也在美国各地掀起剧烈反响，冲击着整个社会的工作、学校和家庭。女性从家庭转向职场，她们不单单从无偿劳动转入有偿工作，更是从对家庭负责蜕变为走上需要接受广泛教育的岗位，这继而成为她们身份的一部分，贯穿她们的人生。

20世纪的每一代女性都在这场旅程中跨出了新的一步，同时，家庭、企业、学校和避孕等各方面的一系列发展为这一进步铺平了道路。一代代人开阔了视野，从前辈的成功与失败中汲取经验和教训，并传递给后来的女性。接力棒代代相传。这段旅程把我们成家还是立业的艰难抉择，扭转成了或可同时拥有事业与家庭的期许。它也是实现更大薪酬平等和夫妻公平的多元化进程，错综复杂，方兴未艾。

如果说几十年间的这场转变是绝对积极的，那么为什么我们仍在全力应对性别收入之间、职业与职位之间的巨大差距问题，又为什么男性和女性在家庭责任的分配上依然悬殊？

现代年轻女性充满焦虑，尤其是在新冠疫情时期，这是理所当然的。尽管她们走在曾祖母、祖母和母亲（她们当中大多数人也很焦虑）铺设的路上，但面对投身事业与献身家庭，她们依旧进退维谷。随着科技的进步以及教育、专业学位和机会的增加，许多壁垒已经坍塌，阻挠女性成功的歧视性障碍也在逐渐消失。我们可以看到，在长达百年的旅途中，性别差异层层消解，女性就业屏障被打破，一系列时间限制被移除。我们拨云见日。有了更开明的视角，性别差异的终极原因终于显露。

一言以蔽之，我们已经来到探寻如何改变制度以实现更大的性别平等和夫妻公平的时刻。怎样改变卢卡斯的贪婪工作和伊莎贝尔的灵活工作的基本框架，从而达成这两个目标？我们将会发现，答案是必须改变工作的结构设计。

我们务必要让灵活的职位更加丰富、生产率更高。确定能否以及如何做到这一点，是这趟旅途的目的地。它将阐明，我们需要给予更大的支持，以让家长和其他照顾者成为经济中更具生产力的一员。它还将厘清经济生产力与照顾学龄前和学龄儿童之间的关系；这一主题已经引起了关注，并迅速变得重要起来。

正当我们清楚地发现，为什么女性难以兼顾事业和家庭并为此构想解决方案时，一场全球规模的流行病暴发。疫情风暴席卷了所有人。我们从"前新冠时代"进入"新冠时期"；从"旧常态"陷入令无数家庭崩溃、数百万人患病、数十万人死亡，以及世界各国多年经济增长被抹消的境地。疫情可能也把许多年轻母亲甩下了本就摇摇欲坠的职业阶梯，因为她们要撰写简报、学术论文或咨询报告，同时要照顾客户或病人，还要辅导居家的孩子的学习。

眼下，我们正跨入未知的后新冠时代，很多学校和企业已经开放，但保持了新冠时期的许多限制和残留。向后新冠时代转变揭示了美国社会和经济的另一个短板：照护问题。对于女性的职业目标、夫妻公平乃至整个经济的运行，这个问题都至关重要。女性很难同时在两个关键位置上挑起大梁。有些东西必须被放弃。

从现在开始，我们将认真探究后新冠时代的世界；但是，要充分理解我们如何走到了这里，以及该怎样更好地利用这一契机彻底改造贪婪的工作，我们必须要回到起点。女性大学毕业生对事业和家庭的渴望由来已久。在我们历史上的几个关键阶段，这种渴望一直在酝酿、蜕变、突起和演进。

在这段旅程开启之初，男性和女性的受教育程度有着天渊之别；那时，经营一个家庭需要大量的时间和精力，没有人意识到通往公平竞争环境的最后障碍居然是工作结构和我们的照护机制。

我们已经到达前所未有的性别平等时代，但在某些方面，大家仍然生活在黑暗世纪。人们的工作结构和照护机制还秉承过去的遗风，只有男人可以同时收获事业与家庭。我们整体经济囿于老旧的运作方式，受到原始责任划分方法的重重阻隔。

随着越来越多的女性渴望拥有事业、家庭和夫妻公平，越来越多的夫妇找到方法应对冲突的时间需求，我们亟待了解性别差距对经济和社会的实际启示，以便寻求解决方案，弥合差距，让所有人的工作和生活更加公平。后面各章节的数据将展示每代人取得的进步，以及数十年里性别规范和职场结构的演变，并阐明这段旅程如何进行到底。

本书即是讲述过去百年间，人们对事业、家庭和公平产生渴望的历程，以及在今天实现这些愿望的可行途径。不存在简单的解决办法，但是，通过最终理解问题并正确命名问题，我们将能够为未来开辟更好的前进方向。

第 2 章
传递接力棒

珍妮特·兰金（Jeannette Pickering Rankin）1880年生于美国蒙大拿州的赫尔盖特镇[1]，1902年从蒙大拿大学毕业。怀着从事社会工作的初志，她投身美国东西海岸的女性选举权运动，最后回到蒙大拿，成为这场全美运动的领军人物。1916年，她在众议院赢得一个席位，成为首名当选的联邦女议员。她还是唯一有权投票支持自己不懈努力制定的立法，并将争取女性选举权的第十九条修正案送交各州批准的女性。

作为狂热的和平主义者，兰金在1917年对德国宣战的国会上投了50张反对票中的一票。随后，她没有谋求众议院连任，而是争取参议院席位，但未能成功。许多年后的1940年，她重夺众议院席位，又于1941年12月8日美国对日本宣战时投下唯一一张反对票。尽管面临巨大压力，她仍然拒绝让表决全票通过，坚称"作为女性，我不能去打仗，我也拒绝派其他人上战场"。[2]

虽然兰金在政坛独树一帜，但她是当时大学毕业职业女性的典型代表。她没有孩子，终身未婚。[3]在她那一代当选美国众议员的23位女性中，超过30%没有生育。这个数字看起来好像很高，却远远低于那个时代所有永不打算生育（或收养）孩子的女性大学毕业生的占比。

镜头跳转至1968年出生的塔米·达克沃斯[4]，她1989年毕业于夏威夷大学，2012年当选众议员，2016年成为伊利诺伊州参议员。2014年第一个孩子出生时，她46岁；第二个孩子出生于2018年。女儿梅尔是美国历史上第一个在国会开会期间进入国会大厅的婴儿。达克沃斯参议员在许多方面都是先锋：她是获得勋章的退伍军人，是第一位当选国会议员的残疾女性，也是第一位在伊利诺伊州当选的亚裔美国女性。更令人注目的是，她圆满维系了一份有意义的事业和一个家庭。

达克沃斯并非国会中唯一的"异类"。纽约现任参议员陆天娜（Kirsten Gillibrand）出生于1966年[5]，有两个孩子。第二个孩子2008年出生时，她是众议员。1978年出生的众议员海梅·博伊特勒（Jaime Herrera Beutler）来自华盛顿，2013年时已经有三个孩子。国会两党共有10名女议员在任职期间生了孩子。除1973年第一位任职期间生孩子的女议员伊冯娜·伯克（Yvonne Brathwaite Burke）外，其余9位自1995年起在任职期间至少生育一个孩子的国会女议员[6]，年龄都在34~46岁之间。这些女性成功兼顾了事业和家庭，毫不逊色于一直能做到这一点的国会男同事。

兰金和达克沃斯代表了19世纪末以来出生的五组女性大学毕业生群体的两端。兰金是第一组的成员，达克沃斯是第五组的成员。这五组女性各组内部的相似度均高于她们与其他组别的相似度。

这些群体都有某个起点，但都没有终点，至少现在没有。为方便研究这一旅程，第五组的出生年份截止到1980年左右，这样可以观察她们直至40岁的人生轨迹，从而更全面地阐析她们的事业和家庭发展史。因此，像1989年出生的女议员亚历山德里娅·奥卡西奥-科尔特斯（Alexandria Ocasio-Cortez），将不被纳入我们要讨论的数据。

为探寻女性走过的历程，我们先简要了解一下从第一组到第五组的各类女性。

这些群体之间的区别集中于她们的抱负，以及她们在事业和家庭上做出的、被鼓励做出的和能够做出的选择。珍妮特·兰金所属的女性大学毕业生群体几乎总要在就业（有时是事业，更多的时候只是一份工作）和家庭之间做出选择。一个世纪后，达克沃斯的同龄人有了对两者兼得的渴望与期盼。

一个世纪以来，女性在工作和家庭两方面都面临着重重障碍，譬如雇用限制，禁止雇用已婚女性担任教师，或者很多办公室职位限制招聘女性。此外，女性能否获得高等院校学位也有限制。一些最好的法学院、商学院和医学院不招女生。公司的某些职位只招男性，另一些职位只招女性。很多职位专门留给了白人，以至于有色人种的女性面临的障碍更大。至于社区和家庭的社会规范，虽然没那么正式，但同样有很强的约束力，比如母亲不应在子女年幼时外出工作，甚至永远不要工作。

这些曾经限制女性取得成就的法律和程序性障碍，如今大部分已经消除。社会规范也发生了巨大变化。可性别歧视、男校友关系网和性骚扰依然存在。通往事业和家庭目的地的旅途艰辛、漫长、曲折，路上坑坑洼洼，需要通过层层考验。虽然女性兴家立业的雄心很久以前已经萌芽，但我们此次的冒险之旅将始于一个多世纪前，因为那时有了最早可靠可信的原始资料，尤其是美国人口普查的记录。[7]

没有适合所有人的家庭和事业的定义，这个定义也不会包罗万象。但是，为了更清楚地探求过去一个世纪女性在选择、抱负和机遇层面的变化，有必要划出清晰的界限，创建可靠的定义。

在女性的这一跨世纪的旅程中，"家庭"（family）被定义为有亲生的或收养的孩子，但不一定有配偶。家庭是高度个人化的实体。比如我，有丈夫和一条狗，他们是我的家人。但根据我下文中的定义，他们未必构成一个家庭。

"事业"（career）虽然没有那么个人化，但也很难定义。"事业"一词源自拉丁语，意思是参加赛跑；和"战车"（chariot）、"马车"（carriage）来自相同的词根。事业是人生的一个"过程"或称"进程"，必须持续一段时间。"事业"一词不仅表示被雇用，它通常包括进步与坚持，涉及学习、成长、投资和获得回报。对于我们将要跟踪的女性，事业被定义为持久的、受欢迎的职业，例如作家、教师、医生、会计师等，这份职业往往能塑造个人的身份。事业不必在获得最高学历后即刻开始，它也可以出现在以后的生活中。

另一方面，工作（job）通常并不构成个人身份或人生目标的一部分。工作常常仅用于创造收入，一般没有明确的里程碑。而正如第二组中的某位成员在20世纪70年代接受采访时指出的，"事业需要全神贯注于创建和进步。否则，它就算不上事业而只是一份工作"。[8]

现实中，事业是个人的就业理念，在这个意义上，薪酬可能无关紧要。志愿者和社区领袖改善很多人的生活，哪怕他们挣得不多甚或分文不取。但即使圣人和救世主的作用很重要，我们还是需要根据个人在一段时间内的就业和收入来定义事业，以便获得关于女性进步的深刻见解（本书《资料来源附录》中的"事业与家庭成功"描述了我对事业的定义）。

1952年，桑德拉·戴·奥康纳（Sandra Day O'Connor）在斯坦福法学院讲授法律评论课程，却无法在任何律师事务所找到工作。雪莉·奇泽姆（Shirley Chisholm）则打破界限，成为第一位当选国会议员的黑人女性，第一位竞选总统的民主党女性和黑人候选人。她结过两次婚，没有孩子。1909年出生的医生兼产科麻醉师弗吉尼亚·阿普加（Virginia Apgar），设计了以自己名字命名的婴儿评分系统。当导师告诫她别尝试担任外科住院医师之后，她放弃了成为外科医生的理想，因为她的导师说，太多女性在这一努力中铩羽。导师鼓励阿普加进攻麻醉学新领域，这以前属于护理专业。阿普加终身未婚，她戏言："我只是没有找到会做饭的男人。"[9]

奥康纳、奇泽姆和阿普加遭遇了各自的挫折和阻挠，但她们坚持了下来。她们都是不平凡的人。很少有人在读完法学院并通过律师资格考试后，竟然找不到工作。没有人愿意被告知，因为性别，她不能追逐自己的梦想。大多数女性并不想为了追求挑战性事业不得不放弃生育孩子、婚姻或建立实质的亲密关系。有多少不可估量的女性才能未得到充分发掘，我们无从知晓。

不过，随着难以实现自身目标的女性越来越少，"成家立业"这一素来推定给大多数男性大学毕业生的理想，渐渐成为女性大学毕业生的愿望。男女大学毕业生在志向上的显著趋同意义非凡，因为几乎所有人都能从这种变化中获益，而不只是生活日益充实、日渐富有意义的女性。这一趋同不仅意味着个人得利，其影响远远超出了自我效能的提升。

当壁垒降低、培训成本下降、接受度提高、歧视消除时，整个经济的人才配置就会得到改善。最近一项评估显示,自1960年以来,美国20%~25%的经济增长源于女性和少数族裔就业、培训和教育障碍的减少。[10]以前顶多能成为法务秘书的女性,现在有机会晋升为律师;原本只能担任小学科学老师的女性,现在有望成为物理学家。女性个人的收益自然归于个人,但由于资源配置改善和经济增长加速,个人收益对社会全体成员都是有利的。

随着已婚女性就业的主要障碍被解除,女性大学毕业生兼顾事业与家庭的道路开始铺就。家用技术、现代避孕措施以及辅助受孕方面的重大进展,使这一过程愈加平稳流畅。后人逐渐认识到,若想事业家庭双丰收,就要同时追求这两个目标。终于,在最近的几十年,越来越多的夫妇发现了争取公平关系的可贵。通过考察这五组女性大学毕业生(各组的行进轨迹都深受前一组的影响),我们可以更好地理解这些发展。总的来说,这些女性的人生追溯了社会和经济史上最重要的演变之一。

令人惊讶的是,过去一个多世纪里,女性大学毕业生齐整地分成了五组不同的群体(见图2.1)。在每一组中,她们基本由自身面临的限制,以及在这些限制内(或无视限制)所形成的愿望统一起来。大家结婚的年龄、第一次生育的时间乃至结婚和生育的比例,在每组内都十分相似,但在不同的组别间差异很大。

这些群体的职业、工作、婚姻和家庭组合也各不相同。有人可能认为,这些差异源自上大学和大学毕业的女性人数大幅增加,或者上大学的女性类型发生了变化。但在大多数情况下,原因并非如此。我们将从本书中发现,她们在优先事项和成就上的转变,映射了社会和经济的基本发展。一组与另一组之间的差异,主要源于个体无法控制的力量,而不是特定女性的力量,更别说特定女性大学生了。

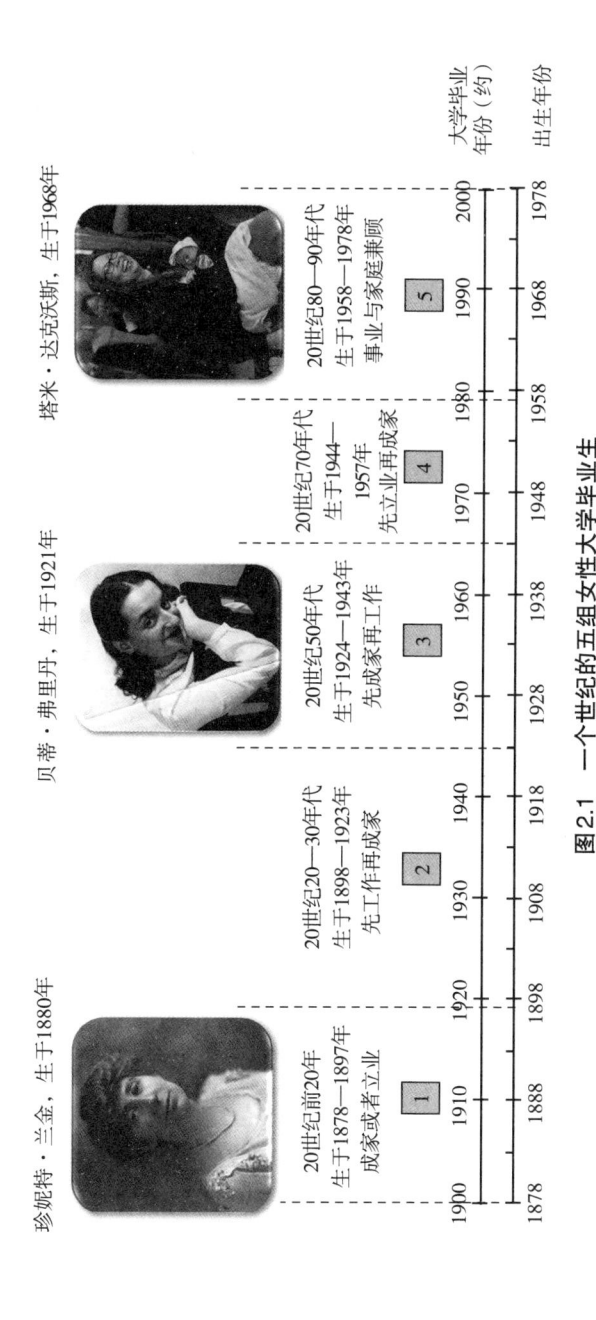

珍妮特·兰金，生于1880年　　　贝蒂·弗里丹，生于1921年　　　塔米·达克沃斯，生于1968年

20世纪前20年 生于1878—1897年 成家或者立业	20世纪20—30年代 生于1898—1923年 先工作再成家	20世纪50年代 生于1924—1943年 先成家再工作	20世纪70年代 生于1944—1957年 先立业再成家	20世纪80—90年代 生于1958—1978年 事业与家庭兼顾
1	2	3	4	5

大学毕业年份（约）

出生年份

图2.1　一个世纪的五组女性大学毕业生

注：出生年份下方给出期望或实现的家庭和事业或工作路径。仍在延续的群体拥有"期望的""家庭和事业或工作路径，已经走完生命历程的群体拥有"实现的"路径。这些特征是针对整体而言的。各章探讨了群体内部的异质性。

资料来源：Betty Friedan image © Schlesinger Library, Radcliffe Institute, Harvard University; Tammy Duckworth image © Chip Somodevilla/Getty Images News。

第 2 章　传递接力棒　025

这些群体各具特色，但每个群体都向下一个群体传递了寓意深长的接力棒。接力棒上，获得重大成就和进步的导师、引路人、辅导员们层层烙下印记。譬如，第五组女性显著受益于第四组的先锋女性，她们大批涌入法律、管理、学术、医学等行业。此外，接力棒还起着警戒作用，对各种失误发出警报，并为下一组人员提出可选的路线。第五组女性从第四组女性的经历中明白，太过推迟生育是有代价的。第四组女性则从第三组女性的经验中知道，重返劳动力市场困难重重。

这些群体按出生年份划分，时间跨度不等。第一组的跨度是20年，第二组是26年，第三组是20年，第四组只有14年，第五组是21年；这是考虑到被观察的女性至少要到40岁，但仍然在进行中。这几页文字想解开的谜团是，为什么这些女性会聚集成五个意义重大的群体，如何界定这五个群体的边界，以及紧随其后的女性群体基于前人在这条路上的选择和环境，可以尝试怎样的调整。现在，我们且来简单了解每组群体的情况。

第一组：成家或者立业

第一组女性出生于1878—1897年，1900—1920年从大学毕业。从她们一生的经历看，她们的终生成就在所有群体中最参差不齐。其中，一半人从未生育（或收养）过孩子[11]；一半人生育了孩子。在没有孩子的女性中，绝大多数人（可能是几乎所有人）都在人生的某个阶段工作过。而另一半有孩子的女性很少有人就业。这一组近1/3的人终身未婚；至于那2/3结了婚的女性，许多人迈入婚姻的时间也很晚。

宽泛地说，这个群体要么组建了家庭，要么成就了事业，尽管很多人从事的是各种工作（而非事业）。只有极少数人能够外出工作挣钱并拥有家庭。当然，也有例外：其中一小撮人收获了家庭和事业。

这个时代的许多女性大学毕业生事业有成，但终身未婚，没有孩子。这些事业成功的女性被选入《美国知名女性录》（Notable American Women），包括伊迪丝·艾伯特（Edith Abbott）、格蕾丝·科伊尔（Grace Coyle）、海伦·凯勒（Helen Keller）、爱莉丝·保罗（Alice Paul）和珍妮特·兰金。她们当中除伊迪丝·艾伯特外，还出了几位伟大的女性经济学家，比如玛丽·克里克（Mary van Kleeck）、黑兹尔·凯尔克（Hazel Kyrk），以及芝加哥大学经济学家玛格丽特·里德（Margaret Reid，我在研究生生涯中遇见的唯一一位资深女性经济学家）。

第一组还包括结婚但没有子女的人，像凯瑟琳·德克斯特·麦考密克（Katharine Dexter McCormick），其已故丈夫发明的收割机带来的财富最终支持了她对避孕药的研究。作为麻省理工学院历史上首位获得生物学学士学位的女性，凯瑟琳远不只是谙于如何使用财富的富有继承人。

这个群体中的一小部分人成就了事业，结了婚并且有了孩子。这份同样来自《美国知名女性录》的名单很短。上面有：玛丽·里特·比尔德（Mary Ritter Beard），与丈夫查尔斯（Charles）合著了《美国文明的兴起》（The Rise of American Civilization）；杰西·丹尼尔·埃姆斯（Jesse Daniel Ames），被誉为美国南部反私刑运动的创始人；赛珍珠（Pearl Syndenstriker Buck），她把中国农民的生活栩栩如生地搬进了文学作品；以及《纽约客》的小说编辑凯瑟琳·安吉尔·怀特（Katharine Angell White，她的丈夫E.B.怀特的作品《夏洛的网》风靡全球）。

名单上还有第一位获得经济学博士学位的黑人女性萨迪·莫塞尔·亚历山大（Sadie Mossell Alexander）。她不属于前面提及的著名女性经济学家之列，因为她在未能获得学术职位时离开了这个领域。萨迪结了婚，拿到法学博士学位，生下两个孩子，在丈夫的律师事务所工作了大半辈子，然后，当她的丈夫成为费城普通诉讼法院第一位黑人法官时，她开设了自己的律师事务所。

在《美国知名女性录》汇编的第一组237名女性大学毕业生中，不到30%的人有子女[12]，略超过一半的人结过婚。入选"知名女性"录的都是事业非常成功的女性。就所有女性大学毕业生而言，生育率和结婚率都比"知名女性"稍高一些，但这些数字总体上仍然很低。

假如第一组女性能够在保持工作强度的同时结婚生子，这份知名女性名单会显著延长。她们面临的障碍就会更少，不必被迫做出种种改变人生的艰难抉择。甚至可以说，也许最重要的是，如果名单再长一点，或将鼓励更多女性投资进一步的培训并追求事业，从而为后人培育出更多高水平的人才。

如果是这样，后面跟随的女性，比如第三组，可能会更少局限于家庭，毕竟有更多立志成就事业的先例。她们会为教育投入更多，并选择在大学攻读能够推助事业发展的专业。女性人才在社会上将得到更好的配置，生产率会更高。潜在的收益可谓无穷无尽。

历史上，很多公开或不公开的女同性恋者都不能合法结婚。但甚至在20世纪早期，一些女同性恋也并未隐瞒自己的性取向，譬如阿默斯特学院的经济学家多萝西·沃尔夫·道格拉斯（Dorothy Wolff Douglas）。多萝西曾与芝加哥大学经济学家兼伊利诺伊州参议员保罗·道格拉斯（Paul Douglas）有过一段婚姻，两人分开后，她和社会学家兼作家凯瑟琳·杜普雷·兰普金（Katharine DuPre Lumpkin）生活在了一起。但是，更多人深受社会和个人规范的桎梏，无从表达自己，哪怕是私下表达。谱写《寂静的春天》、唤起美国人警惕滴滴涕（DDT）等杀虫剂危害的蕾切尔·卡逊（Rachel Carson），就被传记作家指为同性恋者。

值得注意的是，拥有更多家庭资源的女性大学毕业生可以享受不结婚这一奢侈的选择，无论她们是不是同性恋。而出身不富裕的女性往往不得不早早结婚以期养活自己。

第一组女性面临的约束使她们几乎不可能兼顾事业与家庭。后来当被问及为什么不结婚时，很多人回答"没有必要"。即使是来自不富裕家庭的女性，也可以成为受过良好教育的工人，挣到较高的工资自谋生活。许多人保持单身并不是由于更强的职业使命感。相反，她们寻求独立往往是为了摆脱所处时代的父权制观念。

第二组：先工作再成家

第二组是1898—1923年出生、1920—1945年大学毕业的过渡群体。这组人的开头部分很像第一组，结婚率极低；但后面部分却和第三组相似，结婚率高，初婚年龄低，养育很多孩子。

因为第二组女性的结婚年龄相对较晚（和第一组近似），所以这个过渡群体可大致归为先有工作后有家庭类别。大多数最终结婚的女性都有孩子；虽然大部分人结婚前都会工作一段时间，但婚后她们不再外出工作。

她们当中很多人有过远大的志向，只是被外部力量压制了，包括大萧条的爆发。当时经济大规模衰退，限制性政策随之扩张，例如禁止已婚女性从事文书工作，甚至教学等公共部门岗位也扩大了类似的婚姻限制。

第二组开头部分包括芭芭拉·麦克林托克（Barbara McClintock）、爱丽丝·科贝尔（Alice Kober）等女性，前者凭借在遗传学领域的研究摘得诺贝尔奖，后者帮助破译了古希腊线形文字B。两人都未曾结婚。民俗学者兼作家佐拉·尼尔·赫斯顿（Zora Neale Hurston）也在第二组的初始端，她记述了黑人在美国的经历；还有计算机科学家先驱、美国海军少将格蕾丝·赫柏（Grace Hopper）。这两人都结过婚，但都没有孩子。而艾达·康斯托克（Ada Comstock，实际上属于第一组的晚婚成员）在担任拉德克利夫学院首任校长并度过漫长、卓越的事业生涯后，于67岁步入婚姻殿堂。她们都非普通女性，但她们的人生是第二组开始阶段的女性的典型标志。

热情似火的国会议员贝拉·萨维茨基·阿布祖格（Bella Savitzky Abzug）、《女性的奥秘》作者贝蒂·弗里丹、歌手兼电视明星黛娜·肖尔（Dinah Shore），也属于第二组成员。她们结了婚、有孩子。她们是第二组向第三组演进的代表人物。第二组还包括知名度较低的成员：密苏里州圣路易斯两位勇敢的公立学校教师安妮塔·兰迪（Anita Landy）和米尔德里德·巴斯登（Mildred Basden），两人质疑导致其婚后被解雇的法律。我们将会看到，她们的挑战终结了针对公立学校教师的大多数婚姻限制。

第三组：先成家再工作

第三组女性出生于1924—1943年，她们之间的相似度比其他任何一组都高。她们展示了类似的抱负和成就，结婚很早，有孩子的比例很高，大学专业和第一份工作都差不多。如果说第一组女性分开走了两条不同的路，一条有家庭，另一条有工作或事业，那么第三组女性则是事业和家庭齐头并进。

第三组的一致性部分源于某些就业障碍被解除；但也因为1946—1965年第三组刚好大学毕业，时值人口变化浪潮席卷美国，致使所有人进入早婚和建立大家庭的状态。第三组女性大学毕业生中90%以上都结了婚，而且大多数结得很早。几乎所有结婚的人都有孩子。这组女性毕业后甚至结婚后基本都有工作。但在有了孩子并要抚养孩子时，她们纷纷离开了劳动力大军。

许多人在孩子长大后复出，一些人甚至在这段时间成就了事业。但鉴于她们曾中断就业且优先考虑家庭，多数人很难重返劳动力市场，毕竟，这个市场在她们离开后早已今非昔比。很多人缺少必要的技能。第三组女性一般先有家庭然后才谈工作。

然而，尽管在时点和重要性上，家庭生活居第一位，但对于这个组别的大部分人而言，事情被打乱了。20世纪60年代结婚的人离婚率高升。在50年代结婚的女性大学毕业生中，结婚20年后离婚的比例为12%，可在60年代结婚的人中，这一比例接近30%。[13]当各州转向"单方面"离婚法时，第三组的部分人想必惊得手足无措，因为这意味着夫妻中任何一方都可以解除婚姻。专门从事家务继而缺乏工作经验的女性，在家庭中何来议价能力？

第三组中大多数有孩子后离开职场的女性，后来又返回了各类岗位，主要是担任教师和办公室职员。大部分人默默无闻，但也有人最终发掘了自己的专长。其中包括艾尔玛·邦贝克（Erma Bombeck）、珍妮·柯克帕特里克（Jeane Kirkpatrick）、格蕾丝·纳波利塔诺（Grace Napolitano），以及颇具讽刺意味的菲利斯·施拉夫利（Phyllis Schlafly），她的事业竟是力图限制其他女性发展事业。

还有一些女性出于必要或意愿，始终不曾脱离劳动力大军。有些人则是离婚后不得不工作挣钱，尤其是如果要养育孩子。诺贝尔文学奖得主托妮·莫里森（Toni Morrison）显然从未中断过工作。离婚后，她成为兰登书屋的一名编辑，抚养两个儿子，依靠清晨为他们准备早餐前的时间写出了脍炙人口的小说。

第三组女性的抱负体现在她们对未来的个人设想中，几项大型调查揭示了这一点。这些女性大学毕业生结婚较早，比之前或之后组别的女性生育了更多孩子。但很大一部分人表示，她们希望婚后可以继续工作，即便孩子尚小时。对许多人来说，贝蒂·弗里丹的书诠释了第三组女性的心声。然而我们将看到，现实与真相迥然不同，因为机会增多了。20世纪40年代以后，随着婚姻限制的结束，已婚女性的工作机会日益充沛。女性的抱负已悄然改变。

第四组：先立业再成家

第四组出生于1944—1957年，20世纪60年代中期至70年代末大学毕业。这些女性明显从前辈的经历中吸取了教训。在婚姻、子女、职业和就业方面，第三组向第四组的转变是这些群体中最为显著的。

第四组女性成年时,女性运动日臻成熟。她们明白贝蒂·弗里丹在《女性的奥秘》中描写的种种限制和挫折。然而就像我们即将探讨的,在教育和职业选择上,20世纪六七十年代的"喧嚣"革命对她们的影响,其实不如一场更安静的革命。这不是说那场喧闹的运动没有一点催化作用。但对于第四组,"女士"(Ms.)这个称谓可能要比同名杂志的创办人(兼运动负责人)格洛丽亚·斯泰纳姆(Gloria Steinem)更具影响力。

作为年轻女性,她们目睹了(第三组的)母亲、姑姑和姐姐们在孩子长大离巢后重返职场。其中一些人就业前未曾深思熟虑;另一些人则精心规划了自己做母亲的生涯,然后才是工作。不过,第三组女性寻找和获得的工作往往不是第四组向往的终身职业。母亲通常支持女儿走不同的路。一位受过高等教育但没有工作的第三组成员谈及她的孩子(在第四组)时说道:"我建议女儿同时拥有家庭和事业。这是现在的期望。"[14]

第四组女性可能还会看到,第三组的许多人意外离了婚,可工作技能已经生疏了。前者从小就认识到,合乎市场需求的技能不仅对自己的职业很重要,对她们和孩子的生计也很重要。婚姻不再有永恒一说,如果它曾经是永恒的。她们身处第二组或第三组的母亲同样清楚,"最糟糕的莫过于人到中年,丧偶或离婚,还没有自己的身份和兴趣爱好"。[15]

第四组女性的离婚率甚至高于第三组后半部分的女性。20世纪70年代开始的婚姻中,37%的夫妇没能坚持到庆祝20周年纪念日。而60年代开始的婚姻(主要是第三组女性),这一比例是29%。[16]

即便第四组离婚的人非常多,意外成分也不像第三组那么大。第四组人看见了警示。她们很小的时候就已目睹了一切。第三组传递过来的接力棒含有关于婚姻稳定性的告诫，指出投资丈夫的事业而不是自己的事业有其危险性。后来离婚率渐渐降了下来。20世纪80年代及以后开始的婚姻，和60年代开始的婚姻的离婚率持平。女性启动晚婚模式，尽管离婚法律放宽松了，但这些婚姻却更加牢固。

第四组女性认为自己可以比第三组做得更好。她们意识到，第三组普遍没有把研究生教育、专业教育或长期职业列为优先事项。由于目标更清晰，第四组女性从高中开始就在为上大学做准备；接着她们挑选专业，然后攻取研究生学位，心中怀有持久的职业目标。

第四组的新颖设想是先谈事业后谈家庭。很多人推测，待事业上了轨道再生孩子就不会令自己脱离职业轨道。组建家庭是最容易的环节，至少从第三组女性的高生育率来看确实如此。第四组女性还拥有一样特别之物，那就是前几代年轻女性没有的"魔丸"——避孕药。

有了更好的节育措施，她们可以推迟结婚和生育而不会造成什么直接后果。方便、有效且由女性控制的避孕措施，使第四组女性能够获得更多的教育并攀登自己选择的职业阶梯，同时无须放弃活跃的社交和性生活。但很多人推迟过了头，第四组中大约27%的女性大学毕业生没有生育孩子。这个群体立志要先有事业，再有家庭，只可惜愿望不一定就能实现。

比较知名的第四组成员有希拉里·克林顿和卡罗尔·莫斯利·布劳恩（Carol Mosley Braun），后者是首位当选美国参议员的黑人女性。两人都结了婚（其中一人的婚姻还出了名），都有孩子。其他人包括康多莉扎·赖斯（Condoleezza Rice）和索尼娅·索托马约尔（Sonia Sotomayor），她们没有孩子。

第四组是首批渴望从事律师、医生、高管等报酬最高、最有威望职业的女性。她们想实现男同事一直在追逐的目标：经济上更富裕，获得同僚的尊重，在期望的工作领域达到尽可能高的段位。这一群体对应的男性同样渴盼取得这些成就。[17]家庭对本组女性而言固然重要，但大体上处于次要地位，研究生教育和事业发展才是排在前列的。

第五组：事业与家庭兼顾

第五组是1958年以后出生的女性，1980年左右大学毕业。为了留出足够这组成员生育的时间并观察她们有孩子后的选择，我把第五组的出生年份定为1958—1978年，尽管这一群体仍在延续。这组女性觉察到了第四组的失算：被推迟的事情可能永远无法完成。于是她们宣告，事业将不再成为家庭的绊脚石。

她们延续了晚婚晚育模式，甚至再度推迟婚育的时间，但她们的生育率却大幅提升。像第四组那样，她们获得了包括体外受精（IVF）在内的一系列生殖技术协助。这种情况下的协助是辅助受孕而不是避孕。最后的这个群体基本上都渴望事业与家庭共赢。

边界问题

现在，回到那个神秘的问题上：这些女性如何齐整地分为了五组不同的群体？这个谜题可以通过剖析关于婚姻、生育和就业的人口及经济数据加以解决。

结婚年龄是区分不同群体的重要指标之一（见图2.2）。事实证明，女性是晚婚、早婚或不婚，与她对事业和生育的规划有关。从图中我们首先可以观察到，从第一组到第五组，按年龄划分的未婚女性大学毕业生比例总体呈U形走势。第三组的比例最低，只有约8%的人终身不婚，20%的人近30岁时尚未结婚。而在第五组，近30岁时未婚的人约占半数。

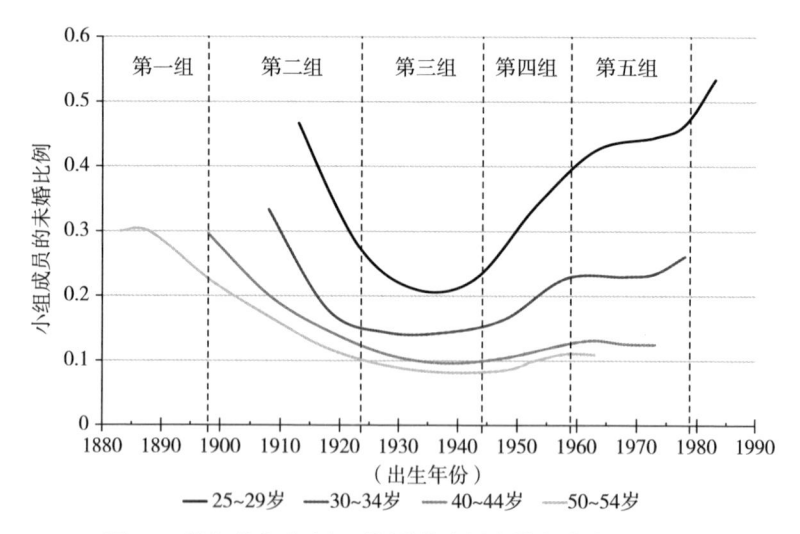

图2.2 按年龄和出生组别划分的未婚女性大学毕业生比例

注：提供的婚姻数据只针对白人女性，因为早年黑人女性仅占大学毕业生的一小部分，但在最近时期这一比例提高了很多。为确保这些区别不受组成变化的影响，这些群体只包括美国本土出生的女性。由于数据来自封闭的（美国本土出生）人口，每一出生组的单身比例应该随着年龄的增长而下降，但按婚姻情况划分的死亡率差异可能会改变这种关系。为了和其余数据保持一致，1908年出生的50~54岁人群的数据点减少了0.8。1883年的数据点适用55~59岁人群。使用美国人口普查和使用社区调查构建的五年年龄组略有不同。人口普查的数据是按出生年份划分的每个五年年龄组的平均值。例如，1953年出生的35~39岁人群数据来自1990年的人口普查。出生年份为年龄区间的中点。对于ACS（美国社区调查）数据，所有的五年数据是已知的，并对应确切的出生年份。这两个数据集的接点是2000年。对于25~29岁的人群，接点是出生年份1973年。请注意，1973—1978年间结婚率相对持平；因此，计算上的差异对数据影响不大。

资料来源：1940年、1950年、1960年、1970年、1980年、1990年、2000年美国人口普查微观数据；2000—2015年美国社区调查微观数据。

在今天看来，使用婚姻作为一项社会指标似乎已经过时。现在很多人都有生活伴侣，却完全放弃了婚姻制度。一些情侣在结婚前同居多年，确切的结婚年份可能意义不大。但即使是最近期毕业的女性大学生群体，也有近90%的人50岁出头时结过婚或仍在婚姻关系中。

由于美国1940年的人口普查第一次纳入受教育程度和婚姻状况的资料，因此并非所有组别都能获得群体的全部信息。此外，尽管历史上不乏同性关系，但关于同性结合和婚姻的数据最近才有。[18]最后，因为不同种族存在婚姻差异，加之我需要分析封闭性群体，所以我将婚姻数据样本限定于美国本土出生的白人女性，但稍后我会讨论种族差异。应当强调的是，所有的其他数据涵盖了所有种族群体。

第一组女性大学毕业生的结婚率较低；即使跨入50岁，也只有70%的人有过婚姻史。第二组开头部分与第一组没有太大区别，但在结尾部分，只有10%的人到了50岁仍未结婚。第三组的结婚年龄最早，结婚率最高，其中近80%的人在25~29岁结婚；而几乎所有愿意结婚的人都在30岁之前结了婚。

第四组奉行晚婚，这一趋势延续到了第五组。不过，哪怕第四组和第五组推迟结婚，最终的结婚比例也依然很高。她们20多岁时的结婚率看上去或许与19世纪末出生的第一组女性相似，但可比性仅此而已。20世纪40年代初以后出生的女性大学毕业生虽然推迟结婚，却很少有人终身未婚。

另一种衡量结婚时间的方法是群体结婚年龄的中间值，即结婚年龄的中位数。[19]在20世纪20年代中期至40年代初出生的第三组女性大学毕业生中，结婚年龄的中位数为23岁左右。在第四组1950—1955年出生的人中，结婚年龄的中位数在短短5年内升至

25岁，并持续上升。而1980年出生、刚过第五组界线的女性大学毕业生结婚年龄的中位数超过了27岁。

结婚年龄的中位数从23岁提至27岁可谓影响重大。这意味着女性可以追求更高学位和职业早期的培训，既不必操心家庭，也不必为了丈夫的教育或职位而迁徙。

未上过大学的女性与女性大学毕业生的结婚率不同。[20]随着各组上过大学和大学毕业的女性比例显著增加，这一差别很快将不容忽略。没有上过大学的人早早结了婚，特别是最早出生的群体，她们的结婚率更高。非大学生群体没有出现第一组的高未婚率。但以最近出生的群体来看，未上过大学的女性的结婚率也已经大幅下降。这些差异中有一个重要的例外，即自20世纪40年代末到60年代初，所有女性都较早步入了婚姻。

在婚姻数据上，群体边界分外清晰。第一组的结婚率较低，甚至在她们年老时也是如此。第三组结婚较早。第四组和第五组则大大推迟了结婚年龄，但最终的结婚率与第三组相差无几。我们还会看到，第四组和第五组的区别在于婚后生育孩子的情况。

黑人女性大学毕业生的婚姻态势与图2.2中的白人女性有一些共同点。最早的两组结婚率都低，第三组结婚率最高，第四组和第五组的结婚年龄有相当长的延迟。最晚两组的不同之处是，黑人女性大学毕业生不仅像白人女性大学毕业生那样推迟结婚，而且年龄较大女性的结婚率也维持在较低水平。[21]

如果女性在大学毕业不久后怀孕，她们就不太可能继续学业。职业生涯也可能搁浅。而当怀孕可以推迟时，情况恰好相反。婚姻与生育历来存在的紧密关系在近代发生了改变，但未婚、无伴侣的女性大学毕业生的生育比例依旧很低。[22]

从未生育过孩子的女性大学毕业生比例如图2.3所示。图中的波浪线与追踪未婚女性比例的曲线相似。第四组和第五组的曲线包含了更高频率的数据，因此愈显凹凸不平。加上收养的孩子，有孩子的比例增加了1.6个百分点。[23]（线与线之间的垂直差反映生育推迟的程度。）

虽然婚姻和生育数据存在相似性，但明显的不同点在于结婚不一定代表生孩子。这是第四组和第五组的关键区别。这两组人结婚的年龄和比例相似，但第五组中更多人最终有了孩子，尽管她们生育第一个孩子时普遍年龄偏大。

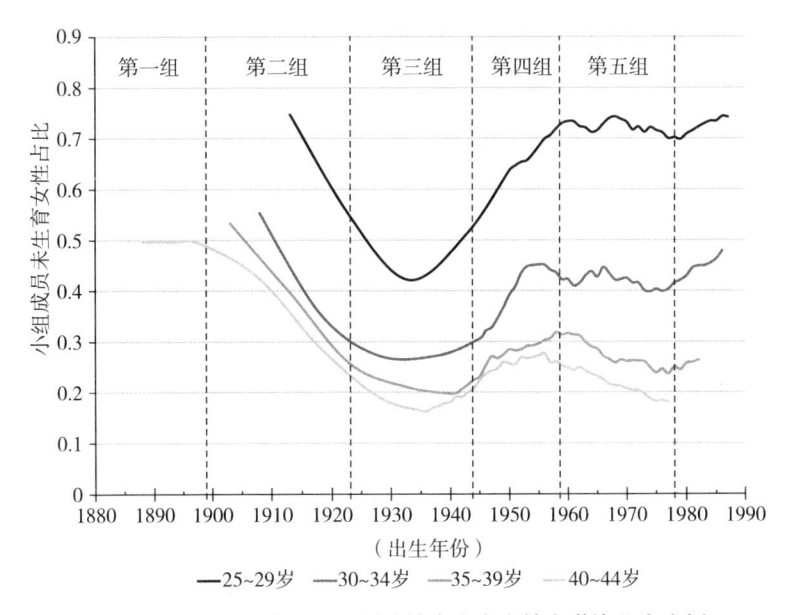

图2.3 按年龄和出生组别划分的未生育女性大学毕业生比例

注：美国人口普查数据适用1949年之前出生的25~29岁人群，以及1934年之前出生的40~44岁人群。年龄较大群体的数据适用于40~44岁人群最早的两年。在可能的情况下，使用CPS6月生育率补编数据，以五年为中心的移动平均线表示。其他年份使用美国人口普查数据。线性插值连接人口普查年份，并将两个数据来源联系起来。数据适用于所有种族。

资料来源：1940年、1950年、1960年、1970年美国人口普查；1973—2018年当前人口调查（CPS）6月生育率补编。

第一组中超过一半的女性从未生育过孩子。[24]第二组的生育情况与相关的婚姻调查结果类似,是第一组低生育率过渡到第三组高生育率的桥梁。第三组则呈现完全不同的景象,超过90%的已婚女性都有孩子[25],这在所有组别中是占比最高的。到她们的生育期结束时,只有17%的人从未生育过。在有孩子的女性中,生育高峰期平均每名女性生育了3.14个孩子。[26]

第四组女性延迟了生育,成为母亲的女性比例直线下降。到第四组结束时,45%的人在35岁之前有了孩子。如此严重的推迟导致永远不生孩子的比例最高达到了约28%。这些事实适用所有女性大学毕业生,而不仅仅是攻读高等学位或毕业于一流高等教育机构的女性。

第五组继续晚育,不过,体外受精等医疗干预措施使她们能够弥补可能的遗憾。其平均生育率为1.8;对于所有生育过孩子的女性,这一数字为2.2。[27]

大学毕业和受过高等教育的黑人女性的生育率与包括所有种族在内的整体生育率非常相近。而最近出生的两组人尽管婚姻情况大相径庭,但生育方面却存在相似性。

已婚女性大学毕业生的劳动参与率也有助于识别不同群体之间的差异(表2.1汇总了五组女性的人口和经济数据)。[28]不过,不同群体的劳动参与率差异没有结婚率和生育率的差异那么大。譬如,就业率不像生育率那样上下波动,因为随着时间的推移,女性总体就业率几乎是稳步增长的。[29]但有一个例外,即从最早可以观察到女性的职业和就业情况开始,黑人女性大学毕业生的就业率就非常高。

图2.4显示了25~49岁三个年龄组的就业率。[30]数据从第二组开始,因为美国1940年的人口普查才首次提供受教育程度和就业的数据。第一道边界在第二组和第三组之间。第二组年轻时(及结

婚后）的劳动参与率较低，但在后来的人生阶段中劳动参与率增加。因为有孩子的比例很高，第三组早期的劳动参与率与第二组大致相同，可当孩子入学后，她们的劳动参与率大大提升了，组中一些较为知名的女性莫不如是，从艾尔玛·邦贝克到珍妮·柯克帕特里克，甚至菲利斯·施拉夫利。

第三组女性接近50岁时，75%~85%的人活跃在劳动力市场（该组中黑人女性的劳动参与率为88%~93%）。所以，虽然第三组家庭规模大、年轻时从事有偿工作的比例低，但年长时的劳动参与率相当高。实际上，她们的劳动参与率几乎媲美第四组和第五组，而后两组女性进入职业轨道的时间更早。

表2.1 五组女性大学毕业生的婚姻、生育和就业情况

组别	（1）未婚（30岁之前）	（2）未婚（50岁之前）	（3）没有孩子（44岁之前）	（4）已婚劳动参与率（25~29岁）	（5）已婚劳动参与率（45~49岁）
第一组	53%	32%	50%	0~20%	30%
第二组	38%	19%	36%	28%	58%
第三组	16%	9%	18%	35%	73%
第四组	21%	9%	27%	76%	85%
第五组	27%	12%	21%	83%	84%

资料来源及注释：第（1）和（2）列使用出生年份为1890年、1910年、1930年、1950年和1960年对应这五组人（行）。另见图2.2。第（3）列数据为图2.3所示数据。前三组采用45~49岁年龄组。第（4）和（5）列另见图2.4。第（4）列的人口普查年份为1940年、1960年、1980年和1990年，适用第二组至第五组。第（5）列的普查年份为1940年、1960年、1980年、2000年和2010年，适用第一组至第五组。第一组至第五组的出生年份分别为1890—1894年、1910—1914年、1930—1934年、1950—1954年和1960—1964年。第一组第（4）列的估计值是根据经验做出的推测。第一组在大萧条和二战期间都是40多岁，她们的劳动参与率在那些年份变化很大。

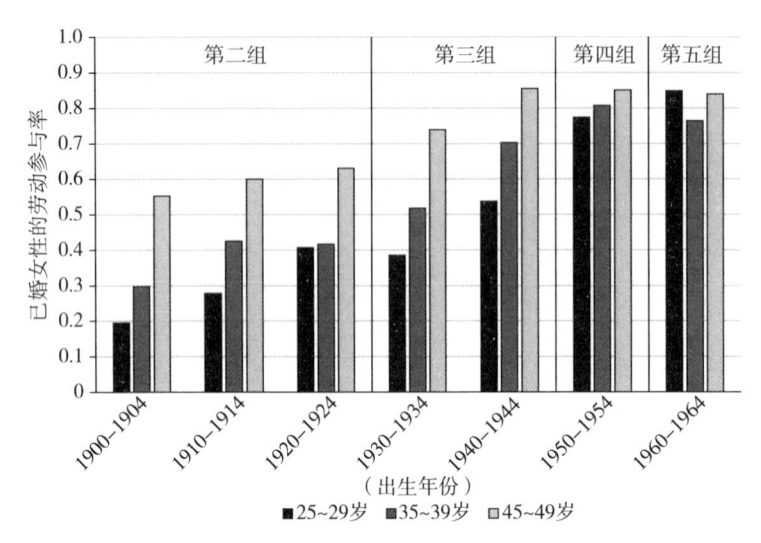

图2.4 按年龄和出生组别划分的已婚女性大学毕业生劳动参与率

注：美国人口普查将劳动力参与定义为在人口普查期间就业或正在寻找工作。每个五年矩阵中的所有元素（例如，1930—1934年间出生的35~39岁人群）都是完整的。1900—1904年的25~29岁人群数据根据25~29岁受试者到35~39岁受试者的变化，使用1910—1914年间出生人群的数据推断得出。

资料来源：本图使用三个数据来源：美国十年一次的人口普查；CPS；ACS。综合公共用途微观数据系列（IPUMS），1940—2000年美国十年一次人口普查微观数据。ACS包括从2000年到2016年的所有年份。美国十年一次人口普查使用以下样本：1940年1%，1950年1%，1960年5%，1970年1% "metro form 1" 和 "metro form 2"，1980年5% "州"，1990年5%，2000年5%。CPS年度社会和经济补编（ASEC）包括从1962年到2017年的所有年份。在所有样本中，大学毕业生指大学四年或四年以上的毕业生。

关于大学毕业生群体相对于人口的规模，以及男性大学生相对于女性大学生的数量，我们必须注意几个关键事实。为我们的旅程计，大学一般表示四年制院校，毕业通常表示取得学士学位（而不是准学士学位）。某些情况下，从两年制师范学院毕业的女性会被考虑在内，尤其当这是成为教师的主要途径时。

1900年，对于男性和女性，大学毕业都是件稀罕事儿。20世纪初，只有大约3%的年轻人从大学毕业，而黑人的比例更低。跳转至1990年左右出生的人，则几乎每两名女性中就有一名必定会

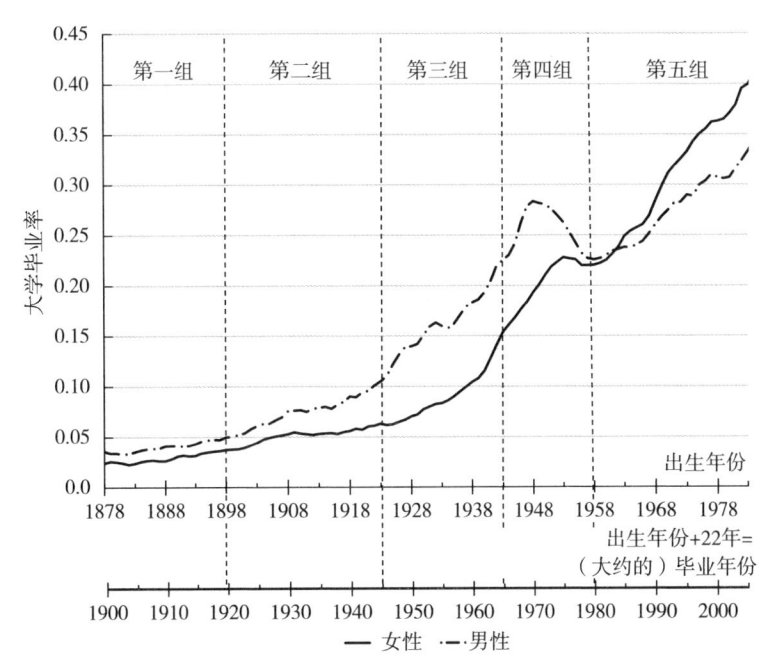

图2.5 男性和女性的大学毕业率（30岁时）

资料来源及注释：使用1940—2000年人口普查IPUMS数据，和2006—2016年当前人口调查轮换出组数据（CPS MORG）。该程序与Goldin和Katz（2008）中的图7.1相同。

从大学毕业[31]［参见图2.5和在线附图4A（第2章）］。黑人女性的这一比例比白人女性落后约20年或更久。[32]

在这段时间里，各组的大学毕业率有过不同程度的增长，甚至出现轻微的下降。需要解释两个极端的异常情况：男性的毕业率在20世纪60年代中后期骤然上升，之后急转直下。上升和下降都与越南战争有关。该比率大幅上升反映的是推迟服兵役的影响，这一政策允许在读男性本科生免服兵役（直到毕业）。而征兵的减少和美国结束对越南的军事介入则导致了男性毕业率的反常下降。[33]

另一个需要提及的特征是大学毕业的女性数量多于男性的时

第2章 传递接力棒 043

点。³⁴ 原先,男性大学毕业生远远多于女性,特别是50年代至60年代的毕业生。但女性奋起直追,并在1980年左右超越了男性。而早在10年前,大学毕业的黑人女性人数已经超过了黑人男性人数。从那时起,女性的领先优势日渐扩大。

有两种方法可以探讨大学毕业生序列数据。一种是考虑大致同年出生的个人(我们已经做过讨论)。³⁵ 但大学生的年龄并不相仿,在大学里碰到30岁的人和20岁的人同班绝不少见。这种混龄现象历史上一直存在,尤其是20世纪中期,当时很多人正从战场上归来(几乎都是男性)。

有一个相关序列数据提供按学年计算的大学在学实际人数,以让人们更好地观察大学校园和教室里的社交互动。它打开了一扇窗,便于大家了解课堂、图书馆、宿舍、学生中心和活动中心等大学核心场所的性别比例。

该序列数据中的男女比例(或性别比例)显示,20世纪40年代中期至60年代中期,大学里的男性远多过女性。³⁶ 譬如在40年代后期,男女大学生的比例达到惊人的2.3∶1,即使按出生年份计算的数据仅为1.5∶1。多出来的男性大都是退伍的军人,其中一些人已经结婚。³⁷ 但大部分男性尚未成家,他们的存在大大提高了女性大学生找到合适伴侣的概率。

另外,男女同校的历史性兴起也很重要。在每个时代,大学对于男性和女性的定义都有变化,并一定程度上取决于不同性别的学生是否住在同一个校区。19世纪末和20世纪头10年,特别是在美国的某些地区,相当一部分大学生上的是单性别学校³⁸。1900年的大学毕业生中,40%的女性和46%的男性就读于单性别学校。但是男女同校的大学生比例增长迅速,乃至到了20世纪30年代,这一比例已经相当可观，而上单性别学校的男女比例均降至不足30%。到1966年，也即大多数精英学院历史性整合前夕，只有8%的女性大学生和5%的男性大学生就读于单性别高等院校。

不过在整个20世纪，大学常常都是寻找伴侣的地方。单性别院校往往相互关联，周末还有摆渡车。甚至男女混合制学校，尤其是女生稀少的学校，也与地理位置邻近的单性别院校建立了非正式的联系。譬如连接麻省理工学院和韦尔斯利学院的巴士，就被直白地称为"拥抱摆渡车"。

有人也许会认为，随着20世纪初以来大学入学率的迅猛增长，上大学和大学毕业人口类型的转变将主导我们样本中的女性群体的变化。毕竟，与20世纪后期相比，1900年左右上大学的女性多数出身富裕家庭。她们承担得起不婚的代价。50年代上大学的人则可能来自想要更多孩子的群体。而较晚近时期毕业的女性大学生可能又与其他组成员不同，因为她们选择了事业。但是我们从结婚比例和生育比例中看到的变化，并不主要归因于上大学的女性类型和送女儿上大学的家庭类型。这些变化有更深层的原因。

要证实这一点，我们可以研究一个世纪以来，来自相同社会阶层、上过同一所大学的女性。即便她们有着相似的成长经历和才能，我们仍可发现这五组人之间发生了映射群体总体边界的巨大变化。换言之，哪怕控制这些女性的家庭背景不变，当涉及婚姻、生育和就业等问题时，整个群体的优先事项和选择还是会发生同样的改变。

以拉德克利夫学院与哈佛大学毕业的女性为例。[39]这些女性的数据非常翔实，而且她们始终选自美国最聪明、最有能力、最富进取心的群体。

在我们研究的大部分时间里，她们也多数选自美国较富裕的家庭。这一点很重要，因为从1880年到1940年，就读预备学校大大提高了被精英私立学院录取的概率。而始于20世纪40年代并在50年代迅速普及的大学入学考试，减少了入读预备学校接受特殊训练的需求。[40] 即便如此，自20世纪初到70年代末，拉德克利夫女性毕业生曾就读预备学校的比例也几乎一直保持在45%。[41]

然而，尽管这些女性来自同一社会阶层，拉德克利夫女性毕业生结婚生子的倾向也紧循1900年前后各群体的总体趋势。[42] 按年龄和出生组别划分，未婚比例大致相同，转折点也近乎一致。第三组婚姻数据的相似性最为突显。自20世纪40年代末到60年代初，拉德克利夫女性毕业生结婚早、结婚率高。在这点上，她们和非名牌大学毕业的女性没什么区别。从出生数据也可以看到类似的变化。[43]

小儿心脏病学先驱海伦·陶西格（Helen Taussig）是哈佛大学经济学家弗兰克·陶西格的女儿，一战期间就读于拉德克利夫学院。海伦终身未婚，是第一组中较为典型的事业成功型女性。著名诗人艾德丽安娜·里奇（Adrienne Rich）从拉德克利夫毕业大约一年后，于1953年结婚并接连生下三个儿子。丈夫去世后，她和一个女人建立了终身伴侣关系。里奇是第三组中一个典型（但又不典型）的成员。普利策奖获得者琳达·格林豪斯（Linda Greenhouse）是第四组的先锋。她34岁也即自拉德克利夫毕业大约12年后结婚，并于38岁生了第一个孩子。

所以，在婚姻和子女方面，拉德克利夫女性毕业生看起来几乎和所有女性一样。但这种相似性的成因，并非大部分女性大学毕业生曾经就读单性别精英学院；除最早时期外，单性别院校的女性毕业生都只占总数的很小部分。[44]显然，女性大学毕业生样本选择上的改变对于五个群体之间的巨大变化并不重要。

那么为何从第一组到第五组，事业与家庭发生了如此巨大的转变？这些转变是百年世代传承[45]的一部分，其间穿插了经济和社会的根本性变迁。各个小组都接过接力棒，跑出一段路程，闯关通卡，尽力闪避障碍。每代人无不面临千变万化的限制，也迎来一系列与家庭和生育有关的技术进步，所有这些都为未来铺平了道路。

这一路上，尤其是在20世纪60年代末70年代初，关于就业、晋升、收入和家庭生活的不满情绪以革命的方式喷涌、爆发。国家层面的行动渗透到更多的地方组织，甚至到达女性家庭和公寓里所谓的更亲密的意识觉醒团体。每一代人都着眼于用更佳的方式实现自身的目标，拓展自身的价值。

在这段跨越不同群体的漫长旅程中，不仅女性的抱负改变了，男性对理想伴侣的素质和职业抱负的看法也发生了变化。在第一组，女性大学毕业生50岁前结婚的概率比未上大学的女性低20个百分点。在第三组，她们的概率仅低5个百分点。到了第五组，情况出现逆转：女性大学毕业生结婚的概率比未上大学的女性高5个百分点。[46]这一定程度上是因为男性大学毕业生日渐倾向于和女性大学毕业生结婚。

教育程度和抱负的日益匹配，意味着家长双方（包括同性伴侣）都能获得更有前途的职业。在办公室要完成随叫随到的工作，在家要全天候管理一个家庭，这对任何人来说都是艰巨的任务。各群体中男性和女性共同做出的婚姻决定，是理解当代人如何在前辈的基础上加以改进的关键。今天,最大的挑战和最大的目标之一是在平等的关系中成就事业与家庭。如果实现了这一点,问题就会变成:至此,她们要把接力棒带向何方?我们将从认识每一组女性开始,铺叙我们的追询。

第3章
分岔路口

1971年我在芝加哥大学攻读研究生的时候，经常看到一位白发苍苍的女士提着长方形大盒子走向计算机中心。盒子里装的是数百张穿孔卡片，其中一些只包含一行代码。所有代码需要按照精确的顺序执行单一的统计分析，例如计算平均值。冬天，这位老妇人身穿灰色羊毛长外套，脚踩黑色橡胶短套鞋在雪地里蹒跚独行。我注意到，每每这种时候她都走得格外谨慎，生怕盒子掉了，打乱她的代码。

这位女士就是玛格丽特·吉尔平·里德，时年75岁，十年前已从经济学教授的职位退休。对我和我的研究生同伴们来说，她无异于一位"古人"。[1]

在寒冷的冬日，我也拎着一个类似的长方形电脑卡盒，费劲地走向计算机中心。我的弗莱靴靴筒很高，由马具皮革制成；时髦外套奇短，几乎遮不住下边的迷你裙。我大概会觉得冷，但我十分新潮。我和玛格丽特之间，隔的不仅仅是年龄，也不仅仅是各自的时尚品位。彼时我无从知晓她的工作涉及了那么多理念，这些理念后来还占据了我的思想和研究。更想不到的是，她的人生竟可以帮助我诠解女性经济角色的演变。

不过，我依然被玛格丽特·里德惊呆了。她坚韧顽强，一直做着什么很重要的研究。可我从来没有跟她说过一句话，我觉得她仿佛是一个来自过去时代的"幽灵"。[2]

作为"古人"之一，玛格丽特起着为一座桥梁添砖加瓦的作用，将过去的女性大学毕业生和我今天教导的女学生联系了起来。她这个类型的女性人生道路很窄：很多人事业有成但终身未婚，或者是结婚但没有孩子。她所在的第一组成员还面临另一条略宽的通道，主要接引那些没有事业的女性。她们中大多数人结了婚，有孩子。在这座隐喻的桥上，通道随着时间发生改变。有些通道拓宽了，有些缩窄了。而越靠近现代，就有越多事业有成的人结婚、生子；本质上，这些通道逐渐融合。

我要是足够有远见，在读研期间就和玛格丽特聊过天就好了。我是多么无知，才没有发现她在经济学领域的重要性；又是多么遗憾，竟没能重视她对这场漫长旅程的贡献。

1992年，凭借将经济学应用到结婚、离婚、生育和时间分配等家庭的各个方面，加里·贝克尔（Gary Becker）摘下了诺贝尔经济学奖。而在半个多世纪前的1934年，玛格丽特·里德已经发表博士论文《家庭生产经济学》（Economics of Household Production）。她的原始论文被艾奥瓦州立学院选为教材，并由一家重要的出版社出版，且增添了教科书式的问题，以便其他院校的老师和学生能够阅读。

里德的研究最早评估了家庭无偿劳动的价值，并分析已婚女性如何选择在家干活还是外出工作。当里德开始她的调研时，已婚女性才刚刚走出家门参加工作（主要从事白领工作），因此，她的论著具有极大的现实意义。

里德的研究旨在将女性的无偿工作纳入国民收入核算。她用国民收入核算的语言论证了女性劳动的经济重要性，而当时这一神秘领域才初现雏形。当大家早已习惯头版报道中使用的经济学术语（GNP、GDP、国民收入、失业率等）时，却没有意识到这些概念是最近才被构思出来的。为创造这些术语发挥了中坚作用的人，是一位名叫西蒙·库兹涅茨的移民。

西蒙·库兹涅茨1922年从苏联移民到美国，1926年获得哥伦比亚大学博士学位。一年后，他成为美国国民经济研究局（NBER）[3]的研究员，该机构1920年成立于纽约，旨在为美国提供基础统计，这是美国政府20世纪30年代启动的工作。1971年获得诺贝尔经济学奖的库兹涅茨是我的论文导师、诺贝尔经济学奖得主罗伯特·福格尔的论文导师，所以我很自豪地视前者为我的智识师祖。

20世纪30年代初，随着美国经济陷入史上最严重的大萧条，国会询问经济研究局是否能借用库兹涅茨测算一下GNP（国民生产总值）下降了多少。[4]国会议员相信，通过了解经济衰退造成的损失，他们可以找到应对这场灾难的办法。此外，商务部需要制定一套通用的核算制度，以衡量国家的生产能力如国民收入，不仅要适用当前的非常时期，还要适用所有时期。库兹涅茨是肩负这两项工作的不二人选。

就当里德倡导将女性的无偿劳动纳入国民收入核算之际，库兹涅茨正在构想他这些深奥而又重要的概念。等到他起草提交给国会的报告时，里德早已完成博士论文并出版了教科书，力主把家庭服务添进国民产出的核算中。

女性和其他家庭成员在家里提供劳动，生产的商品和服务几乎构成了每个公民消费的重要部分。国会报告和库兹涅茨后来的著作显示,库兹涅茨一度苦恼于是否将无偿的家务劳动和照料工作纳入官方统计。最终他决定放弃。

他在提交国会的报告中指出:"我们认为最好从国民收入中剔去这一大类服务,尤其是因为没有可靠的依据估算它们的价值。"[5] 里德则主张应当纳入这些服务;在接下来的近90年里,越来越多的人赞同她的逻辑。

一个核心论点是,所有类型的无偿照护工作都被低估了,因为这些劳动没有报酬,也不包括在国民收入核算中。[6] 在不同时期,游说团体和其他团体,特别是支持改善护理工作者尤其是女性待遇的人,对整个经济中无偿照护工作的价值进行了估算。最新数据显示,其价值相当于GNP的20%,令人大跌眼镜。里德提出过若干测算方法。可是,库兹涅茨的核算程序一直沿用至今;而这些程序,始终排除家庭和其他方面的无偿劳动。

在20世纪30年代,玛格丽特和西蒙的研究时有交叉。40年代中期,他们共同参与了一项重要但有争议的委托任务:研究生活成本指数,即今天的CPI(消费者价格指数)。玛格丽特·里德踏进了学术界和政策圈。在那个时代,她是重要人物。对我而言,当我还是研究生的时候,她是个"异类";到我进入她所在的只有男性的院系时,她早已退休。她也是我读研期间认识的唯一一名女性经济学家。当时我并没有意识到,关于女性的工作以及照护和家务劳动对整个国家收入的贡献,她的想法竟然那么有前瞻性。

无论以什么标准衡量,玛格丽特·里德的事业都是成功的。她1931年获得芝加哥大学博士学位,1934年被聘为艾奥瓦州立学院(后来成为大学)教授。二战时期,她在联邦政府任职,直到1948

年[7]；之后她成为伊利诺伊大学厄巴纳香槟分校教授，1951年晋升为芝加哥大学经济系和家庭经济学系教授。学术生涯期间，她出版了四部重要著作，并在顶级经济学期刊上发表文章。

玛格丽特·里德算是家庭经济学领域的"居里夫人"吗？或许算。但另外几位女性同样有资格获此殊荣。其中一位，就是玛格丽特在芝加哥大学的导师黑兹尔·凯尔克。

黑兹尔·凯尔克1920年获得芝加哥大学博士学位，与玛格丽特如出一辙，只是早了11年。她们都在艾奥瓦州立学院执教，并在政府部门担任职务。1925年，凯尔克在芝加哥大学获得教职，1941年晋升为教授；近半个世纪后，我才成为哈佛大学经济系第一位女性终身教授。里德和凯尔克的职业生涯惊人得相似；个体上的相似性也是如此。里德于我兴许是个"异类"，但即便她大有建树，作为第一组成员，她在她的时代也并非"异类"。

里德和凯尔克都终身未婚，也没有生育孩子（不过凯尔克抚养了表妹的十几岁女儿）。[8]我找不到关于她们的婚姻渴望、婚姻设想或可能有女性伴侣的记载，也找不到她们早年表达想要孩子的声明。[9]

里德和凯尔克都是在晚年取得了事业成就，这和她们组别中的很多人一样。两人均于35岁左右获得博士学位，50多岁升为教授。如此大器晚成意味着结婚会愈加困难（即使不是不可能），更不用说生孩子。

两人起步较晚的一个主要原因是，她们的家境并不富裕，在大学期间要自食其力。[10]人们常常以为20世纪早期的女性大学生皆来自精英阶层。东北部的一些人可能确实如此，但中西部却未必。而里德来自加拿大马尼托巴省，凯尔克来自俄亥俄州。

里德和凯尔克的生活经历，与20世纪前出生、一战前大学毕业的部分女性相似。她们事业有成，虽然不一定是收获了最高的地位或名望，但她们赢得了学生和同事的赞赏，为科学和公共政策做出了贡献。

壁垒与限制

正如所见，在所有1910年左右大学毕业的女性中，30%终身不婚，50%未曾生育过孩子。[11]即使在已婚者中，也有29%从未生育过。这些数字在历史上高得离谱。而1925—1975年出生的女性大学毕业生中，50岁前没有结婚的比例不到12%。[12]第一组和后来组别之间简直天差地别。

第一组的婚姻和生育数据适用1900—1919年毕业的所有女性大学生，而不仅仅是来自富裕家庭或就读东北部单性别精英院校的女性。这些数据也不只适用在科学、艺术或文学领域取得重大突破的女性。这组人的不婚率、未生育率很高，而对于被认为在其一生中做出"卓著"贡献的女性（比如玛格丽特·里德和黑兹尔·凯尔克），这些比率甚至更高。

上述差异不是选择造成的[13]，也即并非"第一组女性大学毕业生的婚姻倾向不同于后面的几组"。1910年毕业的女性大学生和1930年或1950年毕业的女性大学生没有本质区别。她们的人生出现分歧是因为她们面临了不同的壁垒与限制；是可选项不同了，不是她们的偏好发生了变化。

社会规范和雇用规定往往阻碍已婚女性寻找工作，更不必说追求事业。在20世纪上半叶，有两类规定极具约束力。第一类是公司和政府的规定，禁止已婚女性受雇于某些职位，譬如教师。这些就是所谓的"婚姻限制"，我们将在下一章深入探讨。婚姻限制有助于解释为什么尽管第一组的教师和学者比例很高，可已婚者中的这一比例却低得多（黑人女性除外）。

其他规定涉及裙带关系规则，禁止夫妻在同一机构、部门、公司或政府机构担任职务。大学里的反裙带关系规定一直持续到20世纪50年代（某些情况下甚至持续到更晚近时期），这也是早期女性群体中从事学术工作的已婚比例低于后期群体的原因。裙带关系规则严重阻碍了女性施展才华，也妨碍她们投身自己热爱的领域。为保持婚姻，她们被剥夺了发展职业生涯的机会。

表面来看，裙带关系规则终结了经济学家多萝西·沃尔夫·道格拉斯和保罗·道格拉斯的婚姻，后者是著名经济学教授，后来成为伊利诺伊州参议员。保罗在芝加哥大学谋得职位，多萝西却吃了闭门羹，她只好（和他们的四个孩子）前往史密斯学院，保罗则转入了阿默斯特学院。多萝西不满足于仅仅成为著名经济学家的妻子，说到底她也是经济学家。但阿默斯特学院对保罗而言并不是好去处，他们的婚姻很快破裂了。[14]

即使没有正式和非正式的壁垒，鉴于家庭的巨大需求，兼顾事业和家庭也极其困难。[15]虽然1920年的时候，大多数城市家庭用上了电，但是还没有现代的冰箱、洗衣机、吸尘器、烘干机，当然也没有微波炉。收入丰厚的家庭一般可以雇用家庭用人，但操持家务仍然是繁重的工作。

在20世纪头20年，除了普通的家务外，还有生死攸关的问题。避孕措施还非常原始，往往一不小心就会产生大于预期的家庭。婴幼儿的高死亡率加剧了家庭对人力的需求。[16]1900年美国现代城市卫生系统刚建成时，八分之一的婴儿在出生的第一年夭折。1915年，这个数字是十分之一。在抗生素出现前的年代，母亲和孩子死于感染的比例触目惊心。财富、教育、社会地位根本无助于阻拦这种过早的死亡。

第一组中在科学、文学或艺术领域做出过卓著贡献的女性中，有9%生育过孩子的人至少经历过一次婴幼儿死亡事故。[17]在美国，农民的婴儿死亡率低于城市居民，甚至低于教授。[18]一个有工作的母亲为孩子生病或夭折深感自责的可能性相当大，更遑论有事业的母亲。

知名女性们

为五组女性统一定义"事业"，这本身就带有主观性。我没有使用个人的收入、职业、专利或荣誉来衡量最高贡献，而是采纳了众多学者通过筛选数千个可能条目制成的汇编。这些专家编撰了五卷前面提到的《美国知名女性录》，提供取得非凡成就的美国女性传记；每一卷都包含一段时间内去世的知名女性的信息。[19]

每个条目都是该领域专家撰写的生平。这些女性的各个生活方面，如出生日期、学历、结婚年份（如果结过婚）、生育或收养的孩子数以及事业成就，被一一收录在简述里。最新一卷于1999年编撰，所以只有第一组和第二组（出生于1878—1897年和1898—1923年）包含足够的条目以供研究，因为如上所述，只有在这些名人过世之后才会编纂她们的传记。[20]

第一组的女性大学生已经和普通女性不同，知名女性与普通女性的差异自然更大。以婚姻为例。在过去的大部分时间里，绝大多数美国男性和女性的绝对结婚年龄都非常小，尤其是相较于英国、法国和德国的同龄人。比起其他国家，美国家庭的收入十分可观；美国的收入不平等程度也低于其他地方（不管你信与否）。普通人都可以在美国富饶的土地上安家立命。对于美国大部分历史时期的所有女性以及与第一组同龄的非大学毕业生女性，只有不到十分之一的人终身未婚。但是，受过大学教育的女性结婚率很低，而知名女性的结婚率更低。

第一组女性大学毕业生的不婚率为30%。知名女性大学毕业生的这一比例则达到44%，几乎是所有女性大学生的1.5倍。

结婚率的差异如此之大，生育率的差异更大。在这些年份里，不考虑受教育程度，所有女性中只有20%一生没有生育或领养过孩子。[21]而在所有女性大学毕业生中，不考虑个人成就和声望，50%的人没有孩子。但是，第一组中的知名女性没有孩子的比例接近70%，即每10位知名女性中只有3位有过孩子。第一组的女性大学毕业生明显与众不同。她们既不同于同龄的非大学毕业生，也不同于美国历史上其他时期的女性大学毕业生群体。

大学毕业生和知名女性之所以没有孩子，主要是因为她们没有结婚。20世纪早期的单身女性，特别是有经济能力的单身女性，可以领养婴儿或儿童，一些人也确实这样做了。与今天美国可供收养的婴儿需求大于供给的情况相反，在20世纪早期，可供收养的婴儿数量很大。生育率，特别是移民女性的生育率极高，而未婚生子的女性几乎孤立无援。

高学历已婚知名女性选择收养孩子的例子屡见不鲜。未婚知名女性收养孩子的例子倒不多见，可还是有的。20世纪20年代黑兹尔·凯尔克在欧柏林学院任教时，和玛丽·艾米莉·辛克莱

（Mary Emily Sinclair）住在一起，后者是首位获得芝加哥大学数学博士学位的女性。身为欧柏林学院教授的辛克莱30多岁时收养了两名婴儿，一男一女。她很幸运，可以在孩子幼年时期休假。[22]但是，没有多少未婚职业女性能够领养孩子并保持活跃的职业生活。

第一组女性大学毕业生显然只能创造一种"财产"：孩子或事业。第一组名人列表上的百名女性大学毕业生中，只有56人结过婚，31人有过孩子。她们几乎不可能兼顾事业和家庭。庆幸的是，今天，要成就事业与家庭终于容易多了。

不过，要再次强调，知名女性是一个特殊群体。评委会考虑了数千名同样受尊敬的女性之后，才选出了她们。毕竟，追踪所有取得某种职业成就但未被评委会评为足够"卓越"的女性大学毕业生，将是不可能的任务。

如果知道第一组中多少人开创了事业，就能判断整组中多少人拥有当今许多女性追求的事业和家庭。我们还可以确定有家庭但没有事业的女性比例，乃至关于"事业和家庭"的所有其他排列组合。不妨从两个已经确定的百分比开始计算。在第一组女性大学毕业生中，30%的人终身未婚，高达50%的人没有孩子。这些数据适用于第一组的所有女性大学毕业生，而不仅仅是有事业的女性。倘若把知名女性（事业成功者）的数据合计在内，则超过一半的人最终结了婚，略少于1/3的人有孩子。

通过第一组所有收获事业的女性大学毕业生比例，我们得到了足够客观分析第一组成就的数据。可以合理地设想，第一组女性大学毕业生中，最多有30%在四五十岁时事业有成。根据这个假定的数字，第一组中只有9%的人在50岁之前成就事业并生儿育女，17%的人在50岁之前拥有事业并最终结婚。[23]（至于第三组到第五组，按年龄估算事业和家庭成就比较简单，参见图7.1。）

所以，玛格丽特·里德和黑兹尔·凯尔克与同样成功开创事业的同代人没有太大的区别。实际上，如果她们去参加各自的毕业25周年大学同学聚会（凯尔克是1935年左右，里德是1945年），将会遇到一个规模可观、人生故事相似的群体。在她们的大学同学中，约21%的人有事业没有子女，13%的人有事业没有婚姻。只有半数同学可以"晒"自己儿孙的照片，而30%的同学没有丈夫可陪同到活动现场。[24]

证据表明，在20世纪40年代末以前，没有孩子的女性参加同学聚会的比例极高。她们多是奔着友谊来的。这种情况很快出现了变化，在20世纪五六十年代，相反的现象成为常态：有孩子的人比没有孩子的人更常参加聚会。[25]"炫耀后代"开始成为出席聚会的主要动力，而无关友谊。

第一组女性大学毕业生中的绝大多数从未拥有过事业，哪怕是没有孩子的女性毕业生。但这并不表示她们没有工作。几乎所有终身未婚的女性在毕业后的大部分时间里都从事有偿工作。[26]正是女性大学毕业生的这种自立能力，让她们得以保持独立和不婚。

第一组的知名女性包含学者、记者、作家、市政工作者和教师，确切地说，有2/3的人从事这些行业。但她们的职业随婚姻状态和家庭情况而异。已婚的知名女性不太可能成为学者或教师，而更可能成为作家、记者、律师和艺术家。与其他职业相比，有孩子的知名女性更可能成为作家和记者。原因简单明了。学术和教学等职业通常仅限于未婚女性；像写作、艺术这样的领域则没有太多束缚，更容易兼顾家庭。

于是绝非偶然地，充满浪漫情怀的女记者成为20世纪中叶电影的主题角色。凯瑟琳·赫本和斯宾塞·屈塞主演的《风云女性》就是其中的佼佼者，据说该片取材于多萝茜·汤普森（Dorothy Thompson）的一生。

多萝茜·汤普森是电台名人，也是一位报道纳粹德国的美国记者，即便在其所处时代被公认为名人的已婚记者和作家中，她也相当出色。其他人还包括撰写《大地》的诺贝尔文学奖得主赛珍珠、《国家》杂志的编辑弗雷达·柯奇（Freda Kirchwe）、纽约《先锋论坛报》社长海伦·里德（Helen Rogers Reid），以及《纽约客》的小说编辑凯瑟琳·安吉尔·怀特。这些知名女性达到了人生巅峰：拥有非凡的事业，结婚并生育了孩子。

苔丝·哈丁和萨姆·克雷格是《风云女性》中的两位主人公，和许多已婚知名女性一样，他们遭遇了婚姻压力。电影里的夫妇最终言归于好，但现实情况并非如此。第一组中的知名女性的离婚率相对较高：尽管样本量小，但超过四分之一的首次婚姻以离婚收场。这些离婚事件主要发生在1940年以前，也即美国离婚率急剧上升之前。因此，25%的离婚率在当时可谓相当高。[27]

这些知名女性成长于进步时代，正逢女性争取且最终赢得了选举权。她们探索并致力于解决当时的主要社会和经济问题：贫困、不平等、种族和移民。一个世纪后，这些仍然是我们最棘手的问题之一。一些女性来自政治活跃的家庭，父亲、祖父都曾担任州或联邦政府职务。一些则由废奴主义者或争取女性权利的母亲抚养长大。若干知名女性本身就是妇女参政论者。

美国早期的女性学者大多在高校执教，在最著名的期刊上发表论文。但她们并非象牙塔学者。她们创办社区服务所，是积极参与社区服务的活动家，是旋转于学术界和政策圈的急先锋。她们奉行实证主义，乐于通过采访工人、囚犯和移民收集自己的数据。

很多人都熟悉伟大的简·亚当斯（Jane Addams），她在芝加哥建立了"赫尔宫"（Hull House），1931年获得诺贝尔和平奖。有几位女性在赫尔宫生活和工作，包括颇具影响力的政治经济学家伊迪丝·艾伯特和她的妹妹格蕾丝；格蕾丝锲而不舍地反对雇用童工，担任了13年的美国儿童事务局局长。[28]

不少院校在当代知名女性的生活中发挥了巨大作用，包括芝加哥大学、艾奥瓦州立学院、哥伦比亚大学、哈佛—拉德克利夫学院和韦尔斯利学院。像芝加哥大学的家政与家庭管理系（1956年取消）以及其他大学的类似学系，毕业生人数众多。[29]

第一组中的知名女性是一群令人惊艳的积极分子。最出名的可能非弗朗西斯·珀金斯（Frances Perkins）莫属，她也是社会改革家，深受简·亚当斯的影响。珀金斯1913年结婚，不久有了个女儿。谁料丈夫患上一种丧失行为能力的精神疾病，病情迅速恶化。她也因此被迫得以外出工作。珀金斯迅速在纽约州政坛崭露头角，在罗斯福任州长期间，她成为该州的劳工专员。[30]

罗斯福1932年当选总统时，任命珀金斯为劳工部部长，她担任这一职务直到1945年（成为历史上该职务任期最长的人）。珀金斯参与了20世纪最重要、基础最广泛的社会立法，帮助制定了美国的社会保障体系和失业保险制度。

但是，作为一个有女儿的已婚女性，珀金斯能够成为劳工部部长的唯一原因是丈夫无力赡养家庭（且他生病几乎耗尽了之前的积蓄）。即使在丈夫还能工作的时候，弗朗西斯也保留着自己婚前的姓氏（还为此在法庭上做过抗争），以便与丈夫在纽约市长办公室的工作撇清关系。当女性为了有份工作不得不做出这些艰难权衡时，国家的很大一部分资源就已经浪费了。

————

我们没有关于当时年轻女性抱负的翔实数据，无法像研究20世纪60年代后的群体那样进行相关分析。但是借助19世纪90年代到20世纪20年代的文章和调查，我们可以了解她们的梦想及动力。从19世纪末开始，许多这类作品都是出于对女性大学生健康的担忧。有人认为大学改变了女性的体质，致使她们不适合结婚生子。[31]这种说法在今天看来荒诞至极，甚至在当时也遭到很多人的嘲讽。可是相比未上大学的女性，女性大学生的结婚率的确很低，以至于人们纷纷质询这是怎么回事。

正如心理学家米莉森·辛（Milicent Shinn）所说，答案并非在于她们过着狂放刺激的生活；她们大多只是教师。[32]真正的答案在于，女性大学生不必将就接受第一个追求她们的男人。她们有选择的余地。

和没有大学文凭的女性不同，她们不需要借助结婚获取经济支持；相反，她们可以自食其力。"女性大学生对婚姻的要求更高，相比于普通女性，她们更不会迫于压力放低要求，因为她们更有能力养活自己，独立生活。"尽管多半拿不出证据，但辛坚称："女性大学生几乎没有不幸福的婚姻。"[33]可她又进一步指出，低结婚率也可能源自需求侧。"男人不太喜欢知识女性，"她思忖道。[34]不过，女性大学生或许也比其他女性更挑剔。鉴于已婚女性能做的事受到限制，对许多女性大学生来说，一旦单身可行，保持单身就是优先选择。

阿梅莉亚·埃尔哈特（Amelia Earhart）在婚礼当天写信给未来的丈夫、出版商乔治·普特南（George Putnam），明确表示"你务必要清楚我本不愿意结婚，我感觉这样会搞砸工作机会，而工作对我很重要"。[35]他没有搞砸她的工作机会，六年后也没有阻止她登上导致她在太平洋上空不幸离奇失踪的飞机。

1928年，凯瑟琳·贝蒙特·戴维斯（Katharine Bement Davis）在《哈珀杂志》上发表研究结果，进一步证明女性大学生不结婚是因为她们能自力更生。相关数据来自对1 200名未婚女性大学毕业生的调查，她们至少在5年前获得了学士学位。大部分受访者已经超过30岁；绝大多数人经济独立。[36]当被问及为什么不结婚时，她们的回复各不相同，但最常见的答案是"没有遇到合适的人"，换言之她们可能很挑剔，不会仅仅出于经济原因就勉强接受某个人。

这些女性很少说她们保持单身是为了追求更高的使命。相反，她们不结婚是因为婚姻将意味着不得不放弃独立。她们或许并不像今天的人们那样视自己的工作为事业，但她们有家庭以外的生活，而如果结婚，怕是很少人可以随心所愿了。[37]

这项研究的作者戴维斯是个谜一样人物。她的大部分个人生活鲜为人知，但我们却知道，按《纽约时报》（1930）的说法，她是一位"著名社会工作者"。[38]她的兴趣是犯罪学，尤其是对卖淫者的研究。[39]小约翰·洛克菲勒（John D. Rockefeller Jr.）把她招进洛克菲勒基金会社会卫生局，负责研究卖淫的起因、动机；1917—1928年她一直担任该机构的秘书长。

正是通过这项研究，戴维斯得以探索自己感兴趣的人类性行为。20世纪20年代的某个时候，洛克菲勒基金会资助了她的广泛研究，这成为威廉·马斯特斯（William Masters）和弗吉尼娅·约翰逊（Virginia Johnson）开展的更多临床工作的先导。事实上，她在关于女性大学生的论文中使用的调查，就基于她对性的研究。[40]

对女性大学生低结婚率和低生育率的关注，有其不光彩的一面。戴维斯也是那个时代的主要优生学家之一。19世纪90年代，反移民情绪日益高涨。优生学家忧心女性大学生的低结婚率和低生育率，居然诘问她们是否在参与某种形式的"种族自杀"活动，以致美国失去最好的基因。

另一项调查与戴维斯的调查几乎同时进行，但远没有那么阴晦，调查对象是拉德克利夫学院所有在世的校友，以纪念1928年学院成立50周年。这项调查充分揭示了女性大学毕业生对事业和家庭的渴求。[41] 20世纪头10年毕业的女性对兼顾事业与婚姻颇不乐观，而10年后毕业的女性却一扫阴霾。

在回答女性能否"成功兼顾事业与婚姻"的问题时，20世纪头10年毕业并结婚的女性中20%"无条件同意"她们可以。10年后，35%的女性表示可以。已婚女性对婚后追求一份事业越来越充满信心。虽说这些答复来自完全同意自己能够兼顾婚姻与事业的人，但还有一组人是"希望"可以做到。如果把她们包括在内，则在20世纪头10年毕业的女性中，有50%（20年代升至70%）同意或希望能够同时实现这个双重目标。

女性大学毕业生对兼顾事业和婚姻持乐观态度，但对于兼顾事业和做母亲，她们就没有那么自信了。只有10%的人认为自己可以"无条件"达成家庭和事业双收的目标。加进"有希望"的人，这一群体会增至三分之一。已经有孩子的女性的乐观程度也大抵如此。

对于想要"更多"的女性大学生，情势日见好转。不过对大多数女性大学毕业生而言，要想实现事业家庭双丰收的愿望，还需几十年的努力。

———

第一组女性开启了我们对事业和家庭的百年探索历程。从很多方面讲，她们都生活和工作在一个神奇的时代。女性大学毕业生经营社区服务所，担任市政领导人、医生、监狱管理者等。她们争取选举权，为废除"血汗工厂"和童工抗争，为最低工资、工时限制和生育控制而奋战。但她们中大多数人能够成功的唯一原因是，她们通常在年少时期就做出了选择，要去追逐自身的梦想。她们成群结队、相互扶持，在大学里引导那些有类似追求的女性，或为她们撑起庇护伞。这类故事异彩纷呈，例证不胜枚举。

每一代人都取得了自己的成功，然后把接力棒传给下一代。后人向前辈学习。个人从长辈的决策中吸取养分；许多时候，前人的决策不能算错。鉴于时间的限制及参与者准确预测未来的能力，这些决策至少在当时的环境下还算合宜。

年轻一代与年长一代共存并进，就像我和玛格丽特·里德。我观察她的晚年生活，但无从体会她年轻时面临的壁垒，以及随后必须做出的选择。她那一代的大多数女性并没有克服她所克服的困难。

其中一些壁垒早已消散。女性不再需要花很多时间做家务，社交生活不必因为尚不成熟的生育控制术而减少，接受教育也可以不用像黑兹尔·凯尔克那样因为收入微薄而推迟。家庭和个人生活方面的一系列技术变革使女性摆脱了繁重的体力劳动，也不再那么脆弱。讽刺的是,严格说来这些都是里德的研究揭示的机制。但是许多壁垒并未清除,至今依然存在。譬如首位获得经济学博士学位的黑人女性萨迪·莫塞尔·亚历山大,就由于种族歧视无法获得学术职位,才转而成为律师。[44]

女性从第一组发展到今天的历程,揭示了那些我们无法控制的更强大力量的重要性。它们就像地壳运动推动巨大板块那样,调整着站在上面的人的选择。这些力量能够促进总体经济增长,改变收入分配,加大特定行业对工人的需求并减少其他行业的需求。在我们的时代,可以想到的力量包括机器人的增加和机械化的推广、与中国等国贸易的大幅增长,以及随之而来的低技能劳动力需求减少和高技能劳动力需求增加。

我亲眼目睹玛格丽特·里德蹒跚地走向计算机中心,这意味着我们的生命在同一时点交会。我钦佩她的毅力和奉献精神,但我坚信自己会有不同的人生(除了在雪地里跋涉)。我从她的示范中学到,女性可以像男教授们一样投身研究事业。玛格丽特于我远不只是遥不可及的楷模。我在她身上窥见了可能的愿景,并渴望去找寻自己缺失的梦想。她犹如"幽灵",是对过去的提醒,是对未来的希冀。

第4章
桥梁群体

十七岁的夏天，我第一次读玛丽·麦卡锡（Mary McCarthy）的半自传体小说《她们》。这本书讲述了在不幸的1933年，八位从瓦萨学院毕业的年轻女性的故事。作品1963年出版以后，一跃登上《纽约时报》畅销书排行榜榜首并保持了两年之久。而据英国《卫报》报道，由于"对性、避孕和母乳喂养的直白描叙"，这本书也当即被很多国家封杀。[1]

尽管与当时的其他禁书相比，《她们》略显平淡，但在我乘坐地铁往返布朗克斯东部父母的公寓和我在曼哈顿下城的暑期工作地时，我还是小心翼翼地阅读了这本用棕色纸袋做成封面的书。那时我在麦克米伦出版社营销部门当打字员兼勤杂工，工作地点位于格林尼治村附近的第五大道，离小说开头的婚礼现场圣公会圣乔治教堂很近。我的薪水是每周65美元，足够我即将入读康奈尔大学一年级的花销。与小说描绘的那群女孩一样，我也用年轻天真的眼睛窥探"古雅的麦克道格尔大道、帕钦广场和华盛顿马厩街"[2]（但仅限于午餐时间）。

《她们》绝非一般小说。它不仅是畅销书，还开创了新的文风，为坎迪斯·布什内尔的《欲望都市》等作品提供灵感。半个多世纪过去，《她们》仍然在向数代人述说着女性大学生对人生的价值和身份、事业和家庭的渴望。

这八位女性离开大学时都立志要找到重要的工作，甚至可能是事业。一人准备从事出版业，一人想当兽医，一人打算进入研究生院成为艺术史教授。其他人则在零售营销、社会服务、公立学校或激动人心的"新政"行政部门从事短期工作。她们都想做点什么，想成为有用之人，争当有价值的公民。

每个人都宣称毕业后会工作，至少工作一段时间，不愿像母亲那样成为家庭主妇。八个女孩几乎都来自上流社会家庭，1910年左右出生，和玛丽·麦卡锡一样。她们是第二组的成员。她们的母亲生于19世纪80年代，属于可能以事业为目标的第一组成员，要在家庭和工作之间做出严酷的选择。所有母亲都走了"家庭"路线，没有人收获有意义的事业，八位母亲中只有两位曾工作过。

女儿们拒绝母亲的生活方式，一致认为"最糟糕的命运……莫若成为像母亲和父亲一样的人"。这八名瓦萨学院的毕业生"宁可穷困潦倒，靠卖鲑鱼为生，也不想被迫嫁给自己熟悉的那群虚浮的年轻人中的一个"。她们决意过上超越"妻子"身份的生活，发誓要结交上层社会群体之外的朋友。

旧秩序渐渐被新秩序代替。一位民主党人入主了白宫，所有人开始欢歌"幸福的日子又来临了"。她们的父母是共和党人，但改变似乎是好事。母亲们都很乐观豁达，相信女儿能够取得更大的成就，也愈加培养和鼓励她们的雄心壮志。

八名女性在大萧条的高峰期找到工作，甚至在婚后也工作了一段时间，这着实令人惊叹。当时，除了高失业率，年轻毕业生们还面临着阻拦已婚女性工作的障碍。这些障碍，包括婚姻限制和裙带关系禁忌，在经济衰退前已经存在，更随着经济痛苦的加剧而扩大。

《她们》中的女性正处于女性大学毕业生的过渡时期，刚好把结婚率低、生育率更低的第一组和两者皆高的第三组联系了起来。然而，经济大萧条横亘其中。小说里的女性大学毕业生们摩拳擦掌，跃跃欲试，却最终与枯燥的生活握手言和。

20世纪初，女性衍生了一系列新的愿望。女性大学生们想获得有意义的工作，甚至是事业。但她们也想结婚生子。母亲那代人只能预想其中一个主目标，很多人面临着艰难的取舍。要事业就意味着放弃家庭；要家庭则意味着舍弃事业，甚或只是有意义的工作。女儿辈最终掌控了二者，从此，女性大学生们一发而不可收。第二组女性朝着事业与家庭的方向迈进，日渐远离母亲们面对的残酷的所罗门式妥协。

然而，世界尚未准备好迎接受过大学教育、有学龄前孩子的职业母亲。一个接一个地，《她们》中几乎所有的角色都结婚生子。大多数人搁置了曾经的事业梦想，至少在我们"认识"她们的短时间内是这样。她们获得了婚后工作的能力，但很大程度上是因为大萧条来袭之前，普通的白领工作岗位大幅增加。

———

第二组女性变化很大。这一时期初期出生的女性的生活与第一组相似，结婚率和生育率较低；后期出生的女性的生活与第三组相似，结婚率和生育率都很高。玛丽·麦卡锡生于1912年，恰好在中间。与她所在组别的许多女性一样而与前一组女性不同的是，她有一个孩子（外加四任丈夫，这可不常见）。

第二组内部存在巨大的差异，所以将其成员分为两个部分非常必要。第一部分出生于1898—1914年，第二部分出生于1915—1923年。³如此一来，我们即可观察这些时期女性大学毕业生在婚姻和生育方面的显著变化。所有女性大学毕业生和知名女性（上一章讨论过的杰出女性）的婚姻和生育信息见图4.1，分别对应第一组和第二组。

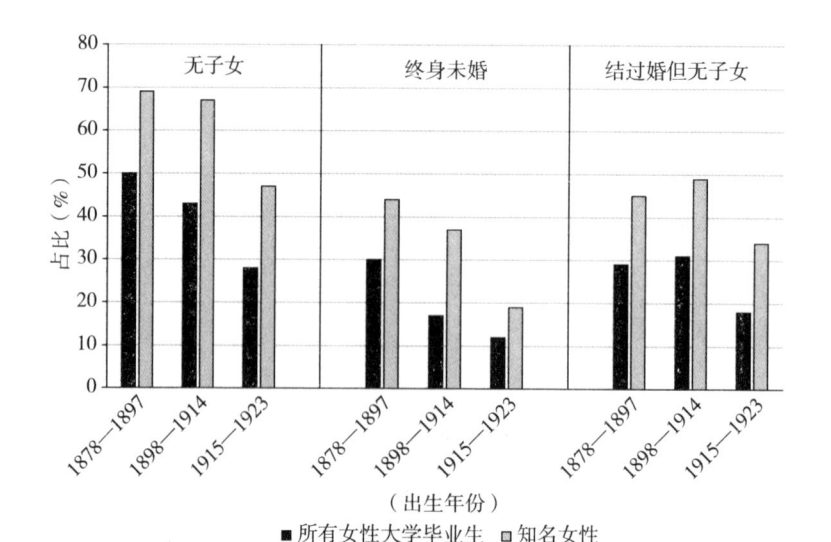

图4.1 所有女性大学毕业生和知名女性的婚姻和生育情况

注：人口统计信息以女性的50多岁时期为测量标准；对于美国知名女性，则是接近生命尽头的阶段。在以结婚为条件的子女结构中，"所有女性大学毕业生"样本的假设是从未结婚的女性没有亲生子女。子女可以包括领养子女，但一般不包括继子女。

资料来源：女性大学毕业生的"名人样本"收集自《美国知名女性录》所有卷册，但主要来自最近的两卷。参见James、James and Boyer（1971）、Sicherman and Green（1980），以及Ware and Braukman（2004）。至于"所有女性大学毕业生"，参见第2章图2.2和图2.3的资料来源。

知名女性都有非凡的职业成就。使用其他数据集辨识这些早期群体的职业女性并非易事，但知名女性又不仅仅指有事业的女性，她们是做出卓越贡献的人。因此毫不奇怪，在第一组和第二组中，知名女性的生育率远低于所有女性大学毕业生的平均水平。此外，知名女性终身未婚的比例更高。值得强调的是，随着时间推移，知名女性和所有女性大学毕业生在婚姻和生育上的变化异常相似。[4]

在第一组中，44%的知名女性终身未婚，所有女性大学毕业生的这一比例为30%。到第二组的第二部分，只有19%的知名女性终身未婚，而所有女性大学毕业生的这一比例为12%。尽管知名女性们非比寻常，但她们的结婚率渐渐接近所有女性大学毕业生的结婚率，而后者又与不考虑受教育程度的所有女性的结婚率没有太大差别。女性大学毕业生不再被视为与社会格格不入，最知名的女性也不再被当成"怪物"。

两组女性的生育率亦有上升。虽然第一组中只有一半女性大学毕业生有孩子，而有孩子的知名女性更少，但来到第二组的第二部分，女性大学毕业生看上去已经不那么反常了。在已婚者中，18%的人无子女，三分之一的知名女性无子女。女性大学毕业生和知名女性的生育情况没有像婚姻情况那样随大流，但她们的个人生活与其他女性越来越相似。

在第二组末端，做出卓越贡献的女性结婚率更高，更多的已婚女性有孩子。某些东西已然改变，使得成功女性结婚和生育的机会大增。实际上，很多女性都是在成家之后才收获了成功。和《她们》中的女性一样，大家大学毕业时也抱着比前辈更高的期望和志向。女孩们早前的目标是寻求家庭和家人之外的身份，但也打算同时拥有这些身份。

第二组标志着结婚率和生育率低的群体过渡到这两项比率皆

高的群体，为妇女争取选举权的女性转变为婴儿潮时期的母亲。如此戏剧性的变化需要一个解释：发生了什么变化，使女性大学毕业生在拥有家庭的同时能够追求家庭以外的身份？

变化很多，但几乎与女性及其对社会和经济变革的潜在需求没有直接关联。家庭和企业层面就出现了一系列技术进步。进入20世纪20年代，多数城市住宅都已电气化，冰箱、吸尘器、洗衣机等现代家电逐渐普及。而在家庭引入电力以前，企业早就基本实现了电气化，车间、办公室的大量电力设备已经迅速就位。

企业、消费者和政府购买新产品，拥抱新技术。从而，经济以特殊的方式发生变化并日益增长。在扩大女性就业和应对诸多约束性社会规范方面，政府法规其实作用甚微。真说起来，反倒是20世纪30年代地方政府机构推行的婚姻限制扩大了限制性的政策。

正如所说，在影响女性角色的诸多技术变革中，有不少是劳动节约型的设备。这些设备的价格大幅降低，所以普通家庭也能购买新型设备来替代劳动力。1925年以前尚未问世的电冰箱，到20世纪40年代已经有70%的家庭拥有；届时，50%的家庭有真空吸尘器，60%的家庭有洗衣机。20世纪早期，家庭开始使用集中供暖设备；人们可以拧开自家水龙头喝干净的水；可以冲厕所，因为城市建造了污水处理系统，大家已经负担得起抽水马桶。这类更实用、很少引起轰动的创新节约了大量时间，即便受到的关注远不如家用电器。[5]

所有这些创新彻底改变了城市家庭，降低了家庭生产中女性的时间价值，继而解放了女性，使她们能够在家庭之外从事更有效率的工作。

但是，如果没有劳动力市场自身的一系列变化，技术创新的影响将大打折扣。20世纪初劳动力市场的其他变化显著增加了对白领工人的需求，也永久改变了女性、她们的丈夫以及他们所在的社区对女性有偿就业的看法。这些变化源于一系列技术创新，尽管这些创新与改变人们家庭的创新有所不同。

在美国历史上，女性一直是各种类型的白领专业人士。但20世纪早期呈现的情况是，对脑力强于体力、才干强于灵活性的工人的需求爆炸式激增。1900年以前，女性担任教师、图书管理员、记者、作家或训练有素的护士。一些拥有高等学位的人成为政府职员、医生、学者或律师。直到20世纪初，办公室工作人员包括文员、打字员和簿记员等，都不是十分重要。[6]但1900年后，发生了迅速的变化。从1900年到1930年，从事专业服务工作的女性人数增加了3.5倍，从事文书工作的女性人数增加了8倍以上。[7]

1900年，只有17%的职业女性从事白领工作，其中很大一部分人（35%）是教师。当时的教师大都未婚（想想《草原小屋》里的劳拉），大多数其他女性白领工人也一样。[8]20世纪初的女性劳动参与者多是年轻未婚人士，白领群体尤其如此。然而随着职业性质发生转变，女性白领的规模开始变动。

时至1930年，约45%的职业女性从事各种白领工作，包括办公室、机构、百货商店和专业人员（教师归入这一群体）。事实上从1900年起，教书在所有女性职业中的占比逐渐增加。但由于白领工作普遍大幅增长，女性白领工作中教师的比例反而从35%降至18%，几乎减少了一半。

教学岗位增加很大程度上是因为美国各地都在扩张中等教育。不过，其他的白领就业岗位的增幅更大。几乎所有行业都加大了普通白领工人的需求量，包括制造业、保险业、公用事业（特别

第 4 章　桥梁群体　073

是电话公司)、金融业、零售业，以及目录销售（譬如西尔斯和蒙哥马利·沃德公司）。

这场办公室"工业革命"大力推动了对工人的需求，办公室工作岗位剧增。各家公司不再只有一名"秘书"掌管公司的机密。在20世纪第二个10年和20年代，大规模的劳动分工改变了一切。公司变得空前庞大，秘书也被分成负责不同任务的角色。打字员、速记员、簿记员，还有电脑、印刷机、听写设备等各种机器的操作员纷纷进入办公室。秘书得以保留，但是手下突然多了一大群"步兵"。

19世纪中后期，机械化和复杂的劳动分工从根本上改变了美国制造业。这是美国本土的"工业革命"，创新了各种生产的方式。在20世纪早期，办公室、零售业和其他许多同样具有革命意义的领域也一一掀起相似的技术变革风潮。

不仅职业发生了质变，各年龄段女性加入劳动力队伍的比例亦有增加。对办公室和销售人员的更大需求催生了更多高薪工作岗位。更高的报酬吸引更多女性加入劳动力大军，毕竟，她们在市场上的价值开始超越她们在家庭和其他活动中的价值。办公室的改头换面俨然一场经济革命，且对女性尤其重要。

男性也经历了办公室变革，但他们的生活受到的影响远小于女性。尽管1900年有17%的男性从事白领工作（与女性当年的数字相当），但在1930年该比例为25%，和女性相比就是小巫见大巫了：男性增长8个百分点，而女性增长了28个百分点。促使白领需求量增加的因素对女性的影响远大于男性。[9]

这场经济革命极大地刺激了对办公室和零售业人员的需求，也提升了读写和计算能力的价值。在那个时代，教育的经济回报迅速提升，颇似最近几十年（比如20世纪80年代后）大学回报的上扬。办公室工作要求员工能够听懂杂乱含糊的口述，书写通俗易懂的往来书信。那些不依赖拼写检查程序即可纠正拼写错误的人，不使用Excel即可制作表格的人，一时间成了香饽饽。这些工作需要受过教育的聪明员工。

白领工人需求量的增加，导致对教育的需求越来越大，甚而超出了美国农村普通学校和19世纪城市文法学校8年级课程的范畴。为响应这些新的劳动力市场需求，1910年左右，美国大部分地区开始普及中等教育，这就是著名的"高中运动"。虽然高中运动兴起于20世纪早期，但在此之前，美国部分地区还开展了由家长支付学费的"专科院校运动"。父母愿意为中等教育买单的事实说明，高中运动是一场真正的草根运动。

从1910年到1940年，高中学校雨后春笋般地在美国各地涌现，中等教育突飞猛涨。[10] 1910年，只有10%的18岁青少年高中毕业。但到1940年，一半的18岁青少年是高中毕业生。美国南部以外地区的高中毕业生比例更高，而美国南部的教育水平一直落后于美国其他地区。白人的这一比例远高于黑人，后者大多就读于资金匮乏的种族隔离学校，并且一般居住在没有学术高中的学区。在远离工业中心的地方，高中入学率和毕业率也更高；工业中心则往往吸引年轻人（主要是男孩）从事制造业工作，而不是走进教室学习。

年轻人日渐涌向新兴的高中学校。但在20世纪20年代，美国所有州的女孩入学率和毕业率都高于男孩。女生在高中展现了更强的能力，毕业率也更高，一如今天她们的大学入学率和毕业率均高于男性。看来，只要允许女孩追求卓越，她们在学校就会有

第4章 桥梁群体 075

突出的表现。

办公室里的"好"工作的激增意味着，受过良好教育的女性可以找到体力要求低、很多方面都更安全的工作，而不是她们以前主要从事的制造业或家政服务等职业。和制造业相比，办公室的工作更干净，环境更惬意；周围的一切都没有那么脏乱、危险和令人不悦。何况，办公室工作的薪水通常更高。

当女性的工作主要在工厂和家政服务部门时，女性的就业，特别是已婚女性的就业，往往会引起社会污名化。如果已婚女性从事的大部分工作都是不安全且工作环境不干净的，那么一个外出工作的妻子无异于在向其他人（譬如邻居或教会会友）发出信号，暗示她健全的丈夫懒惰、好逸恶劳。不然他不会容许她做那样的工作，不仅无法照顾孩子和家庭，还可能损害她的健康。

进而，社会规范慢慢演变，鼓励男性在劳动力市场拼搏以供养家庭。[11]这一规范是在男性的许多工作条件也相当恶劣时形成的，本意是谴责丈夫和父亲到街区的酒吧或借其他浪费性活动寻求慰藉。对于大多数人，工作既辛苦又繁杂，所以社会标准才进化成了保护社会弱势群体和减轻其他公民的负担。

但是，大多数人的工作条件日益改善。在不断扩张的白领行业，工作时间较短，工作环境也得到了很大的改善。随着工作变得更加愉悦以及越来越多的女性受到更好的教育，已婚女性就业的污名化慢慢减弱，在一些地方甚至消失了。[12]

白领就业的增长改变了所有女性的工作结构，甚至包括拥有大学学位的女性。从此，哪怕是受过高等教育的女性也可以婚后工作，而不仅仅是在婚前或更晚的时间工作。由于女性大学毕业生的平均结婚年龄一直保持在中等偏高水平，直至20世纪40年代初才骤然下降，因此，婚后就业意味着在孩子出生前可以维持几年工作（如果结婚和生子之间有时间间隔的话）。女性大学毕业生可以找工作，积累工作经验，然后生孩子。孩子长大后，她可以重回某个职位，没准和离开时的位置差不了多少。

20世纪初毕业的女性大学生将婚姻视为独立性的丧失，这在当时也还算合理，但20年代及以后毕业的人有了截然不同的看法。她们不必在婚后放弃工作，至少一段时间内不必。普通白领阶层的崛起颠覆了几乎所有女性的游戏规则，受过高等教育的女性也不例外。[13]

玛丽·麦卡锡的《她们》追踪了主人翁们的生活直至1940年，也即她们大学毕业七年之后。我们不知道这八位朋友在二战期间及战后经历了什么。但就当时真正的大学毕业生来说，这些女性中很大一部分人在二战后不久重返劳动力市场，那时她们已经30多岁。而47岁女性的就业人数是27岁女性的两倍。

尽管1910年左右出生的已婚女性大学毕业生中只有不到30%的人近30岁时在工作，但近40岁时在工作的人超过40%，近50岁时在工作的人约占60%（见图2.4，另见表2.1）。

她们的就业率20年间翻了一番，原因有二。首先，许多27岁女性已身为母亲；20年后，孩子搬出家门。但是，这些女性的生活中还出现了一些重要的外部因素，例如对其技能的需求不断上升。进一步的分析表明，女性就业的总体变化约各有一半分别归因于这两个因素。[14]换言之，一半增长归因于生命周期的变化，即家庭需求（特别是子女对母亲的需求）减少了。另一半增长则源自总体经济的变化。

经济历经了一系列变迁，某些部门的劳动力需求增加了，尤其是服务业（如零售业），某些部门的需求降低了（如农业）。正如我们之前所见，"部门变化"导致白领工作从20世纪初期开始迅速扩张。女性受到的影响比男性大，甚至外溢到了拥有大学学历的女性。

遥想1929年，《她们》中的那八位女性作为新生进入瓦萨学院，预期毕业后找工作，几年后结婚，生孩子前在职位上多待些时间。她们会离开一阵子，然后重返职场，甚或开启自己的事业。她们的未来将完全不同于自己的母亲和第一组的其他女性。

然而20世纪30年代，愁云笼罩美国，几乎所有美国人的就业都危如累卵。已婚女性的前景尤其黯淡，哪怕是前途无量的女性。30年代的失业率达到两位数，有时第一个数字甚至是"2"。美国从未经历过如此高的全国失业率，庆幸的是此后也没再经历过。新冠疫情期间，失业率在2020年4月飙升到近15%，但在当年冬季已迅速降至6%左右。

工作稀缺不是唯一因素。大萧条使已婚女性的就业倒退回了从前。正当已婚女性特别是受过教育的已婚女性向前迈进时，所谓的"婚姻限制"政策和规定不断膨胀。女性的前景原本渐见起色，并且有人一直在支持消除教学领域的婚姻限制。然而，这一切转瞬即逝了。

婚姻限制

大萧条以前，很多职业排除已婚女性，最出名的是教师职业。而随着20世纪30年代初失业率急剧攀升，随着领面包的长龙乃至人们对经济日益绝望，婚姻限制愈演愈烈。长达十年的大萧条导致既有政策扩张，执行力度加大，将已婚女性排除在最佳工作之外。

婚姻限制是私人公司和政府机构，其中最主要还包括学区的雇用和解雇政策。[15]限制有两种。一种规定是否雇用已婚女性，这类条规被称为"雇用限制"。另一种关注是否解雇在职期间结婚的女性，被称为"留任限制"。

在美国，学区大多设置雇用门槛，而不是留任限制。留任限制将剥夺学区留用已婚教师的权利，哪怕是经验丰富的教师。当然，许多学区的政策包含了自由裁量权。假如校长想解雇某位教师，以婚姻为借口是个不错的法子。

大萧条导致实施婚姻限制的学区和公司不断增加，失业率飙升成为实施这些政策无可厚非的托词。学区和私人公司推行这些政策的理由是，有健全丈夫的已婚女性可以由丈夫供养，单身女性、丧偶女性以及其他男性更需要工作。可在大萧条爆发之前，各州都有越来越多的人要求推翻对女性的既有限制，阻止地方学区实施这类规定。但大萧条扭转了这一趋势。[16]

鉴于婚姻限制的重要性，有关婚姻限制范围的信息可谓少得出奇。私人公司也没有留存系统的数据。20世纪20年代，超过12万个独立学区普遍制定了自己的教师聘用和解雇政策。令人欣慰的是，美国全国教育协会在不同时期对各个学区进行了调查，这些调查使我们能够在四个关键时刻精准确定该规定覆盖的教师比例。

第一个时刻即1928年股市崩盘前夕，这提供了一条基线，因为没有学区预料到大萧条的来临，进而发布相关的规定。第二个时期是1930—1931年，经济衰退开始。第三个时刻在1942年，美国刚刚加入二战;最后的调查开展于1950—1951年,即二战后经济回暖时期。

1928年,经济仍然一片欣欣向荣,约60%的美国城市居民住在实行婚姻限制的学区,近半数人住在实行留任限制的学区(见图4.2)。学区可以仅以已婚为由,拒绝聘用有教学资格的女性。学区还可以仅以丈夫健全为由,解雇部分经验丰富的已婚女教师。

随着大萧条期间失业率的上行,教师的招聘门槛越来越高,73%的美国城市人口受到影响。到了1942年,当二战的需求把失业率压至几乎为零时,更大比例的城市人口(约80%)住在教师聘用有婚姻限制的学区。那时,失业率已经得到控制,可学区却迟迟未能省悟婚姻限制不仅带有歧视性,而且会日渐破坏教学目标。

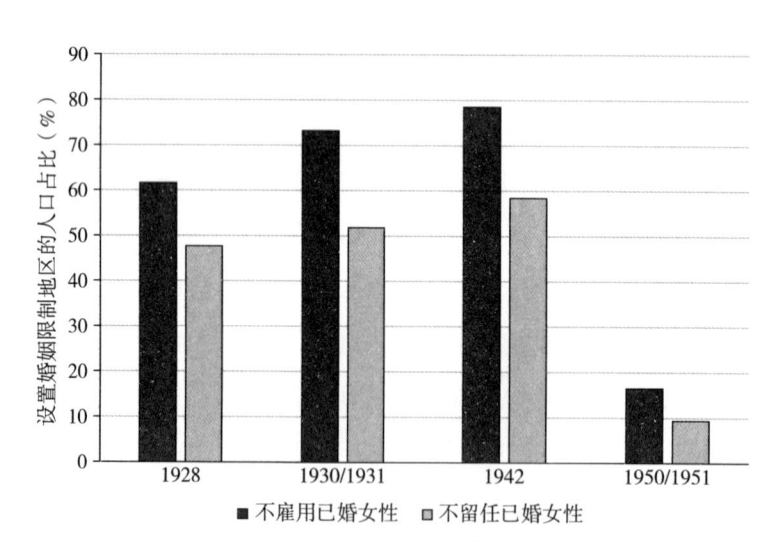

图4.2　1928—1951年公立学校教师雇用和留任中的婚姻限制

注:这一百分比适用于设置雇用或留任限制的各个城市的人口。按城市规模对原始数据进行加权得出这些数字。未加权数据与加权估计值差别不大。

资料来源:美国全国教育协会(1928、1932、1942、1952)。

080　事业还是家庭?

和教师相比，关于办公室职员婚姻限制的信息更少，但在大萧条开始和结束时，若干大城市的公司确实存有该类信息。这些数据表明，1940年，随着大萧条慢慢消退，公司禁止雇用已婚女性的政策覆盖了约40%的在职女性文员；单身女性婚后将被解雇的政策覆盖的职工比例略低，为25%。[17]如果把管理人员的自由裁量权考虑在内，则数字会高出很多。大萧条期间，受过教育的已婚女性很难找到办公室的工作。但之前呢？

经济衰退之前，仅有少量证据表明存在针对办公室职员的政策。现有数据显示，婚姻限制作为公司政策，早在大萧条之前已经存在，只是随着大萧条的恶化被恣意扩张了。[18]因此，在20世纪30年代之前、期间和之后，婚姻限制都有明文规定，并严重限制了高学历已婚女性的就业选择。

———

在第一组和第二组，有色人种女性大学毕业生的结婚率和就业率与白人女性大不相同。黑人女性大学毕业生工作、结婚、生子，全没落下。相比起来，第一组的白人女性大学毕业生要么工作，要么结婚，几乎很少人二者兼得。

在第一组中，终身未婚的白人女性达30%，而只有低于10%的黑人女性不婚。第二组黑人女性终身未婚的比例也不到10%；白人女性的比例则降至15%，是第一组的一半。尽管如此，黑人女性大学生的结婚率仍然比白人女性大学生高得多。

黑人女性大学毕业生的劳动参与率同样远远超过白人。1940年，在第二组女性中，约有65%的已婚黑人女性大学生加入劳动力大军，而白人女性的这一比例不足30%。[19]这些差异一直持续到她们50岁时。那么，如何解释第二组女性大学毕业生在就业和婚姻方面的种族差异？

已婚黑人和白人女性大学毕业生就业之间的差异，部分是由于黑人家庭的收入较低。出于种种原因，黑人丈夫的收入比白人丈夫低，所以他们的妻子也要为生计奔波。但这解释不了为什么受过大学教育的黑人女性结婚率如此之高，它只能解释为什么在已婚者中，参加工作的黑人女性更多。

上述差异的另一个原因可能是，无论是在奴隶制度还是自由制度下，黑人女性一直都在工作，所以在黑人社区，妻子外出工作引发的社会耻辱感远弱于白人社区。[20] 但这个原因也只能解释到这里。对黑人群体而言，从事农业和家庭服务工作或许并不丢脸，可女性大学毕业生终究有着截然不同的就业机会。

黑人与白人女性大学毕业生的结婚率和就业率之所以有这么大的差别，很大程度上是因为在实行种族隔离的南方，婚姻限制远没有那么普遍；而1940年以前，大多数黑人都生活在南方。总的来说，有婚姻限制的南方学区的数量似乎较少。又或者是执行既有规定的学区比例可能较低，但最终结果殊途同归。

在前面提到的调查中，没有关于按地区（更别说按种族）分类的婚姻限制资料。这些调查为研究人员提供了唯一现存的关于该政策的综合统计数据，有点像教师婚姻限制的《死海古卷》。不过，还有其他数据可以填补缺失的证据。这类数据涉及按种族划分的已婚教师比例：已婚教师的比例越高，对婚姻的限制就越宽松。

1920年，（35岁及以上）黑人女教师的已婚比例为50%；是南方白人女教师的2~3倍，是北方白人女教师的6倍多。[21] 到1940

年,(35岁及以上)已婚黑人女教师仍然占据约一半的比例;白人女教师的结婚率则有所增加,但依旧不及黑人。黑人女教师的结婚率远远高于白人女教师,说明在第二组女性大学毕业生中,婚姻限制对黑人的约束小于对白人的约束。

南方肯定对已婚女教师较为包容,并且南方黑人学校的限制可能更少。南方女教师(尤其是黑人女教师)不受婚姻限制的部分原因是,那边的师资储备比美国其他地方少。南方需要尽可能多的教师,尤其是黑人教师。出于类似的原因,美国其他地方针对教师的婚姻限制很快也将成为历史。

安妮塔·兰迪和米尔德里德·巴斯登是圣路易斯公立学校的老师,教学记录一直良好。两人都在拿到教师资格证后即刻投入工作。兰迪1929年开始教中学英语和数学,巴斯登1935年开始教九年级英语。受聘后她们年年都在授课,直至1941年。

1941年夏,兰迪嫁给曾经效力芝加哥小熊队的亚瑟·韦斯(Arthur Weis);巴斯登也在那个夏天结了婚。婚礼对于她们而言必定是幸福时刻。不料数月后,圣路易斯教育委员会的信函寄到两位女士手上,却不是来贺喜的。确切地说,那是一纸解聘通知,事关一项自1897年起就已经成文并付诸实施的条例。条例规定,"任何受雇于本委员会的女士一旦结婚,均视为自动辞职"。[22]两人不约而同提出了上诉。

过去,这类解雇并没有引起太多关注。但是时过境迁。女性开始涉足战时工业生产,并在入伍者和志愿者空出的文职岗位工作。许多地方支持结束婚姻限制的呼声日益高涨。然而,变革也遭遇了阻力。1944年,上述两名原告均败诉。

她们随即向州最高法院提起上诉。1947年,时逢美国众多学区废除婚姻限制,密苏里州高等法院判决两名原告胜出。在此期间的6年里,安妮塔在一个没有婚姻限制的郊区教书。米尔德里德则放弃了教职,开创了一家小型家庭企业。两人都生了两个孩子。安妮塔复职后,一如既往地精力充沛,出于"原则问题",她辞去当前的工作,回到圣路易斯学区任教。

到1950—1951年,雇用中的婚姻限制执行率降至覆盖不足17%的学区人口,留任婚姻限制执行率降至10%。全美各学区的婚姻限制眼见将可全面取缔。

除学区外,许多企业也取消了限制,不过很少有企业保留人事变动记录。而IBM(国际商业机器公司)做到了。1951年1月10日,IBM副总裁兼财务主管签署了一份字斟句酌的公司法律条款:"即时生效,直至另行通知:(1)女性员工无须在婚后辞职。(2)公司将考虑雇用已婚女性。以上规定是对公司常规政策(即公司不雇用已婚女性,除非她们是家庭支柱)的暂时修订。"[23]显然,这项政策变更的暂时性质旨在保护IBM,以防它再次需要解雇已婚女性。

二战后,尽管教学和办公室工作的婚姻限制有所减少,但其他职业仍然存在这类限制。其中之一是空乘人员。1964年后,根据《民权法案》,雇主不能性别歧视,但他们可以在婚姻状况上做文章。对男性和女性有同等影响的婚姻限制仍然有效,而只影响女性的婚姻限制则不然。

曾经,美国联合航空公司为让飞行更加令人愉悦,在其檀香山航线招募了一批夏威夷本土男乘务员,以期增添"地方色彩"。这些男性不受婚姻限制的约束。1968年,联合航空公司被判违犯了1964年《民权法案》第七章,并被迫取消了其婚姻限制政策。

"友好的天空"总归友好了一点。[24]另外几家航空公司遵照相同的婚姻限制雇用男乘务员,最终得以长久保留它们的政策。

为什么婚姻限制早在经济衰退之前已经存在,且在大萧条之后继续广泛存在?就教师案例而言,学区从这项政策中获得的收益大于损失。在那段时期的多数时候,年轻的女教师随处可见。已婚教师年纪已大,虽然她们更有经验,可聘用她们的成本也更高,何况还拖着丈夫这样的"包袱"。学区和校长要的是一支驯良的劳动力队伍,不是有强大后盾的师资力量(随后还会冒出教师工会)。此外,当时大多数已婚女教师婚后不久就有了孩子,很快将离开劳动力市场。

20世纪30年代推行婚姻限制的原因林林总总。一家公司称女性"婚后工作效率下降,频繁表现出对工作不在乎的态度"。而某些情况下,是招聘人员的传统观念起了主导作用。费城一家出版公司的经理表示"男人太自私,应该养老婆";毫不意外地,出版商基督教长老会教育委员会认为,"已婚女性应该尽可能留在家里"。[25]

但是,女性的工作很快起了变化。劳动力市场越来越紧张,劳动力供不应求。学区和公司开始发现歧视性婚姻限制得不偿失。这些规定很快便被废除了,尽管经常被"怀孕限制"取代。其他障碍比如反裙带关系规则等,在政府、银行等各种就业领域依然盛行;鉴于(譬如)"银行的两名成员之间可能存在勾结"[26],这项规则被视为一种重要的防护措施。另外,学术界也存在反裙带关系的规定。

教育经济学家玛丽·简·鲍曼(Mary Jean Bowman)和教育社会学家阿诺德·安德森(C. Arnold Anderson)都曾是艾奥瓦州立学

院的助理教授，他们在那里相识，随后结婚。1943年左右，因为广为人知的"人造黄油争议"[27]，他们和经济学家西奥多·舒尔茨（后来获得诺贝尔奖）以及几位在艾奥瓦州立学院执教的杰出人士一同从大学辞职。当时，乳品业游说集团要求多名教授修改一项研究声明，宣布人造黄油是黄油的优良替代品。战争大大削减了乳制品的供应，而美国人需要黄油替代品（在这方面，艾奥瓦州的乳品业貌似比玉米游说团体更有影响力）。大学校长站队乳制品行业，公然违反学术自由，这一行径致使大批经济学家从艾奥瓦州立学院辞职，许多出类拔萃的人才转投了芝加哥大学。

但是鲍曼和安德森不能跟随同事们去芝加哥，因为该大学有反裙带关系规定。所以他们转往华盛顿，为美国政府做战时服务，并在肯塔基大学任教，其间生育了一个儿子。最后，芝加哥大学于1958年取消了反裙带关系规定，他们成为该校教员，终于和以前的同事重聚。

在知名女性中，第二组的学者（包括被列为科研人员的女性）比例远高于第一组，而出生在第二组尾端的女性的这一比例甚至更高。一个潜在的原因是，就像鲍曼和安德森的际遇那样，20世纪50年代，学术界敞开大门，接纳了已婚学者夫妇。此外，相较于第一组，第二组的已婚学者比例更高。她们不仅可以成为教授和科研人员，还可以结婚并保持自己的职业地位、身份和生活满意度。

连续的人生

第二组的知名女性们结婚生子后，往往不得不等待事业的辉煌时刻。原因各不相同，但大多数都涉及照顾孩子和丈夫的事业。人口学家艾琳·巴恩斯·陶伯（Irene Barnes Taeuber）嫁给同为人口学家的康拉德·陶伯（Conrad Taeuber）并育有两个孩子。艾琳在孩子年幼时做过兼职，20世纪30年代随同丈夫来到华盛顿。后来，她在人口学领域崭露头角，1958年出版了探讨日本人口历史的开创性论著。1961年，55岁的艾琳晋升为高级人口统计学家。

第二组的女性大学毕业生有着各式各样的人生。她们的母亲则通常只有一种生活：结婚生子。她们是玛丽·麦卡锡作品《她们》中的两代人。我们很快会看到，这两代人的女儿，即第三组女性，有意识地规划了包含工作、婚姻、家庭在内的一系列生活，然后在中年重返职场。

在早期的几代女性大学毕业生中，很少有人能像艾达·康斯托克那样，把自己的人生过得多姿多彩。康斯托克1897年从史密斯学院毕业；先后担任明尼苏达大学校长、史密斯学院院长和代理校长，最后在1923年，47岁的她成为拉德克利夫学院第一位全职校长。

历史上，拉德克利夫学院没有自己的教员。哈佛大学的教授在哈佛校区教完男学生后，会步行到拉德克利夫四方院给女学生上同样的课。1943年，正值众多哈佛男生忙于战事、无暇在校深造时，艾达做出一个大胆的举动，与哈佛大学的管理部门合作，整合了哈佛大学和拉德克利夫的诸多课程。不再是教授们前来四方院，而是拉德克利夫的女生走进哈佛校园，与哈佛的男生一起上文科课。女生每天往返的"旅程"，使她们渐渐站在了和男人同样的位置。1943年标志着两所大学开始向真正的男女同校转型[28]，也标志着艾达·康斯托克的人生出现了两个重要的改变。

那一年，她从拉德克利夫学院退休，很清楚自己为男性和女性未来的生活带来了变化。她生命中的这一章已经翻篇，另一章马上就要掀开。6月14日，也即她离开学院的一周后，她在哈佛广场的基督教堂与华莱士·诺特斯坦（Wallace Notestein）喜结连理。华莱士是耶鲁大学英国史斯特林讲席教授，是艾达在明尼苏达州的老朋友。两人都没结过婚。时年她67岁，他65岁。

翌日，他们的婚礼登上了《纽约时报》的专题报道。许多人也在同一页上宣布婚讯。新郎主要是现役军人。新娘主要是应届大学毕业生；其中一人1942年从北卡罗来纳大学女子学院毕业，一人还在史密斯学院念书，另一人1940年毕业于布莱尔学院。20世纪30年代末的毕业生只占少数。她们引领着未来的潮流。还好，新郎将不再是现役军人。但几乎一夜之间，新娘们都换成了异常年轻的女郎。

艾达·康斯托克过着第一组职业女性的生活。但就在第二组女性大学生即将毕业之际，她卷入了20世纪40年代初人口和经济变化的滔天大潮。艾达结婚的时候，恰逢美国历史上最年轻的女性大学毕业生开始结婚生子。她的连续人生显现了第四组女性某些目标的预兆。她是先有事业，然后才结的婚。

艾达的经历提醒人们，生命可以很长，可以包纳许多不同的路径。她和华莱士住在康涅狄格州的纽黑文，在接下来的25年里两人长相厮守，直到他90岁谢世。而她最终活到了97岁。

第5章
和贝蒂·弗里丹站在十字路口

20世纪50年代中期风靡一时的情景喜剧《蜜月伴侣》，直播现场看上去更像是30年代的廉租公寓，而不是二战后的住宅区。该剧背景设定在50年代，讲述的却是往事。公车司机拉尔夫·卡拉门登和妻子艾丽丝相依为命，艰难谋生。拉尔夫最好的朋友诺顿和妻子特里克茜，也过着同样的生活。两对夫妇都没有孩子。他们勉强度日，可艾丽丝和特里克茜就是不外出工作挣钱。她们本来可以找工作，因为有大把薪水不错的岗位供女性选择。但正如拉尔夫失业后，在艾丽丝开始找工作时说的，"只要你还是我妻子，你就永远不用工作。我有我的骄傲"。[1] 不过，艾丽丝像往常一样赢了争论，并找到一份秘书的活儿，工作了一周。

在20世纪50年代的经典剧片《我爱露西》中，露西尔·鲍尔扮演的露西没有工作，直到摆脱了乐队领队里基·里卡多（由她现实生活中的丈夫德西·阿纳兹饰演）的全职妻子身份。对于露西想要接手的任何有意义的工作，里基都表示"根本无法接受"。[2] 虽然《蜜月伴侣》对专横丈夫的刻画更为极端，但这两部剧对女性角色和一些已婚夫妇的描写在现实中并不罕见。

20世纪50年代的其他流行电视剧主要以儿童为中心人物，剧中的夫妇关系更加融洽。名副其实的喜剧《老爸最知道》讲述家庭主妇玛格丽特·安德森和推销员吉姆应对家里三个孩子日常问题的趣事，其中的两个孩子在该剧首次播出时才十几岁。《天才小麻烦》描绘了一户典型的郊区家庭：主妇琼·克里弗，朝九晚五的上班族丈夫沃德·克里弗，以及儿子沃利和比弗，所有情节都通过小比弗的视角展开。

玛格丽特·安德森和琼·克里弗是50年代中期典型的家庭主妇，乐意永远居家操劳。琼总是穿着裙子、戴着珍珠项链打扫厨房。她和玛格丽特都很活泼、冷静、明理、睿智，除了照顾孩子，没有什么明显的抱负。

20世纪40年代以前，人们普遍认为，已婚女性哪怕是没有孩子，也不应该外出工作。大多数女性有孩子之后都会成为全职妈妈，一些人甚至在生孩子之前已经是全职太太了。但到了40年代后期，女性的角色逐渐蜕变。《蜜月伴侣》开始回顾过往，在日益紧张的关系中找寻幽默感。《我爱露西》延续了关于性别角色的戏谑，但背景影射了50年代的繁华。《老爸最知道》和《天才小麻烦》则侧重描写理想化的新式家庭。

玛格丽特、琼、艾丽丝和露西都是虚构的人物。那么，现实中的女性又是怎样的境遇？贝蒂·弗里丹的名著《女性的奥秘》（1963）售出数百万册，被认为引燃了第二轮女权运动；该书告诉我们，这些电视上的妈妈绝非虚构，是鲜活的存在。依据弗里丹的说法，美国妇女已经退出上一代职业女性的角色。50年代的女性大学生们被灌注了这样的观念："真正有魅力的女性并不想要事业、高等教育和政治权利。"[3]

讽刺的是，弗里丹回顾逝去的岁月，为女性寻找更好的时光。

她认为50年代是一种倒退，逆转了受教育女性曾经完成的事情：上大学并学成毕业。在50年代，"60%的女性大学生在大学期间辍学结婚""三分之二的女性大学生没毕业就辍学了"。这些女性年轻时有过带薪工作，继而培育了事业心。于她看来，忽然间，"美国长大的女孩们竟然不再外出工作"。在她们曾经蜂拥而至的职业领域，"从事专业工作的女性越来越少"。[4]

这些说法其实与事实不符，甚至与事实相去甚远。对大多数美国人来说，过去并没有比当时更乐观，也美好不到哪里去。[5]在20世纪50年代，大学毕业的女性比过去多得多。1920年左右出生的女性有5.8%毕业于四年制大学，而1940年左右出生的女性的这一比例为12%。[6]不仅越来越多的女性从大学毕业，她们当中还有更多人继续接受教育。

所以，和前一组相比，50年代大学毕业生中获得专业及高等学位的女性绝非"越来越少"。实际上，女性大学生获得高等学位的比例，从40年代中期大学毕业生的约30%，增至60年代中期的43%。[7]所有获得高等学位的女性比例增加了三倍。[8]

女性的角色和抱负非但没有倒退，反而还扩张了。她们做更多事情的机会和能力同样在飞速提升。

弗里丹主要关注毕业于顶尖大学的女性。她所传达的核心信息是，那些能力超群、天生坚定果敢的女子正在用梦想交换"女性的奥秘"。弗里丹只考虑精选的一群大学生，自然可以比较超级精英的抱负如何随时间而改变。这似乎是个不错的方法论。可惜她错了。

例如，在20世纪二三十年代的拉德克利夫学院毕业生中，大约7%的人最终获得硕士及以上专业学位或其他高等学位。在50年代初毕业的大学生中，这一比例为12%；到50年代末毕业的大学生中，这一比例为18%。可见相对于前辈，在"女性的奥秘"时代，女性大学生精英获得顶级研究生学位的比例更高。[9]

那么，该怎样解释在读大学的女生一旦找到合适的另一半就会放弃学业？20世纪70年代中期以前，女性大学生的辍学率的确高于男性；但是，这一辍学率远没到弗里丹声称的"三分之二"。事实上，那一代女性大学生的辍学率比她们的前辈更低而非更高。[10]

弗里丹时常为名牌大学女性人才的流失感到惋惜。可这些数据也表明（这里使用的是拉德克利夫学院入学者和毕业生的信息），从20世纪20年代到60年代初，女生的辍学率是下降的。此处的相关辍学率取未获得学士学位的大三学生比例，以此粗略判断谁（大抵）在遇见意中人后辍学。两次世界大战期间，这一辍学率徘徊在15%左右，但在50年代降至7%，10年后仅为3%。[11] 而到了60年代，拉德克利夫学院几乎所有进入大三的女生最终都完成了本科教育。

从她们毕业后不久便参加工作来看，她们最初的抱负又如何呢？20世纪50年代，大约四分之三的女性大学生毕业6个月后至少从事过一份全职工作；这甚至适用于那些当时已经结了婚的女性大学毕业生。这说明，50年代的女性大学毕业生并不缺乏远大志向，哪怕是早婚的女性。

不过，她们确实优先考虑家庭。关于这一点，弗里丹是正确的。大部分人毕业后不久结了婚，也很快有了孩子。许多人一毕业就开始工作，几乎所有人在有孩子后都离开了职场。但是，她们回归家庭生活并在孩子离手后复出，这是早已规划好的。这些女性可没像《老爸最知道》和《天才小麻烦》没完没了的重播误导我们的那样，无限期地留在家里。

对女性大学毕业生而言，20世纪早期并不比20世纪50年代好。毕竟，第一组和第二组中太多的女性大学毕业生没结过婚。回想一下，在20世纪初的女性大学毕业生中，近三分之一终身未婚，近一半人没有孩子。而50年代毕业的第三组成员，因为结婚的人更多，并且很多人有孩子，所以她们比前两组面临更多而不是更少的选择。她们可以决定先有家庭，然后有工作（甚或是事业）。

但是，这不意味着20世纪50年代完美无瑕。恰恰相反。艾丽丝、特里克茜和露西都不是大学毕业生。女性大学毕业生比教育程度较低的女性有更好的选择。已婚女性就业可能是工薪阶层丈夫懒惰或低薪的某种信号，但对于女性大学毕业生的高学历丈夫，情况就不同了。这类丈夫能给家里带回大笔收入，男人的自尊心也不再取决于妻子是否工作以贴补家用。

于20世纪50年代和60年代初的女性大学毕业生而言，尽管她们的丈夫不同于强烈反对艾丽丝外出工作的拉尔夫，甚而通常很少反对她们工作，但她们也对自己在孩子年幼时外出工作心存顾虑。[12]一名1957届毕业的女大学生若干年后写道，"我不工作……主要是因为我觉得需要花时间陪伴家人"。另一位试图工作的女性则无奈地表示，"我的小孩好像一直受保姆的影响，所以我觉得最好还是留在家里……我会怀念教书的日子"。[13]在1957年或1961年大学毕业的母亲中，只有约30%的人在成家后及子女入学前从事有偿工作。[14]

她们无法就业的另一个原因是，找不到负担得起的高质量托儿服务。那时和现在一样，有学龄前孩子的女性如果收入不高，那么税后收入在支付托儿费后所剩无几。就像其中一人说的,"假如能以合理的价格找到合适的保姆,我可能会在第二个孩子出生后工作。但如果工作只是为了赚取支付给保姆的费用,那就不明智了"。[15]

不过,当这些女性进入40岁时,她们的劳动参与率猛然飙升。70%的人从事有偿工作,且大部分是全职雇员。实际上,几乎所有在最小的孩子念小学时加入劳动力大军的女性,早已计划好重返就业市场。她们正是怀着这些期望完成本科教育并获得了技能。

无论20世纪40年代后的女性大学毕业生面临着怎样的障碍,与前几代人相比都是小巫见大巫。40年代以前,阻挠她们就业的正式和法律障碍非常多,在某些方面,她们面临的障碍甚至多于受教育程度较低的同龄女性。

以任教于公立学校为例。20世纪50年代,教书成为女性大学毕业生(尤其是有学龄孩子的母亲)的首选职业。试想,当这名教师下班时,她的孩子即将回家;当孩子放假在家时,她也放假在家。如果她请假,譬如为了再生个孩子,她可以在几乎不会失去职位的情况下重返教学工作。

但正如前一章所述,20世纪40年代以前,美国许多学区基本禁止已婚女性从事教职。办公室的工作同样如此。在很多白领工作领域(包括教学),婚姻限制司空见惯。事实上,很多地方都是学区实行这些限制之后,私人企业才跟进的。

甚至在1928年美国经济发展如火如荼、根本无人察觉大家正濒临大萧条之时,仍有半数学区会在女性教师结婚后解雇她们,60%的学区从一开始就拒绝聘用已婚女性。20世纪30年代大规模经济衰退开始后,已婚教师的前景每况愈下。

大萧条以前，公司对已婚女性的态度略比学区友善。然而在经济下滑之初，也有约三分之一的公司辞退了已婚女性，半数公司不雇用已婚女性。随着经济持续萎靡，已婚女性的境况日益恶化。[16]

20世纪40年代之前，黑人女性大学毕业生在教学领域受婚姻限制的影响比白人女性要小。正像前一章讨论的，原因可能是南方学区更少设置这类限制，或者是设置限制的学区并未严格执行这些限制。

譬如前面说到的，芝加哥大学经济学家（后来成为美国参议员）保罗·道格拉斯的经济学家妻子多萝西·道格拉斯，就是因为裙带关系规则被该校拒之门外。她只好到史密斯学院工作，保罗则辞去了芝加哥大学的教授职位，短暂地在阿默斯特学院任职。[17]值得一提的是，多萝西在贝蒂·戈尔茨坦（即后来的贝蒂·弗里丹）的教育中发挥了重要作用。贝蒂在史密斯学院读本科时，多萝西教她经济学，使她了解了激进的经济理念和女权主义思想。[18]

20世纪40年代，已婚女性大学生的机会大增。随着战争物资需求的飙升以及征兵导致的平民男性劳动力减少，30年代的两位数失业率不复存在。大萧条时期甚至更早以前在许多人看来合情合理的歧视性劳工政策戛然而止。

到了50年代，各州法院的裁决基本废除了婚姻限制。[19]但是，它们的结束主要是因为时代变迁。学区和公司不再执行那些白纸黑字的成文规定（而私人雇主的大多数日常规章则从未写入章程）。就像1956年一家大型保险公司指出的，"先前，人事部并不支持雇用已婚女性，但（现在）保险公司为了满足自身的需求，不得不雇用她们"。[20]

二战期间和战后时期对女工需求的增加影响了所有教育水平的群体。对于考虑接受高中以上教育的年轻女性，这意味着上大学已经成为更优的选择。女性大学毕业生既可以工作，也可以结婚生子。而对于已婚的女性，大学文凭也不再是墙上的装饰品。

虽然大学的学费和其他费用很低（州立院校确实如此），但总的来说，教育还是很昂贵的。上学需要宝贵的时间，而且通常要离家生活，食宿费用高昂。可是，随着文凭能保障女性婚后也能从事各种工作，大学对女性越发有价值。20世纪四五十年代，女性入学率逐渐提升，男性和女性毕业率的差距开始持续收窄。（女性的大学毕业率最终在1980年左右超越男性[21]，但这超出了我们当前的讨论范围。）

20世纪50年代，大学文凭给女性带来了各种形式的收益。最主要的是能获得就业机会；比如一毕业立即获得工作机会，但更多的收益会在未来。大学文凭，通常还有教师资格证书，是防范丈夫过早辞世或婚姻过早结束的"保单"。此外，正如当时说的，工作是一种"依靠"。毕竟，天有不测风云。离婚、残疾、死亡显然会随机发生。一位1957届毕业生写道，"妻子接受教育可以视为一种保险"。另一人也指出，教育"就是安全保障"。[22]

不过，当时大多数女性都在某个时间外出工作，无论生活中是否有不幸事件降临到伴侣身上。她们婚前和婚后都工作，但是，是在孩子到来之前。孩子上小学后，或者是更大一些时，女性通常会重新就业。

对于这个时代的女性，大学文凭绝非单纯的装饰品，接受教育也不仅仅是未雨绸缪。她们上大学不只是为了增加结识男性大学生的概率（虽然女性大学生与男性大学生结婚的概率确实更高）。许多说法（包括弗里丹的）都想让人们相信，在大学里邂逅另一半然后辍学结婚的女性才是真正的赢家。其实不然。站在她要嫁的男人的最终教育[23]、她的事业以及她的总体幸福感[24]，她都并非赢家。

尽管20世纪50年代的女性大学生最终不负所受的教育，投身劳动力市场，但大学确实也是结识男士的好场所。女性大学生嫁给男性大学生的比例极高，男性大学毕业生终归比受教育年限低的男性更有经济保障。此外，由于二战后和朝鲜战争后的《退伍军人权利法案》，上大学的男性猛增。二战前，男性大学生几乎被征召一空，男女生比例为1.3∶1；美国军人回归后，男女大学生比例是2.3∶1[25]，很多人显然抓住了《退伍军人权利法案》赋予的机会。相比于普通女性，女性大学毕业生始终更有可能嫁给男性大学毕业生，而20世纪50年代至70年代毕业的女性机会最大。

相较于高中毕业的女性，20世纪50年代中期至70年代初大学毕业的女性嫁给男性大学生的可能性高出60个百分点：女性高中毕业生与男性大学毕业生结婚的概率为10%，而女性大学毕业生的这一概率约为70%。

在已婚女性大学毕业生中，丈夫也是大学毕业生的比例随时间的推移而增加。20世纪30年代初女性大学毕业生的这一比例是50%，50年代末的这一比例达到75%。从50年代末到70年代初，女性大学毕业生的这一比例居高不下，后来才回落至65%（相当于二战结束前后的水平）。[26]

《女性的奥秘》中描写的女性比以前的女性大学毕业生更具能动性，也超出了弗里丹对她们的评价。女性大学毕业生们对自己的人生更有规划，障碍日渐瓦解，已婚女性终于可以从事各种工作。但是，限制依旧存在。一个女人如果在孩子年幼时外出工作，仍然会招致社会非议。

改变的大潮

随着年轻人和年长者开始重新适应二战后充满活力的经济，美国发生了一系列人口结构变化，最终改变了美国数十年的社会面貌。这些变化大到至今依然影响着美国的经济和社会。"婴儿潮"冲击了女性大学毕业生的生活，一如它影响了所有其他人。虽然人们提出过诸多可能性，但我们还是没有弄清楚为什么结婚年龄急剧下降、出生率大幅飙升，又为什么这些变化持续了如此之久。

这些人口结构变化在美国史无前例，更创造了结婚年龄和家庭规模的新常态。半个世纪后，我们把二战后时代美化为"黄金时代"。然而，只消看看出生和结婚的时间序列数据，我们就会发现20世纪五六十年代是多么反常。不管众人如何评说，美国当时的生活水平都远低于之后的时期。但这个时代紧跟在漫长的经济萧条和二战之后，因此对于历经苦难的人们，那时的空气中弥漫着清新的味道。

二战后，美国人口结构的第一个重大变化是结婚年龄骤降。大萧条期间失业率极高，常常超过20%，人们推迟结婚情有可原。经济衰退往往会导致结婚年龄上升和更普遍的结婚率降低。[27]而20世纪30年代的经济衰退持续了近十年。但是，大萧条时期的人口结构变化并不大，以至于二战后美国又恢复了"旧常态"。

从20世纪40年代开始，结婚年龄下降的幅度渐渐超过了30年代结婚年龄上升的幅度。这一变化远比二战后其他国家经历的变化更大、更广泛。大多数其他国家的公民提早结婚仅是追补失去的时间，美国人则不只是在二战结束后较早地结婚，更是把早婚趋势延续了整整20年。[28]

美国人对婚姻和家庭越来越狂热。甚至一些20世纪初大学毕业的年长女性，也卷进了自美国加入二战之初掀起的结婚热浪。比如前文提到的在大学管理方面成绩斐然的艾达·康斯托克，她1943年才初婚，时年67岁。韦尔斯利学院第七任院长兼二战紧急服役妇女志愿队（the WAVES）第一任负责人米尔德雷德·麦卡菲（Mildred McAfee）初婚是在1945年。麦卡菲一手整合了紧急服役妇女志愿队；之后，45岁的她嫁给了哈佛大学神学院院长。

战后的第二大变化是女性首次生育的年龄也下降了。美国夫妇不仅生孩子的时间提前，而且养育的孩子更多。最终，大家迎来了二战时期就已拉开帷幕的著名"婴儿潮"。人们或许料到会有这样的出生率增长：战争导致生育推迟，毕竟男人在前线。然而，一如结婚年龄降低不仅仅是大萧条终结的结果，出生率增长同样不只是因为二战结束。

美国的"婴儿潮"时代始于1946年，持续到1964年。但在此之前的1942年左右出现过一次小高潮，当时，针对战事的征兵条例表明，父亲可以为了孩子短时间内缓服兵役。对我们这段旅程最重要的是，受教育程度较高的人和其他人一样受到了"婴儿潮"的影响，以致大学毕业生群体的结婚率和生育率与非大学生群体更加接近。

20世纪50年代女性的早婚造就了一批年轻的母亲。近60%

的女性大学毕业生30岁之前生下第一个孩子。[29]美国妇女事务局1957年对女性大学毕业生的一项调查得出类似的结论。在该项调查中，64%的女性大学毕业后七年内生了宝宝。所有50年代大学毕业的女性中只有17%终身未育。

相比高中毕业或大学肄业的女性，女性大学毕业生向来结婚较迟，结婚比例较低。例如20世纪初，女性大学毕业生比非大学生女性结婚更晚，且约30%的女性大学生终身未婚[30]；甚至于她们结婚和生育的时间比50年代毕业的女性大学生还要晚。

20世纪50年代女性大学毕业生的不婚比例仅为8%。此外，这一群体结婚的人都是年纪轻轻就结了婚。30岁之前结婚的女性占近四分之三，初婚年龄中位数只有23岁，这说明其中半数女性是大学毕业后一年内结婚。面向1957届毕业生的调查数据显示，近40%的人刚毕业6个月便已宣誓结婚。

———

鉴于20世纪50年代大部分女性大学生拿到文凭后很快结了婚，许多人想必是在大学期间与未来丈夫相识、约会并订婚的。不少观察人士（比如弗里丹）都在琢磨，对于这些刚毕业就结婚的女性，上大学还是不是一场严肃的学术历练？我们已经知道，弗里丹的书夸大了女性的大学辍学率。而她们对未来工作的筹谋，同样被低估了。

专业知识通常由大学里所选的专业获得。大学专业往往预示着学生准备投身的工作或职业之路。[31]20世纪50年代的时候，约40%的女性大学毕业生主修教育学（包括教育项目和学校课程）。护理学、儿童发展学、营养学、图书馆学和社会服务也是女性的热门专业。总而言之，在50年代，约有一半女性大学毕业生主修直接通向某种职业的学科或领域。

由于即便不是教育专业的人也常常修习教育课程，很多人毕业时都拿到了教师资格证，所以，接受过与职业密切相关培训的毕业生实际比例更高。根据对1957届的调查，那一年超过60%的女生毕业时取得了教师资格证，而她们当中只有33%的人拥有教育学相关专业本科学位。[32]

因此在20世纪50年代，超过半数的女性大学毕业生准备从事高需求领域的低风险工作，工作的时长和天数与照顾家庭和孩子更匹配。教学、护理、社会服务等吸引大量女性大学生的职业，过去是、现在仍然是典型的女性工作，比起其他需要大学学历的职位，这些职业晋升空间小，工资往往也较低。但这些职业往往更能兼顾生活，因而更具吸引力。

女性刻意主修这些领域的课程，目的是要在将来寻求就业机会。20世纪40年代之前，很多有偿工作禁止已婚女性涉足，但到了二战后，公立学校的教师婚后也可以继续工作。儿童数量的增加意味着对教师的需求旺盛。生育率提高预示着教师的供给最终会加大，而师资力量正来自希望兼顾家庭和良好就业机会的女性。

倘若不是想在某个时候从事有偿工作，为何一半以上的女性大学毕业生会主修直通特定职业的专业？倘若不是极有可能要成为教师，为何会有超过60%的人获取教师资格证？说起来，文学、艺术史、外语、音乐等其他专业应该更有趣一些。然而在50年代，大多数女性大学生选择的专业都利于她们将来从事可以兼顾家庭生活的职业。一位拥有高等学位的第三组成员指出，"对于想同时拥有家庭的女性，教书是份理想职业。我可以离开教职13年，且回归时基本不受任何影响"。[33]

20世纪50年代的女性大学毕业生一般不追求长期职业,但她们的确准备好了要在某个时间"杀入"职场。大多数人最终如愿以偿。50年代的女性大学生们计划先有家庭再有工作。[34] 总的来说,大多数人做到了。

行动计划

弗里丹说得对,从二战结束到20世纪60年代中期,美国人一直颂扬以妻子为中心的家庭。弗里丹还说对了,20世纪20年代至50年代推出的大量劳动节约型设备意味着收拾家务所需的时间只是过去的一小部分。产品开发商显然有动机说服女性使用他们的产品。譬如,一款名为Pledge(碧丽珠)的家具光亮剂煽惑女人们擦亮餐桌,好映出自己的倒影。厨房和浴室清洁产品的制造商鼓励女人们像消毒餐盘那样消毒盥洗池台面甚至马桶。但弗里丹认为这段时期扭转了此前女性大学生职业抱负的上扬趋势,这是错的。

《女性的奥秘》的读者数以百万计,这是一本革命性的手册。可为什么弗里丹的许多陈述并不正确?原因之一是,她拿20世纪50年代女性的职业成就,与一部分终身未婚未育的年长女性大学毕业生的职业成就做了对比。

透过这个镜头回望过往,意味着她没有观察上一代的全体女性大学毕业生,也就看不到大家取得的平均成绩。上一代收获事业的女性大多没有结婚、没有子女,而结了婚、有子女的女性通常未曾就业。但是,20世纪50年代的女性大学毕业生在有生之年获得了二者兼而有之的能力。

20世纪50年代的女性大学毕业生比前辈们拥有更多的选择。在所有群体中，20世纪初的女性大学毕业生结婚率和生育率最低，但她们也没有创造令人赞叹的辉煌事业来弥补这一牺牲。由于她们经常面临事业或家庭的残酷选择，太多人最终两者皆不得。此外，回顾过去意味着弗里丹忽视了50年代毕业生的志向。她的书出版得太早，导致她无法观察这批毕业生最终的成就，也看不见她们行动计划的成果。

相比20世纪初，20世纪50年代的女性大学毕业生在职业生涯结束时取得了更大的职业成就，在兼顾事业和家庭方面也更加出色。她们经历了许多阶段，但弗里丹捕捉的只是生育期的她们。她传达了许多人的沮丧和惋惜，但这个群体没有被时间禁锢。大多数人早在弗里丹出版其著作之前就订好了"逃跑计划"。[35]

我们可以从20世纪五六十年代的调查中了解她们的抱负和成就。这些调查规模庞大，范围极广，代表了当时全美国的大学毕业生。调查团队选出女性（有时还有男性）构建具有全国代表性的样本，每个数据集都使用统计权重以保证抽样对象的代表性。它们不是面向一所或几所大学的小型调查；相反，其目的在于反映美国所有学士学位授予机构的情况。主要调查有两项：一项覆盖1957届女性大学毕业生，另一项覆盖1961届男女性大学毕业生。

1957届

1958年1月，美国劳工部妇女事务局对1957年6月大学毕业的女性进行了抽样调查。[36]七年后又对这些女性展开后续调查，原因是担心一些为抚养孩子离开职场一段时间的女性大学毕业生发现再就业很困难，可能需要额外的培训。

面向1957届女性毕业生的初始调查在她们毕业6个月后进行，获得了约6 000名毕业生的完整答复。[37] 鉴于1957年6月有8.8万名女性拿到学士学位，因此，收集到的调查数量约占该届女性毕业生总数的7%。[38] 这项调查在当时规模庞大，是妇女事务局一项令人难忘的重要工作。

接受调查的各位女性曾就读于153所（男女混合制或单性别）高等院校中的一所。调查对象按地区、学校类型和规模划分，与1957届所有女性大学毕业生的分布相似。所以，可以借此了解当时所有女性大学毕业生的概况。1964年进行的后续调查约有5 000名受访者答复。

这两项针对1957届毕业生的调查清晰地表明，女性大学毕业生的计划是继续学业，寻找工作，有些人还打算成就一番事业。她们确实把家庭放在第一位，但这并不意味着她们会永远局限于家庭。

这些女性结婚较早，大多数人在婚前和婚后的一段时间内都有工作。她们1957年6月毕业，6个月后，40%的人结了婚，四分之一的已婚者已有了孩子。但整个群体足足有82%的人毕业后直接就业，而且几乎都是全职工作（一些人还同时上夜校）。就业群体中60%的人当老师。整个群体只有7%的人不就业，大部分是有孩子的人。

那么，弗里丹怎么会认为20世纪50年代的女性大学生已经丧失清教徒式严谨职业热情的？也许她的部分想法映射了一个现实，即尽管几乎所有人都参加了工作，但1957届女性大学毕业生里只有18%的人表示"打算拥抱事业"。多数人都回答她们会在结婚或有孩子后停止工作，实际上她们就是这么做的。不过，大部分准备停止工作的人都相信自己最终会回归职场，她们也确实回归了。[39]这些女性并不打算成为玛格丽特·安德森和琼·克里弗那样的家庭主妇。

七年转眼即逝，大多数人结了婚，许多人有了孩子，此时她们是否初心未改？很大程度上，她们完成了计划。毕业七年后，这届女生里已婚者占85%，其中78%有孩子，几乎所有孩子都是学龄前儿童。在大多数女性都有年幼子女的时候，社会规范恰好反对有学龄前孩子的母亲就业，而且当时的儿童保育设施稀缺。然而，即使是在有学龄前孩子的女性中，也有26%的人参加了工作。

有一点再怎么强调都不为过，那就是这些女性绝不缺乏抱负。约半数女性大学毕业生就业，其中近五分之一的就业者同时还在读研。但她们忌讳称自己为职业女性。正像有人说的，"我是一个家庭主妇和母亲，不是那种事业型女人，但我真的喜欢教书"。[40]

这并不代表她们想全天待在家里。虽然大部分人声称自己工作是为了养家，但13%的人表示她们目前工作是期待"收获一份事业"，另有四分之一的人提到想在以后的某个时间追求自己的事业。值得注意的是，在1964年，超过80%的女性希望在未来有工作（包括1957年就业的人）。

这些女性面临的最大障碍来自她们所处时代的规范，那些规范要求有年幼子女的女性留在家中，如果她们外出工作，她们的孩子会"受到负面影响"。自1977年起，综合社会调查（GSS）就在调研部分美国人，询问他们是否认为"如果母亲外出工作，学龄前儿童会受到负面影响"。同意这种说法的女性和男性比例随着出生年份的推移而下降，如图5.1所示。在20世纪初出生的人中，大约80%的男性和70%的女性赞同该观点。但对于20世纪末出生的人，只有30%的男性和20%的女性赞同。[41]因为这群人是在不同的年龄段接受采访的，所以收集的数据综合了他们年轻时和年长时习得的社会规范‥。尽管个人的想法会随着时间发生变化，但到目前为止，决定是否同意该观点的最重要因素是个人的出生年份。

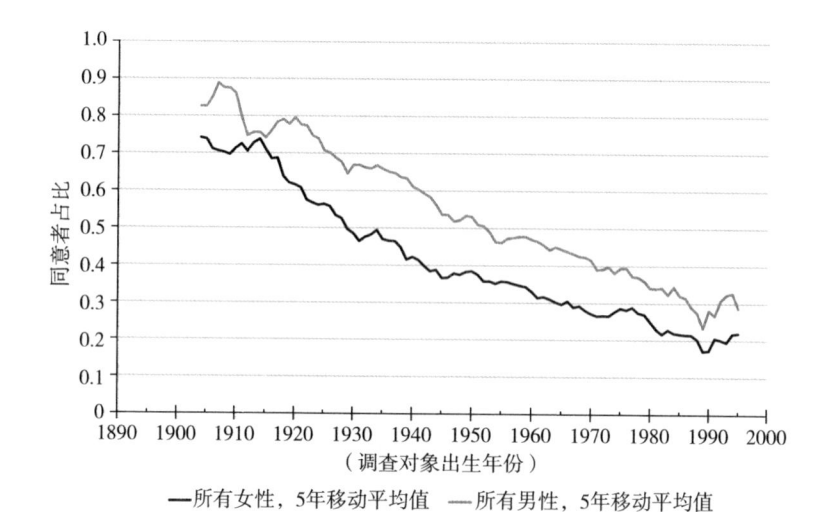

图5.1 同意"如果母亲外出工作，学龄前儿童会受到负面影响"说法的男性和女性（所有教育程度）占比

注：图中给出了5年移动平均线。GSS数据从1977年开始，然后跳至1985年。因此在采访时，较早出生群体的平均年龄大于较年轻的群体。数据使用了调查权重。
资料来源：1977—2016年美国综合社会调查（GSS）微观数据。

此外，这些女性的丈夫对她们施加了怎样的约束？艾丽丝和露西专横又搞笑的丈夫（分别为拉尔夫和里基）都反对妻子工作，哪怕当时他们还没有孩子。但艾丽丝和露西没上过大学。而1964年大学毕业的妻子境况是相对较好的，83%的丈夫并不抵触她们就业或未来就业的打算。[42] 即便是有孩子的家庭，也只有21%的丈夫不赞同妻子外出工作。

反对妻子工作的，主要是那些没有工作或没在找工作的丈夫。我们可以猜测，男人的反对兴许并非妻子是否工作的决定性因素，因为人们一般和三观相似的人结婚，指不定夫妻双方都觉得女人应该待在家里。但正如一位女士所言，她的丈夫"认为我作为母亲和妻子的角色就是全职工作，然后，就没有然后了"。[43]

纵然存在这类偏好或道德观念，1957届毕业生还是有自己的一套策略。居家留守不意味着她们不会无聊，更不意味着她们重新就业时能够进入公平的竞争环境。在1957年和1964年的调查中，妇女事务局都邀请受访者"随意追加评论"，让女性有机会表达自己可能的不忿。她们的语气措辞随着时间渐有变化，到了1964年，许多人表露了弗里丹揭示和激起的各种抗议。

毕业6个月后，1957届的女性毕业生欢乐而满足。大学时光总体上是美好的。生活才刚刚起步，婚姻大事搬上日程或正在筹备之中，生宝宝也令人期待。"我计划在6月份结婚，"一位女生写道，"我相信我比没上过大学的人更有准备。"另一人则表示："我想从事社会工作。如果结婚了，我想在孩子上小学后重新就业。"[44]

大多数人都在第一份工作中，那是她们大学时期就准备好了的。很多人感叹自己接受人文教育实属三生有幸。"一份与专业相关的好工作十分重要，但更重要的是，个人从人文科学背景中获得了满足感。"在一些人看来，广博的教育对于成为好伴侣和好母亲同样有用："玛卡莱斯特学院……使女性做好就业准备，同时要求她们学习政治、文化、宗教等课程，帮助她们成为见多识广、积极参与社区活动的妻子。"而有些人则持相反的观点:"大学教育于我而言是无价之宝,让我懂得欣赏生活也有利于就业,但对于我履行家庭主妇的职责几无用处。"

大多数人都怀念大学时光,可也有人批评她们的大学教育没有提供足够的工作培训、商界知识和更普遍的职业知识。出人意料的是,很多人责备自己的大学不要求掌握文书技能。"应该规定戏剧艺术专业的学生学会打字,鼓励大家为开启戏剧生涯学习速记。"主修教育专业的人频频埋怨缺少"课堂实践经验,而不是听过多的讲座"。(这是各时代常见的牢骚。)

1964年,也即毕业七年后,她们的回答愈加多样化。约三分之一的人在自由回答部分写下额外的评论。这些受访者及其评论明显分为了两类。绝大多数人要么积极就业,要么计划尽早重返职场。其他人则像琼和玛格丽特那样,认为自己永远会是家庭主妇。

多数人群体的一个代表性回答是:"我和认识的大多数女性一样,非常享受上学和工作,但因为要抚养孩子,我现在没有工作。不过,一旦最小的孩子上了学,我会回来……在退休前的25年里干一份称心的工作(也许是教书)。"大约四分之三的人看起来很幸福。而四分之一不如意的人表达了对就业歧视和薪酬的不满,以及最常见的抱怨:在一个托儿服务昂贵且稀缺的世界,母亲身份和工作太难兼顾。就像有人指出的:"在工作中搞定各种难搞的人和事,能给我带来满足感……但我几乎找不到合格的育儿机构……以至于我最终无法兼顾两者。"

剩下的少数人群体是琼和玛格丽特们,发表了如下评论:"就目前而言,我最幸福的是'受雇'于爱我的丈夫和孩子,我忙着烘焙、缝纫、清洁、洗涤、娱乐、阅读和旅行。"这一群体比前一群体展示了更大的满足感，前一群体要么在时间的约束下挣扎，要么盼望着重返工作岗位。

1961届

1957届毕业生带来的思考和启示并非独一无二。[45]四年后，一个私人组织进行了规模更大、范围更广的调查，调查对象男女都有。[46]和1957届毕业生一样，1961届毕业生也有未来计划，尽管他们受制于当时的很多约束和社会规范。

最初调查和首次后续调查的结果集结成几卷手册，其中一卷的标题"远大抱负"恰如其分。[47]但这项调查对当时的计算机来说超负荷了。因此只对一小部分数据进行了分析，且主要是关注男性的回复，关于女性答复的问卷的分析极少。我也是最近才重新挖掘了这个信息宝库。[48]

"远大抱负"项目旨在确认男女性大学毕业生是否计划进入研究生院或专业学院深造，同时调查了女性大学生面临的特殊问题。这些调研探询的显性问题涉及抱负、成就以及对社会规范的看法。

和1957届毕业生的信息一样，面向1961届毕业生的调查表明，这群女性的抱负远不止于当家庭主妇。几乎所有人都打算毕业后就业。[49]多数人很快会结婚并迅速生孩子。[50]大部分人计划重返职场，并投资自己的教育和培训以确保计划落实。[51]

1968年，大学毕业七年后，只有17%的女性认为当家庭主妇是她们的长期目标。这一比例其实很低，尽管毕业一年时有这个想法的女性仅为10%。换言之，即便要全职照顾年幼的孩子，也有83%的女性表示自己的长期目标并非全职主妇。

70%的调查对象认为,孩子和家庭是这群女性未来十年的头等大事。但同时令人惊讶的是,50%的受访者也预期在结婚十年后,"事业"将对她们很重要。

和1957届相似,她们毕业后很快结了婚,结婚率颇高:42%的女性大学生毕业后一年内结了婚。[52]七年后,84%的人已婚,81%的已婚者有了孩子。

1961年春天,这群即将毕业的学生回首自己刚入大学时的雄心壮志。很大一部分女生和男生曾经表示,他们将来会继续攻读研究生或专业课程。毕业一年后,近20%的女性和35%的男性进入研究生院或专业学院。在最后的调查中,也即毕业七年后,30%的女性和40%的男性正在实施或已经完成深造计划。根据1961届本科班全体成员的成就数据,40%的女性和50%的男性最终获得了硕士及以上学位。[53]

今天,本科学历女性继续接受教育的势头与男性大致相当。大家获得法学博士学位、哲学博士学位或医学博士学位的人数也相差无几(虽然获得MBA学位的女性略少)。如果说20世纪50年代末60年代初女性的数据显得偏低,那么相比弗里丹和其他作者对那个时代的描述,这些数字明显高多了。

但是,为什么我们把这群女性大学毕业生归入玛格丽特·安德森和琼·克里弗之列?因为如前所述,20世纪50年代的女性大学毕业生把家庭放在了第一位。1964年,1961届全职工作的已婚女性中仍有37%自称为"家庭主妇"。

女性受访者表达了对性别限制的看法。"远大抱负"调查向受访者提出有关性别规范的陈述,包括之前提到的,1977年以来综合社会调查一直追踪的问题:"如果母亲外出工作,学龄前儿童会受到负面影响。"约60%的女性(和66%的男性)强烈或比较同意这个说法。[54]其他问题探究了人们对当时社会规范的相对支持程度,涉及女性的"事业"。四分之三的女性赞同"妻子帮助丈夫发展事业比自己拥有事业更重要"。大约相同比例的人认为"已婚女性无法长远规划自己的事业,因为这取决于丈夫的事业规划"。

这些观念在当时十分普遍。母亲不全职在家将会影响学龄前儿童的信念,是许多女性在子女年幼时期不外出工作的主要原因。当然,那时的日托机构也不充足。而这类机构稀缺是因为对它们的需求不够高。这是一个典型的先有鸡还是先有蛋的问题。人们需要在照护安排上做出充分的改变,方有望扭转"母亲外出工作会对孩子造成负面影响"的观念。

我的母亲曾是纽约市一位受人尊敬的小学校长。在我年轻乃至40多岁时,随着我的侄子侄女,也即她的孙辈们开始养育各自的孩子,她再三向我重申一个想法,"学龄前儿童最好和他们的母亲在一起"。直到我规律上学后,她才启动她的教学生涯。我不清楚她是否真的信奉这种观点,或者是否依然遵循她那个时代的过气标准。于是最近我询问了她。百岁高龄的她坚称,学龄前儿童甚至婴儿,进入高质量的日托机构完全没问题,甚至可以在母亲工作的时候得到更好的照护。想当初,她简直不敢想象除了全职妈妈还有别的选择;而在晚年,她无法想象自己曾经居然不认同母亲在孩子年幼时完全可以外出工作。

另外两个关于丈夫事业重要性的陈述,反映了夫妻的相对收入情况。因为男人被认为挣得比女人多,而且通常的确如此,所以遵从他的事业目标可为家庭带来更多收入。

这些过时的观念好像只有最没有野心的女人才会赞同，但事实并非如此。哪怕是希望获得高等学位的女性，也认为子女年幼时自己不太可能就业，再考虑到儿童保育的状况，就业就更无可能了。家庭是她们的首要任务，但一份工作甚至事业，也在她们的关注范围内。像琼和玛格丽特一样，20世纪50年代的女性大学毕业生是受到了约束的，但她们准备挣脱束缚。而最终，她们破茧而出，奔向新生活。

这个群体较为有名的成员开创了"先成家后立业"的道路，不过，她们大多数只能迂回前进。许多人中年时东山再起，尽展才华与激情。

幽默作家艾尔玛·邦贝克1927年出生，1949年从戴顿大学毕业，同年嫁给大学里认识的比尔·邦贝克。她在照料家庭的同时开启了写作生涯，但在抚养三个孩子期间辍笔十年。然后她重返文坛，成为大红大紫的专栏作家，写下不少描画郊区家庭生活的搞笑喜剧。

美国第一位驻联合国女大使珍妮·柯克帕特里克出生于1926年，有三个孩子，在大学本科毕业20年后拿下政府学博士学位。40多岁时，她开始积极参与政治活动，1981年被任命为驻联合国大使。生于1936年的格蕾丝·纳波利塔诺（Grace Napolitano）与丈夫共同抚养了五个孩子，35岁进入福特汽车公司，工作了20年。50岁那年她首次竞选公职（市议会），67岁时成为美国众议员。

卡丽·米克（Carrie Meek）1946年从黑人大学佛罗里达州农工大学毕业，但当时该州没有相关学位提供给黑人，为了获得更高的学位，她离开了佛罗里达州。后来，她成为迈阿密地区的教育家和社区事务活动家。54岁时，米克当选佛罗里达州议会议员；1992年成为"重建时期"（美国南北战争后南方各州重新加入联邦）以来第一位来自佛罗里达的黑人国会代表。退休后，儿子肯德里克当选了她的职位，子承母业。

著名的保守派菲利斯·施拉夫利是反女权人士，与贝蒂·弗里丹针锋相对，她属于印证了我们观点的"异类"。施拉夫利1924年出生，写过一本极受欢迎的关于总统职务的书，是保守派活动家，有六个孩子。为了推进她的反女权事业，她54岁攻下法律学位（没有完全得到丈夫的同意），并颇具讽刺地开启了后期的职业生涯，以支持女性应该成为全职妻子和家庭主妇的理念。

像邦贝克、柯克帕特里克、米克、纳波利塔诺和施拉夫利这样，在较晚时期重启职业生涯的女性不算多；但那些在孩子长大后外出工作的女性却大有人在。此外，加入这个群体的还有20世纪60年代末70年代初大学毕业的第四组女性。这后一组女性从一开始就表达了职业愿望，而不是等到生命的中后期。

中年重返职场，是20世纪50年代女性大学毕业生长期规划的重要一环。但就在她们以工作者的身份重新崛起关头，社会发生了更大的变化，即将迎来事业与家庭的新纪元。

———

20世纪50年代的女性大学毕业生走过了我们一半的旅程。她们比前辈拥有更多的选择，而紧随其后者的选择只会更多。

在50年代早期，大学毕业的已婚女性可以成为教师，甚至可以做兼职。60年代初的调查显示，大多数拥有大学学历的丈夫并不反对妻子就业，有些人还为此感到高兴。女性大学毕业生们终于能够选择同时兼顾家庭和工作，少数人甚至可以收获一份事业。

她们取得的成就超越了之前组别的女性。她们当中有更多人成为专业人士，更多人成就了事业与家庭。她们的大学辍学率并没有高于之前组别的群体，她们定然是志存高远，豪情万丈。

但正如艾尔玛·邦贝克挖苦的，"如果生活是一碗樱桃，那我在樱桃核里干吗？" 1964年收集的1957届后续调查评论，揭露了女性大学生进步背后的消极面。在一些男性主导的领域受过训练的女性哀叹，"每每我（揣着化学工程学士学位）寻找工作，却总是看到……'该怎样鼓励女性含着眼泪……攻读工程学'时，我笑出声来。"另一位也遗憾地表示，"在从事传统上的男性工作方面，有些雇主对雇用女性抱有偏见……即便是在'所谓的'任人唯贤的考评制度下。"[55]

这个群体面临的最大限制也许是，人们普遍认为，如果母亲是"自私的事业型女性"，其年幼的孩子将会受到伤害。许多人坦承了这样的困境："如果聪慧的妻子实在想工作，那么当孩子会因为她的不在场而受到影响时，她是应该坚持工作，还是应该为了孩子压抑自己的需求？"就像一位受访者指出的，"返校深造期间还要照顾孩子……导致深造并没有创造多少经济价值。"由于缺乏易得且负担得起的托儿服务，大家更加难以逾越"留在家里"的规范。

这代人的空虚沮丧成为贝蒂·弗里丹著名作品的主题，概括为一句话："这就是一切吗？"不过，她们的居家生活是有期限的。她们早已规划好先有家庭然后工作的连环生活（小部分人最终实现了先成家后立业的目标）。

关于教育在这些女性生活中所起的作用，弗里丹的观点正确，但她对这个群体的抱负持有错误的看法。弗里丹的著作写于女性争取更大平等和夫妻公平的多样化旅程期间。她回首往昔，搜寻对女性大学生更有利的时刻。但过去并没有更好。变革即在眼前，甚至她笔下的女性也将享受到其中的利好。不过，弗里丹确实间接点燃了这群女性对独立的渴望，激发了她们扭转现状的信心。这一注燃剂将帮助推动20世纪六七十年代的女性大学毕业生们进行一场悄无声息的革命，继而改变美国的生活面貌。

第6章
无声的革命

电视剧《玛丽·泰勒·摩尔秀》的主角玛丽·理查兹,是这场无声革命的先锋。1970年,与男友分手后的玛丽迁往明尼阿波利斯,找到了心仪已久的工作,成为当地一家电视台晚间新闻的助理制片人。作为30岁的未婚女性大学毕业生,她一个人过得无比快活。玛丽立志开创自己的事业,同时保持活跃的社交生活。她在这两者之间游刃有余,拥有天赋、勇气、魅力和一个秘密武器——"魔丸"(避孕药)。

这部电视剧持续了七季,其间玛丽结交了十几个男朋友,订过两次婚。自始至终,她都保持着中西部人的纯真,深受全美观众的喜爱。但是,当时还没有哪档电视节目触碰避孕话题。那么,编剧是如何引出避孕药话题的呢?请看第二季,避孕药谨慎而幽默地登场。

玛丽的父母来她的公寓看她,临走时,母亲回头冲玛丽的父亲喊道:"别忘了吃药!"

玛丽和父亲异口同声地回答:"不会忘的。"

尴尬的玛丽试图掩饰自己的反应,老爸在一旁有些不以为然地看着。那是1972年,避孕药第一次走进情景喜剧。

1960年，避孕药获得了美国食品药品管理局批准，并于次年上市销售，但需凭处方购买。数百万已婚女性几乎是立刻开始使用。但实际上，许多州的法律禁止未经父母同意向未成年未婚女性分发节育用品。美国成年年龄一般为21岁。1969年，只有七个州的成年年龄小于20岁。说出来怕你不信，这些州法律早已成文（且往往执行）了百年之久，最初是由维多利亚时代通过的一项联邦反色情法案引入的。[1]

20世纪60年代末和70年代，许多州通过立法降低了成年年龄，一些州甚至根据法院诉讼扩大了未成年人的权利。这些法律变化与性和避孕几乎无关，更别说避孕药了。而最重要的变化是美国宪法第26条修正案，它促成18岁公民获得选举权，推助36个州降低了成年年龄。

1972年，至少12个州放宽了16岁及以下未婚女孩未经父母同意使用避孕药（和其他避孕措施）的限制。1974年，放宽限制的州扩大到27个[2]；而成年年龄已经低至43个州的女性大学新生都可以获得避孕药。

避孕药实际有两位"母亲"和（至少）四位"父亲"。然而在很长一段时间里，因为没人愿意生产，它一度成了"孤儿药"。可它一被生产出来，所有人就都想得到它；它一被消费者接受，大型制药公司就想从中谋利。

通过药丸控制受孕，一直是颇受争议又富于远见的节育运动先驱玛格丽特·桑格（Margaret Sanger）的梦想。1916年，桑格在布鲁克林开了一间节育诊所，直接违犯了禁止传播避孕产品的州法律。她很快遭到逮捕，但没有被吓住；在漫长的一生中，她孜孜不倦地帮助所有族裔的女性预防怀孕。但她的动机也并不完全

第6章 无声的革命

那么高尚。[3]

桑格期待发明某种药丸，女性在清晨喝橙汁时可以一同服用。只需抿一小口，哇呜，性爱的怀孕风险就消失了，对男人提供避孕保障的依赖也消失了。但直到晚年，桑格的梦想才终于实现。首先，女性排卵的过程直至1937年才告破解；合成激素背后的科学技术直至20世纪40年代末才取得突破性进展。当然科技不是唯一的壁垒。在当时仍然古板拘谨的美国，研究一个预计要遭到天主教徒和其他人反对的项目，研究资金何其匮乏。因而有段时间，就连大型制药公司也望而却步。

1949年，桑格说服凯瑟琳·德克斯特·麦考密克资助她的"魔丸"研究。麦考密克是第二位"母亲"，她1904年获得麻省理工学院生物学学士学位[4]，后来嫁给了麦考密克农业机械公司的接班人。丈夫1947年去世时，留给她一大笔遗产，她用一部分钱资助格雷戈里·平卡斯（Gregory Pincus）研制避孕药。与此同时，在1953年，辛泰克斯公司（Syntex）的卡尔·杰拉西（Carl Djerasi）合成了一种孕酮，西尔列制药公司的弗兰克·科尔顿（Frank Colton）合成了一种相关激素。不久，研究人员平卡斯和约翰·洛克（John Rock）进行了使用合成激素阻止排卵的试验。避孕药就这样诞生了。洛克是虔诚的天主教徒，后来提出一种模拟女性生理周期（第21天开始，第7天停止）的给药方案。（有人称洛克希望这种化学诱导的安全期避孕法能得到教皇的认可，但他真正的理由是想为女性提供确保不怀孕的方法。）

回到玛丽·理查兹，她虽未婚，却已超过成年年龄。尽管如此，美国民众还是花了些时间才接受电视里出现的婚前性行为观念。甚至是已婚夫妇比如露西和德西，卧室里都摆着两张单人床。

不过到了1972年，玛丽的生活方式在大多数电视观众眼里已经不再羞耻。人们已经准备好观看一档谈及避孕药的节目。甚而，大家也准备好了观看一部以职业女性为主角的情景喜剧，剧中的女主角开始寻求获得应有的权利和薪资。

玛丽无意间当上了排头兵，参加了一场即将席卷全美的运动——无声的革命。这场运动永久重塑了美国的社会、教育、婚姻和家庭，并且历时短暂。想想20世纪60年代末70年代初的喧嚣运动，当时是全美国妇女组织以及更激进的分支派系引领解放女性的游行和示威[5]；与之不同，无声革命由许多浑然不知自身历史意义的人们倡导。只有事后，我们才得以回溯他们在这场大变革中的作用。

"无声的革命"彻底改写了幸福方程式。避孕药一定程度上实现了喧嚣革命中女性一直呼吁的解放。它促成第四组成员挺进必须预先投入大量时间和金钱的职业，比如法律、医学、学术、金融和管理领域。这些女性需要自由和时间。但就像玛丽·理查兹一样，这并不代表她们会拒绝约会或放弃与异性建立亲密关系。

这些年轻女性追随第三组女性大学毕业生的足迹，大都在毕业不久后结婚，接着生了一堆孩子。据我们了解，许多人打算等孩子长大后重新投入工作，多数人也做到了。她们主修的专业让她们能够从事教学之类的职业。

我母亲就曾多次强烈建议我考取教师资格证书，像我姐姐那样。她常说，这是一张"你可以依靠（back on）"的证书。这是她的秘诀，凭此可以在孩子上学或丈夫（从家门口或验尸官处）离开后找到一份稳定的工作。我无数次重申："人是靠（back on）在沙发上，不是证书上。"我是第四组的支持者，不想在传统的女性职业中寻找安稳工作。我想要那种在某个竞争激烈、活力四射的领域攻读博士学位时的兴奋，当然通常也意味着不那么"稳定"。

20世纪70年代初大学毕业的女性与十年前甚至更早前毕业的女性有着天壤之别，但这两组人的联系错综复杂。70年代时，年龄较大组别中许多人的子女都到了上学年龄，因此她们刚刚回到劳动力市场；而年轻组别的许多人才刚从大学毕业。年轻女性亲眼见证了年长女性的经历：大学毕业，进入劳动力市场，接着在有孩子后离开；多年后，她们重归劳动力队伍，主要从事女性占主导的低工资职业。

我们第四组女性预判自己可以做得更好，对未来怀着新的憧憬。大家把事业置于家庭前面，就更有机会获得充实且报酬丰厚的职业，这份职业将延续我们的一生。我们当中会有更多人进入男性一直从事的职业，地位高、收入丰。这意味着要尽早投资学士后教育。对我们很多人来讲，这代表着推迟结婚、生育。但这何难之有。毕竟我们有第三组没有的法宝——避孕药。我们有能力在年轻时做到这些事情，同时还可以投资我们的专业和研究生教育。

在此之前，没有一组女性大学毕业生能像第四组这样，大规模进军事业导向型职业或领域。我们站在新的起点，一份充实的事业是我们想象中要到达的顶峰。我们准备攀越高山。第三组完成的不过是公园漫步，至少我们就这么天真地想着。

一晃来到20世纪70年代初，我们眼见第三组中90%的已婚女性大学毕业生有了孩子。[6]对于第四组成员，家庭好像是众多人生目标中最容易实现的。貌似前辈们在繁衍后代方面并不困难，所以第四组女性没道理认为自己会做不到。她们只是需要时间夯实自己的事业基础,然后,美满的家庭生活手到擒来。

要了解避孕药对幸福方程式的改变有多大,不妨思考一下避孕药问世之前,为什么人们都早早步入了婚姻。在20世纪五六十年代,推迟结婚可能意味着放弃与异性活跃的性生活。但这是不可能的,从来都不。婚前总是会有性行为,而无保护措施的性行为就好比俄罗斯轮盘赌。避孕药(和宫内节育器)发明以前,即使是有保护的性行为(譬如屏障避孕法)也颇为冒险。在没有由女性控制、高度可靠的便捷避孕用品的情况下,怀孕是大概率事件。早婚往往是降低怀孕风险的结果,而怀孕几乎总是导致结婚。由于缺乏真正有效的避孕措施,女性往往会在有性生活后不久就结了婚。

聪明的历史学家把结婚和出生记录进行匹配,即可大致测算在遥远过去发生婚前性行为的近似下限。结果表明,从1700年到1950年的整整250年(!),大约20%的新娘在婚礼当天是怀有身孕的。[7]而这20%还是发生在婚前怀孕被普遍认为是可耻的、必须隐瞒的年代。

怀孕只是冰山一角。要知道,如果20%或更多的女性在结婚日已经怀孕,那么就有超过20%的女性有过婚前性行为,只是有些幸运或熟练地避免了怀孕,甚至是被迫终止妊娠。但在堕胎既不合法也不安全的年代,怀孕几乎必然导致所谓的"奉子成婚"。

在更近的时期,关于女性初次性行为年龄的直接信息显示,在避孕方法不可靠的时代,婚前性行为足以使初婚年龄维持在较低水平。1960年,未婚女性首次性行为的平均年龄在20岁左右,也就是她大学三年级时(这个年龄是个中位数,所以50%的人的首次性行为发生在20岁之前)。

到了1970年，首次性行为年龄降至18.5岁，相当于大学一年级或二年级的年龄。1980年是17.5岁，1990年是16.5岁。[8]随着由女性控制的避孕方法在年轻女性中日益普及，这一中位数逐渐下行。而即便在避孕药出现以前，首次性行为的年龄也不过才20岁，还是太年轻，很难推迟结婚年龄。

由于缺乏万无一失且由女性控制的避孕方法，为防范怀孕的风险，一大堆承诺机制派上了用场，包括"成为关系确定的情侣"、交换戒指、情侣配饰（定情信物之一）、情侣挂饰（定情信物之二），最后是戴上闪亮的订婚戒指。每一项都是在公开声明，如果女人怀孕了，她是有保障的。所有人都会知道孩子的父亲是谁。而他，别无选择，只能走进教堂（没准还是用猎枪押着去的）。

但保障举措直接导致了早婚，哪怕这对情侣想推迟婚礼。告诉全世界尤其是父母，你正在约会，这会提高大家的期望，使可能发生的事情变为不可避免。试着和某人在一起的承诺轻易就变成了现实。

避孕药等避孕措施使晚婚成为可能，合法和更安全的堕胎也产生了同样的效果。借助这些进步，年轻情侣不需要再因为怀孕问题而草率结婚。较早的婚姻，尤其是被迫早婚，有诸多弊端。很多婚姻没能坚持下去，特别是当各州的离婚法对离婚更为宽容时。20世纪70年代，离婚率的大幅上升主要集中在早婚人群。避孕药的诸多好处之一是，它通过提高结婚年龄压低了离婚率。[9]另一个好处是，由于推迟结婚和生育，女性在婚前和生育前有了更多的时间，可以攻读高等学位并巩固自己的职业生涯。

女性新获得了从事工作的时间，这令她们越发强大。但是，没有人提醒第四组女性注意时间如白驹过隙。医疗机构还没开始喋喋不休地谈论35岁后怀孕率会急剧下降。卵子衰老可能导致出生缺陷的问题也尚未引起任何关注。对第四组成员来说，关键问题是预防怀孕，而不是如何怀孕。她们以为推迟做母亲不会有什么后果。

虽然第四组女性对推迟生育的代价缺乏透彻认识，但她们相当清楚不早点结婚要付出的代价。不在年轻时结婚的女性，最终的选择机会将变得渺茫。如果一个女人推迟结婚而其他大多数人没有，那她终身不婚的可能性会增加，与完美伴侣结合的良机将锐减。但是，随着州法律的变更以及避孕药开始在年轻单身女性中传播，所有人的初婚年龄都提高了。

新秘方在手，成功的秘诀就变成了："暂且把婚姻放一边。先增加高等教育。再融入事业。给自己十年时间成长，为自己而活。稍后再建立家庭。"这个幸福方程式一经大量女性采用，初婚年龄便提高了，哪怕不使用避孕药的女性大学生也是如此。这继而降低了所有女性推迟结婚的潜在长期成本。

对20世纪70年代初的玛丽·理查兹和女性大学毕业生而言，事业第一，然后才是婚姻，再然后也许还会生孩子。168集后，玛丽终于升任WJM-TV晚间新闻的制作人，这家虚构的新闻电视台就位于明尼阿波利斯。37岁时，她成就了自己的事业。电视剧到最后也没有告诉我们她是否结婚生子。而如果玛丽和她所在群体的其他人一样，那么她结婚的概率还算高，约为30%。但她生育孩子的概率很低，不足10%。[10]

从20世纪50年代到1972年，女性大学毕业生的结婚年龄中位数低于23岁。对我今天的学生来说，这实在让人惊愕，甚至恐怖。这么年轻就结婚的女性（和男性），肯定是在大学时期就找了伴侣吧。20世纪五六十年代，这一追求沉重地压在许多大四女生的肩上，她们都担心无法在毕业前戴上朝思暮想的"指环"。

第三组中至少一半人结婚太早，以至于婚前几乎没有时间开启职业生涯或继续接受教育。在获得学士学位后，这一半人寄出的是结婚请柬，而不是研究生或专业学校的申请信。刚毕业就结婚，使职业规划更加遥遥无期，也意味着很多人可能没太重视大学时光。毕竟，必须在争取学位的过程中分心寻找自己的另一半。

婚姻会从很多方面限制选择。结婚往往需要解决居家选址的问题。很多时候，这意味着寻找最切合丈夫工作和教育机会的地点。第三组的许多人婚后不久便有了孩子。而早婚和成为年轻妈妈全都不在第四组女性的成功新秘诀之列。

1972年前后，女性大学毕业生的初婚年龄中位数开始上升。不到5年时间，初婚年龄提高了两年多，因此，1977届女性大学生中有一半人将在25岁之后结婚。女性可以利用这些富余的婚前时间攻下法学博士或MBA学位。初婚年龄持续攀升，到1982年，几乎没有人在毕业前戴上婚戒，而十年前，这一比例几乎占了一半。

我的出生年份"1946年"正好是第四组的开始，当时女性大学毕业生的结婚年龄中位数不到23岁。我那一届女性毕业生都这么早结婚吗？我回到康奈尔大学参加同学聚会，决定看看本届女生是否独树一帜；顺便做了个关于我们班的演讲，名为"关键的一代"。在准备期间，我翻阅了我的第25次同学会纪念册，忆起班里那些博学的女同学。她们是不是毕业几年后就结婚了？另外，有些人毕业于为女性从事重要职业做准备的院校，她们会不会在60年代末才结婚？

我分析了从同学会纪念册中搜集到的信息，发现班上三分之一的人毕业后一年内结了婚，一半人毕业后三年内结了婚，大约是24岁。所以答案是，她们结婚的时间没有比全国平均水平晚多少。我居然忘了，我的一个大四室友在毕业前就结了婚，另一个毕业一年后结了婚。于我而言，我是第四组的中间成员，并非先行者。但我所在的毕业班是一只脚在过去，一只脚在未来。一半人年纪轻轻就嫁了，一半人年纪较大才出阁。而即便是早婚的人，也扎进了追逐更高职业目标的浪潮。我的一个室友成为儿童发展方面的教授，另一个成为劳动仲裁员兼纽约州的乡镇法官。

在10年后（1956年）出生的女性大学毕业生中，女性的结婚年龄中位数是25.5岁，比我们班整整晚2.5年。第四组与过去明显划了界限。图6.1显示，结婚年龄恰在第四组开始时急剧上升。但结婚年龄提高不仅仅是与过去的一次决裂。初婚年龄在此后很长一段时间内继续攀升；对于最新毕业的女性大学生，初婚年龄已经升至28岁左右。[11]第五组延续了第四组的趋势。

随着州法律从要求有合理理由的离婚转向允许"双方同意"的离婚，离婚率也于20世纪60年代开始上扬。某些州干脆更进一步，通过了允许单方面离婚的法律（单方面离婚意味着仅仅一方就可以断绝夫妻关系）。财产分割根据州法律单独判定，通常由法院裁决。

离婚率的提高，尤其是离婚年龄的提前加上结婚年龄的推迟，意味着女性婚姻生活所占的时间比例直线下降。从25岁到50岁，第三组女性有80%以上的时间在婚姻关系中。但到第四组结束时，

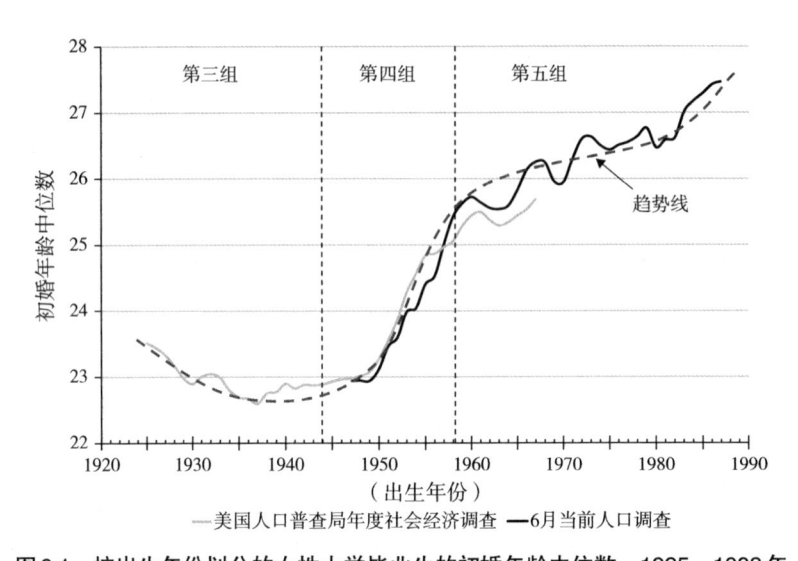

图6.1　按出生年份划分的女性大学毕业生的初婚年龄中位数：1925—1988年

资料来源及注释：CPS 6月生育补编和CPS年度社会和经济补编。图中显示了三年移动平均线。虚线是两个系列的趋势线。

在这25年里，女性保持已婚状态的时间不到65%。[12] 这些变化刷新了女性的身份，使她们从以家庭为中心转变为更多地投身于工作。

20世纪70年代，夫妻对单方面离婚法的反应是减少对彼此和对家庭的投资。[13] 女性渐渐不太愿意专事家庭生产，而是希望通过教育和职业培训获得更多普适性的人力资本。她们的子女较少，就业机会较多，在帮助丈夫完成专业和研究生学业方面付出较小。[14] 经济独立变得更具价值。

另一个广泛公开的变化出现在70年代末，表明第四组女性宣示了自己的身份。这组女性不仅要推迟结婚并开创事业，还会保留（或设法保留）她们的"娘家姓"。纵观历史，几乎所有已婚妇女都改随丈夫的姓氏（除了在姓氏较为重要的文化背景下）。只有电影明星和作家不随大流。记得我小的时候就觉得这事儿奇怪。

我也不要改变自己的姓氏。可是该怎么做呢？车管局、社保局还有我的姻亲们会怎么说？

20世纪70年代初，"女士"（Ms.）称谓的接受和传播使女性得以保留自己的姓氏。尽管根据《牛津英语词典》"女士"一词的使用可追溯到1952年，但直到1972年格洛丽亚·斯泰纳姆的《女士》杂志创刊后，这个词才风行起来。[15]

到1990年，美国新近结婚的女性大学毕业生中约有20%在婚后保留原来的姓氏。[16]随着初婚年龄的飙升，以及女性在婚前建立了自己的事业，保留姓氏的诉求日渐高涨。在必须选择自己的全名之前，她们可以先在职业内"留名"。

"无声的革命"以惊人的速度改变着女性的生活。但变化并非凭空而生；参与者从小就在接受磨炼。她们观察了一代又一代人，清楚自身会有什么不同。她们对未来劳动力的发展趋势形成了更准确的预期，并怀抱与之契合的雄心壮志。

第四组的自我实现意识发端于20世纪60年代，那时，年轻的她们修正了对未来就业的期望。既然前几代人拥有较多终身就业机会，第四组认为自己也可以。她们要启动长久的职业生涯，而不是从事很多短期工作。大家老早就开始做准备：在高中修习更多的科学和数学课程，努力提高自己的高考成绩。[17]

她们的发展路径逻辑清晰。对未来工作的预期、关于女性家庭与事业的社会规范以及女性生活满意度的决定因素，无不在20世纪60年代末和整个70年代发生变化。这些要素是嬗变的主要标志，形同彩虹预示着风暴的终结。第四组，无声革命的参与者们，在漫长的历史征途中设定了一套新的目标。为实现目标，她们需要推迟结婚和生育。难以想象，假若没有推手延缓这两件事，在保留原有的约会、性生活和婚姻模式下,"无声的革命"还会发生。

避孕药的魔力

1960年,FDA批准使用由制造商命名为"伊诺维德"(Enovid)的产品。几乎所有人都把它及其后继者称为"避孕药"。到了1965年,超过40%的30岁以下已婚女性都在使用这个药物。然而,年轻的单身女性却求之无门;法律和社会因素都在制造阻力。

《了不起的麦瑟尔夫人》的主人公曾打趣说:"有一样新玩意叫避孕药……这是一粒小药丸,吃了之后你就可以翻云覆雨,且不用担心怀孕。可是,只有那些不想做爱的已婚女性才有资格吃。谁说FDA没有幽默感的?"但FDA背了锅,罪魁祸首是一系列的州法律。

20世纪60年代末以前,根据任何州的普通法,未经父母同意,医生给未成年未婚女性开避孕药都是违法的。不过到了1972年,紧随第26条修正案(1971年)的颁布,大多数州的"成年年龄"降至18岁[18];许多州依照司法判决和法令,允许"成熟未成年人"获得避孕服务。将避孕服务推广到未成年人以及地方规范中具体做法的改变,产生了强化效果。不仅法律允许年轻单身女性获得避孕药,她们还有专门的地方可以获得避孕药、避孕节育建议和基本保健服务,包括性传播疾病检测。

另一个障碍是,20世纪60年代,州法律直接管制避孕药的销售。1960年,30个州禁止发布有关节育的广告,22个州以某种方式禁止出售避孕药。大学和学院因为担心违犯州法律,以有关避孕用品分发的法律含糊不清为由,拒绝按需提供避孕节育服务。就算提供这类服务，它们也不太可能大肆宣传其可得性。只有当各州降低了法定成年年龄，大学才终于向本科生开放避孕节育服务。

一系列法律变更之后，避孕药迅速在年轻单身女性中蔓延开来。1976年，在所有使用过避孕措施的十八九岁单身女性中，73%的人服用过避孕药。很长一段时间里，避孕药一直是人们首选的避孕方法，即便其带来的健康问题渐渐显现。

对于第四组的年轻女性，20世纪60年代末70年代初的避孕药并未显著改变她们的终身生育状况。[19]但就算她们最终的生育率没有受到太大影响，避孕药也切实改变了她们的结婚时间和生育计划。随着单身人数增多，其他人就可以等待，由此产生的乘数效应助推了初婚年龄的提高。[20]而随着初婚年龄提高，女性在大学里可以更加专心地学习，为独立的未来做规划，在结婚和生育之前塑造自己的身份。

革命通常由重大事件引发，而不仅是一粒小药丸。关于避孕药影响无声革命的实证研究，离不开各种变化的时机，以及对初婚年龄和职业变化的计量经济学分析。20世纪60年代末70年代初，各州的法律变更扩大了未成年人的权利，促进了避孕药在年轻单身女性中的传播。我们可以确信是法律导致了这些变化，因为各州法律变更的时间并不相同。此外，更早修改法律和政策的各州既没有更开明，也没有更保守；它们在政治、宗教信仰和社会传统方面也是随机的，显然，这些因素都没有发挥作用。

法律变更使年轻未婚女性能够通过诸多途径获得避孕药。大学校园里有避孕节育诊所，提供医疗保健、避孕建议和措施。计划生育组织和妇产科医生可以开这类药,不用担心被停业。由于越来越多的女性服用避孕药以及结婚年龄的提高,即使是没有使用避孕药的女性也不必发愁符合条件的男性会减少。而随着结婚年龄的上升,更多女性进入研究生院或专业学校深造,且无须付出巨大的个人代价(虽说相关的学费还是那么昂贵)。更多人开启了需要广泛在职培训和不断晋级的职业生涯。

————

20世纪60年代末70年代初的喧嚣革命到底以什么方式影响了无声的革命?前者如果不是通过立法,那一定是通过更大的赋权和社区合作推动了后者。"女权运动赋予我们工作的欲望,有效的避孕措施则给了我们工作的能力。"石油地质学家贝蒂·克拉克(Betty Clark)说道,她是第四组大器晚成的经济学爱好者。加州大学伯克利分校经济学教授布拉德福德·德龙(Bradford DeLong)称,那天他正在讲授我关于避孕药的经济和社会影响的研究,贝蒂"意外闯进了他的经济学导论课堂",当时的讨论促使贝蒂给德龙写了电子邮件,述说她的个人经历。[21]

当一组先决条件唤醒个人,激发个人,引导他们相信人生可以多姿多彩、花团锦簇时,革命往往就开始了。革命背后的原因常常像一团乱麻,剪不断理还乱。但这场革命的起源却相当清晰,可以追溯到很久以前。它不是政变。[22]当时存在若干先决条件,任何一个条件本身都不足以引发或维系革命。单凭避孕药是不可能触发革命的。可这场无声的革命必须找到牵引力从而继续下去。

第四组女性见证了周遭酝酿的社会变革。20世纪60年代初期,童年的她们颇受冷战思维影响。她们服从父母和政府的权威。但到60年代末她们成长为青年女性时，许多人参加了反战游行和女性解放运动。

其他几十年也见证了巨大的社会变革，但这些时期没有掀起无声的革命。一个明显的要素是女性劳动参与率和就业意愿大幅提升，而这是另一组因素造成的，包括所有工人的收入都增长了。

考虑1970年的一位16岁女孩。假设她有一位35岁的阿姨，是个大学毕业生，有两个孩子，分别是9岁和12岁。阿姨刚刚回归教学岗位；她的许多朋友也因为抚养孩子中断了工作，正打算一段时间后重返劳动力市场，担任教师、社会工作者、营养师、护士、编辑等。我们从历史证据中知悉，这些朋友中约有一半人能再就业，且大部分是全职工作。

到1980年，阿姨一代人的就业率增至80%，那时她们大约45岁。这些女性曾经退出劳动力市场10年左右，但到40多岁时，她们已经连续工作了10年。许多人会继续工作，直到60多岁甚至更老的时候退休。可尽管在劳动大军里打拼多年，大多数人还是无法在自己的职业、公司或机构中取得可观的进展，因为她们没有做好相应的准备。她们倒是准备了找一份好工作，可以进入、退出、再进入。她们的收入受限于年轻时担任的职务类型。

上一代女性（阿姨）劳动参与率的提高，是无声革命时期女性（侄女）劳动参与率的重要先决条件。第四组年轻女性可以看到，第三组女性大学毕业生被雇用，可其中一些人没能及早醒悟自己终将会在劳动力市场上工作很久。很多人没有适当投资深造

第 6 章 无声的革命　　131

和进一步的培训，因为她们没有能力推迟结婚和生育。有的人成家后再也无法重返校园，有的人则发现年纪大了再去念书很吃力。

第四组的年轻女性认为，她们可以花一生的大部分时间工作。她们为更长久和更持续的就业做好了准备。

但其实，劳动参与率的提高并非无声革命的核心结果。[23]职业和职业方向的转换，才是真正的改变。事实上，就业趋势没有显著的断层。唯一例外的是，从20世纪70年代初到90年代，有孩子的女性劳动参与率大幅飙升。[24]年幼孩童的母亲，甚至许多婴儿的母亲都在工作，因为她们从事的是高薪职业，连续工作能够获得奖励。这正是这场无声革命的关键所在。

扩展的视野

从1970年左右起，第四组女性开始更准确地预见她们未来的工作生活将大大不同于以往的女性。因此，她们可以规划伴自己成长的富有意义、活力四射的职业生涯，而不是从事缺少进步空间的短期工作。

我们可以从各种调查中了解她们在青少年时期对未来就业的期望。其中，规模最大、最著名的两项研究是：1968年开始的美国年轻女性长期追踪调查，调查对象为14~24岁的年轻人；1979年开始的美国青年长期追踪调查，调查对象是相同年龄段的年轻人（我将两者都简称为"全国长期追踪调查"，NLS）。两项调查均询问了这样的问题："你35岁时会做什么？在家陪家人还是外出工作？"

1968年启动调查的时候，那些年轻的女性普遍认为她们不会在35岁时外出工作；只有33%的人表达了就业愿望。这些年轻女性的母亲当时的实际就业率约为30%。20世纪60年代后期，青少年们根据母亲那一代的劳动参与情况建立自身的就业预期。60年代末的14岁女孩观察着母亲和母亲的朋友，继而对自己未来的职业进行预估（1968年的18岁女孩也是如此），如图6.2所示。

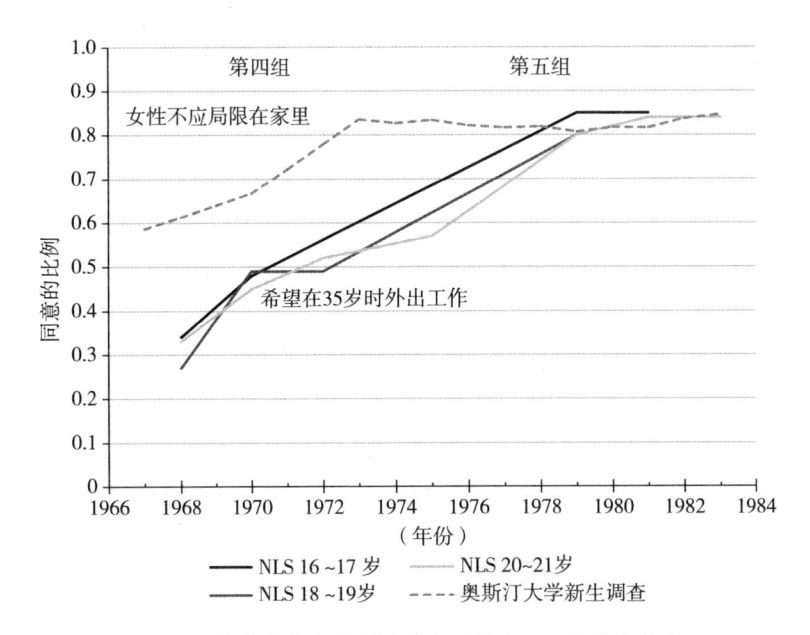

图6.2 按年龄和年份划分的女性青年就业期望和态度

注：NLS数据反映个人是否希望35岁时参加有偿劳动，这里给出的是白人女性的回答。NLS数据将各年龄段的平均值联系起来。因此，1968年NLS中的14~15岁孩子到1970年变成16~17岁的孩子，并与1979年NLS中的16~17岁孩子关联。对于个人是否同意"已婚女性的活动最好局限于家庭"的说法，奥斯汀大学新生调查数据即是答案。奥斯汀数据适用于女性大学新生，其中绝大多数是18岁。

资料来源：1968年美国年轻女性长期追踪调查（NLS68）和1979年美国青年长期追踪调查（NLSY）。详情见Goldin（2005）。高等教育研究所CIRP（奥斯汀）新生调查，参见 https://heri.ucla.edu/cirp-freshman-survey/。

第6章 无声的革命

参照母亲一代的境况塑造自身的未来角色完全可以理解。有那么一段时间，年轻女性不断回溯过去。但她们最终望向了前方，并对周围的改变做出反应。她们的期望在20世纪70年代发生巨变。1975年时，声称35岁会就业的年轻女性比例较1968年多了一倍；到1980年，80%的女性表示35岁时会就业。从33%增至80%只用了12年。[25]

许多人渐渐觉得自己的母亲，即第三组的成员，不快乐、不满足甚至不堪一击。进入20世纪70年代，像1979届新生这样的年轻女性知道可以另辟蹊径。"我不想像母亲那样不开心。孩子一大堆，还要依靠我的父亲……他不想她工作。""我妈妈从不工作，我想如果她有工作，会过得更好。""我十几岁的时候，妈妈整天在家。我觉得这样不好。如果母亲不快乐，为你牺牲她的生活，这并非好事。""我时常希望妈妈能工作……随着年龄的增长，我的兄弟姐妹也会说同样的话：'您何不去找份工作呢？'"[26]

所有的全国长期追踪调查受访者，无论年龄，都在随后的每一年上调他们的期望值。就业预期的提升表明，在20世纪70年代，所有年龄段的年轻人的观念都发生了变化。他们调整对未来的看法是因为受到了当时发生的事件影响，并非仅仅因为这些青少年长大并开始独立了。

来到20世纪80年代初，调查对象35岁，她们的劳动参与率约为75%。[27]女性大学毕业生的这一比率突破了80%[28]，与预期的数字80%几乎一致。相较1968年时年轻的自己，大家严重偏离了最初估计的33%目标。

年轻女性的视野越来越广阔，很快意识到自己的生活将与前辈大相径庭。20世纪70年代初的这些年轻人想必有胆识做出更有见地的推断，因为当时女权主义复兴，旧有的生活方式和过时的规范受到了挑战。反过来，修正未来就业预期可能也促使了70年代初的年轻人继续读书并完成大学学业（有证据表明的确如此）。[29]

年轻女性改进自己35岁时的就业观，原因之一是她们对女性外出工作的接受程度普遍提高了。1967年，41%的女性大学新生不同意"已婚女性的活动最好局限于家庭"。但在七年后的1974年，83%的人不同意这个说法（换言之，如图6.2所示，在1974年，83%的人认同女性不应局限在家里，而1967年只有59%的人认同这一说法）。套用鲍勃·迪伦的歌曲，在很多方面，"时代在变"。

第四组年轻女性不仅宣称会更多地参与工作，她们还付诸行动。随着愈发认识到自己的未来将涉及持续就业和实际职业的潜能，女生们开始改变学业计划。因为青少年时期准备得足够充分，所以很多人有能力上大学并学成毕业。

1955年，女生的大学预科课程远远落后于男生。她们只修习男生所修高中数学课程的70%。但是到1970年，这一数据达到了80%；而在1990年左右，她们修完了和男生一样的高中数学。在科学课程上，女生也缩小了与男生的差距。

女生们不仅学习更多的课程；跟男生相比，她们的数学和阅读成绩同样有进步。1990年左右，在高中的最后一年，女生的数学成绩紧追男生，阅读领域更是遥遥领先。[30]凭借极具竞争力的数学成绩、优异的阅读成绩以及修习了更多科学课程，相对于男性，年轻女性能够显著提升大学入学率和毕业率。从20世纪40年代末出生的人开始，即第四组的起点，以上就是她们的行动。这一提升大步流星，以至于之前男性在入学和毕业方面的领先优势迅速被抹除，并在80年代初被逆转。

上述变化瞩目而且重要，因此，回顾一下整个过程的大学毕业率是有意义的（见图2.5）。就1877年至20世纪第二个10年出生的女性（第一组和第二组）而言，大学入学率在性别上相当平等（部分原因是女性常常入读两年制的教师培训学校）。男性的四年制大学毕业率更高，但差距不大。[31]

至于20世纪第二个10年和20年代出生的人，大学入学率和毕业率出现了显著差异。上大学的男性人数激增，部分是因为受到二战和朝鲜战争期间《退伍军人权利法案》的激励。男性较女性获益更多，所以到了40年代末和50年代（对应第三组），按出生年份计算，大学毕业的男性几乎是女性的两倍。60年代《退伍军人权利法案》出台后，男毕业生的数量为女性的1.5倍。

可就在这时，匪夷所思的反转出现了。越来越多的女性进入大学学习。在第四组的早期，男性毕业生仅是女性毕业生的1.3倍。到20世纪80年代初，大学毕业的女性超过男性。而恰好在第五组开始上大学之际，高等教育的性别差距发生显著逆转。

1970年，男女大学生的专业差别极大。可能需要一半女生或一半男生转换专业，才能实现男女人数相等。[32]但到了1985年，只需30%的男生或女生转换专业就能达到均等。这当然不等于平等，可终究是朝着这个方向迈出了一大步。同样是在1970年，男女新生表达的职业和事业偏好明显不同。而到了1985年，这个差异也缩小了很多。学生大一时陈述的职业偏好，将预示着他们大四时选择的专业。[33]

最大的变化是，第四组女性大学生开始修习更多以职业为导向的课程和专业。1970年，大约在第四组即将大学毕业时，有近三分之二的女性毕业生主修教育和人文学科（分别为40%和22%）。[34]而男性的这一比例加起来只有24%。到1982年，男生和女生都从教育和人文学科转向了工商管理。[35] 1967年，5%的女性毕业生主修商科专业。到1982年，这一比例达到21%。[36]这些变化并非一夜间发生，但也异常迅速。

女性从"消费"及工作导向型专业，转向了与"投资"和职业相关的专业。第四组女性清楚自己的未来需要什么。她们总是可以阅读莎士比亚的作品，却并非总能修习会计学；她们总是可以拿到教师资格证书，却并不总能成为研究科学家或注册会计师。

1970年左右，女性也开始进入专业学校和研究生院深造（见图6.3）。20世纪60年代末，入读法学院的女生只占5%；1980年，这一占比达到三分之一。到了21世纪初，参加（和毕业于）法学博士课程的男女人数已经不相上下。医科学生也出现了几乎相同的趋势。从1970年到1979年，获得学士学位的女性攻下医学博士学位的比例增加了三倍。这还只是第四组女性蜂拥参加的众多高等学位课程中的两门。她们进军（譬如）牙科、MBA、兽医学、视光学和药学等领域的人数，同样大幅增长。

20世纪70年代初，女性在所有专业学位课程上的转折点几乎同时显现；并且，这一提升趋势清晰且显著。至此，第四组女性才崭露头角。

改变的时机提示了一种可能性，即反歧视法及其执行是改变的主要原因。[37]然而，始终很难拿到确凿证据证明这一途径产生了积极影响。[38]何况，那些变化始于《教育法修正案第九条》生效之前，更远远早于其正式实施之前，所以法律和执法不太可能是促

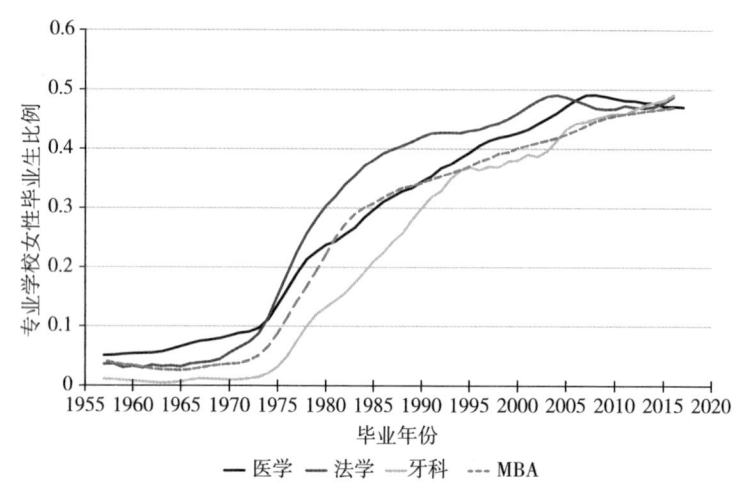

图6.3 医学、法学、牙科和MBA的女性毕业生比例

资料来源及注释：一年级法学专业学生数据来自美国律师协会（ABA）网站http://www.abanet.org/legaled/statistics/femstats.html（如果ABA数据可用），以及美国教育部国家教育统计中心（NCES）高等教育文摘（在线）（ABA数据不可用时）。一年级医学专业学生数据来自美国医学院协会（AAMC）网站http://www.aamc.org/data/facts/enrollmentgraduate/table31-women-count.htm（如果AAMC数据可用），以及美国教育部NCES高等教育文摘（在线）（AAMC数据不可用时）。从获得牙科学位滞后四年推算的一年级牙科专业学生数据，来自美国教育部NCES高等教育文摘（在线）。从获得MBA学位滞后两年推算的一年级MBA学生数据，来自美国教育部NCES高等教育文摘（在线）。

成改变的主因。这并不是说，《教育法修正案第九条》在推进女性接受高等教育方面没有作用，但它不是女性修读专业学位课程人数增加的唯一原因，甚至都不是主要原因。

职业也在飞快发生转换。女性大学毕业生以往一般担任教师、护士、图书管理员、秘书和社会工作者。1970年，这类职业中30~34岁的女性占68%。仅20年后，这一比例变为30%。女性从诸多传统领域撤离，导致这些传统职业在第四组的职业占比呈现了断崖式下跌（见图6.4）。不过，教师流失是相对于所有大学毕业生而言的，并非绝对数量的下降。越来越多的女性从大学毕业，因此，即便女性大学毕业生担任教师的比例大幅滑坡，进入教师行业的人数并没有太大变化。但是，图中所列的大多数其他领域都出现了绝对数量的下降。

女性离开某些较传统的领域，进入了一系列不同的专业职业，包括律师、经理、医生、教授和科学家。到了1990年，在所有30~34岁女性大学毕业生中，近30%从事较新的职业，而1970年时这一比例仅为13%。从1970年到1990年，这两类职业的女性比例都发生了巨大变化。不过对于给定的年龄组，这些比例迄今仍大致保持在1990年的水平。

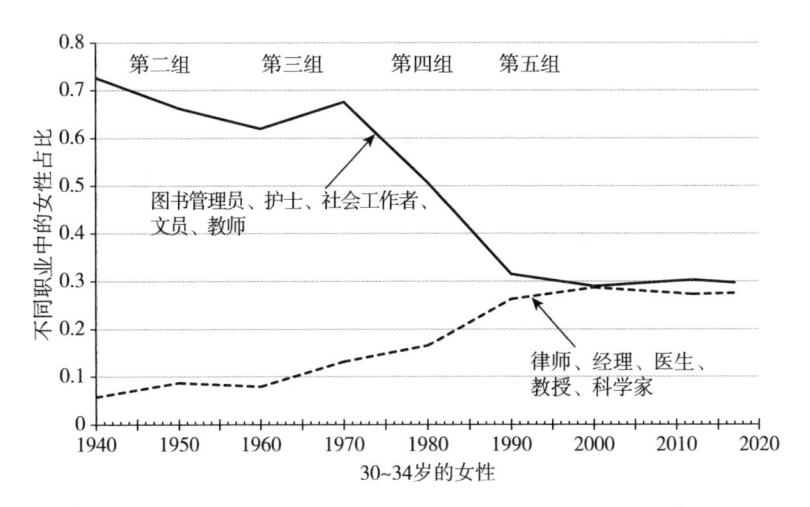

图6.4 30~34岁女性大学毕业生的职业：1940—2017年

资料来源：1940—2000年美国联邦人口普查综合公共用途微观数据样本（IPUMS）；ACS（2012，2017）。

第四组大多数女性渐渐醒觉，自己的工作乃是长期职业生涯的一环。她们将职业甚或事业作为生活满意度的基础，并将工作场所视为她们社会环境的组成部分。她们的就业不再仅仅取决于自己能给家庭预算增加多少额外收入，也不再只是简单弥补丈夫相对较低的工资。相反，在决定是否工作时，她们开始衡量自身的愿望和自我意识。

结果，女人们对成为劳动力的一部分产生了更大的归属感。离开职场意味着身份的丧失，正像对于大多数男性，失业或退休往往意味着丧失声望和社会归属感。在21世纪第二个10年，随着第四组女性步入六七十岁，她们的就业时间远远超过了前三组相同年龄段的女性。[39]即便有能力退休，她们也继续工作，甚至坚持到丈夫或伴侣退休之后。对第四组女性的深入研究表明，相比之前的群体，她们60岁后的就业率几乎翻了一番，而且不是通过转为兼职来实现的。确切地说，她们只是延展了当前的职业生涯。

低收入女性对工作的依恋度也在加大。"普遍来讲，我采访的女性之所以工作，是因为她们必须工作，"著名人种学家莉莉安·鲁宾（Lillian Rubin）1994年写道，"她们时常在工作中找到一种她们不愿割舍的自我实现和满足感。"鲁宾补充说，这些女性对参与劳动的依恋度更高，进而促使她们要求获得与男性平等的待遇。"如今，所有的女性，甚至是20年前持保留意见的女性，都斩钉截铁地支持同工同酬原则。"[40]

第四组的年轻女性拓宽视野，改变身份，为进入职场和追求事业做了更充分的准备。她们的职业导向型大学专业和研究生教育程度更高，这体现在了她们的收入上：与男性相比，自20世纪50年代以来，她们的收入起先保持不变，然后在1980年左右开始增长。增长的主要原因是，女性积累了更多的工作经验，加之她们的技能更符合市场需求。每工作一年，她们得到的回报就越大。因为从事的工作有晋升空间，还能提供较多的在职学习机会，所以她们的工作经验越来越富有价值。[41]

  但有得必有失。推迟结婚也意味着晚育。对很多人来说，这意味着生育的孩子减少；对部分人来说，这意味着没有孩子。从第三组到第四组的变化极其鲜明。在1943年出生的女性大学毕业生（即第三组末端的女性）中，40岁出头仍未生育者占19%。仅四年后，1947年出生的女性大学生中这一比例达到25%。至于1955年出生的女性大学生，在该群体的无子女高峰期，不生育者达28%。毫不奇怪，拥有研究生和专业学位的女性未生育比例更高，约为33%。[42]

  许多推迟生育的人就这样过了"生育生物钟"。结婚年龄的提高和对事业的追求意味着组建家庭被延迟。这一群体以为自己只是拖拖时间。很多人大概并不知道，她们不是在拖延，而是在追逐其他梦想的时候遗失了家庭。事后她们才意识到这一点，后面的跟随者也一样。"真不敢相信，我竟忘了要孩子！"罗伊·利希滕斯坦（Roy Lichtenstein）著名画作中的女人一声叹息。1964年左右完成的波普艺术版画成为第四组许多人的传神写照。她们宣称会比第三组表现出色；在很多方面，大家的确做到了。只不过，很多人都"忘了"生孩子。

第7章
革命推手

集演员、笑星、杰出作家于一身的蒂娜·菲（Tina Fey）是第五组成员。和该组的许多成功女性大学毕业生一样，她很晚才要孩子，35岁生一胎，41岁生二胎。在她创作的情景喜剧《我为喜剧狂》中，"母亲"是一条反复呈现的主线，也是她在电影《代孕妈妈》和《爱在招生部》中主演的重要角色。

《代孕妈妈》的主角凯特·霍尔布鲁克坦露了那代人的焦虑："我做了该做的一切……成为公司最年轻的副总裁。我进行了选择。有些女人选择怀孕，有些女人选择升职。"后来在第一次约会晚餐上，她自言自语道："现在我想要个孩子。我都37岁了。"可她很快发现这话题太糟，约会对象都跳上出租车逃之夭夭了。在尝试人工授精和代孕之后，她最终以传统的方式怀了孕，维持了自己的事业，嫁给了当地一家果汁吧的老板，他曾经是律师，喜欢另类的生活。蒂娜·菲饰演的角色从来不做寻常事。

她在广受好评的《我为喜剧狂》中扮演莉兹·莱蒙，继续表达所属群体的关切。在最后几集里，42岁的莉兹和男友结了婚，收养一对八岁双胞胎并辞去了电视节目首席编剧的工作。然而，身为全职妈妈，她苦不堪言；丈夫克里斯作为一个在职的父亲，也同样难以开怀。"想工作没问题，"克里斯安慰莉兹，"我们中总得有一个人工作。咱俩只是搞反了，你才是'爸爸'。"[1]

不是所有人都像莉兹·莱蒙和克里斯·克洛斯那般幸运，也不是任何虚构或真实的伴侣在通常的选择失败后，都能在后来的生活中组建家庭。但事实上，越来越多的女性大学毕业生在较晚时期成功生育了孩子，这常常纯粹是意愿和运气使然，偶尔也借助昂贵又令人心力交瘁的医疗程序。在第四组的无子女高峰期，28%的女性大学毕业生45岁时仍未生育。[2]对于第五组，这一比例降至20%的低点。这不只是令人震撼的"峰回路转"，更是直截了当地证明了女性取得的成就。

20世纪70年代本人还是助理教授时，认识的年轻女教师（为数不多）从未议论过生孩子，甚至都不曾私下闲聊过。即使到了80年代（那时年轻的女教师更多），我也没印象认识过很多怀有身孕的人，即便我认识不少有孩子的教职员工（都是男性）。大学很少有透明的产假政策，也几乎无人问津这些事情，除非需要安排产假。

1980年，我与系主任和一位出众的助理教授候选人共进晚餐。当时我还不是终身教授。我的同事有点不善言辞，询问候选人是不是对该职位有什么疑虑（这个问题其实不适合在轻松的晚餐时间交谈）。令我惊讶的是，那名候选人（一位有真才实学、勇敢无畏的女性，后来成为美国劳工部统计专员）问起了学校的产假政策，而系主任却答不出个所以然。

今天，怀孕的助理教授并不少见，怀孕的助理律师、中层经理、会计师、准合伙人咨询顾问以及其他职业人士也很多。产假政策日益透明（也越发慷慨）。[3]

20世纪80年代中期到90年代初大学毕业的第五组成员,是第一批公开表达期望兼顾事业和家庭的人。[4]女性之所以能够袒露实现这一新理想的渴盼,是因为第四组早已为踏上职业道路奠定了基础。此前,没有哪个群体可以集体取得事业和家庭方面的成就。第四组力图首先专注事业,这是当时所有群体未曾大规模实现的目标。她们奋发图强,一步步朝着目标迈进。

不少人争取进入了专业学校和研究生院;继而,新晋法学女博士比例从20世纪60年代末的5%增至80年代初的35%。大学期间,她们与男生旗鼓相当,接着在人数上超越男性。在她们的职业生涯中,晋升乃是王道。

众多障碍既已清除,第五组自然可以走同样的路。但是,她们也从第四组的前辈那里了解到,推迟结婚可能会导致没有孩子,所以事业的道路必须给家庭留出空隙。

———

促成第五组女性更直率表达抱负的其他变化,主要是科学和医学知识的发展。从前,没有人知道随着男女年龄的增长,生育能力会发生怎样的变化。关于染色体损伤及如何选择健康胚胎的研究也前所未闻。要破解女性的生育力如何随年龄变化,并判断其对怀孕概率的影响,需要保持诸多因素恒定不变,比如性生活的频率和时间、避孕药的使用等。

1982年,著名的《新英格兰医学杂志》刊登了一项基于自然实验的启发性研究。2 000多名丈夫患有不育症的法国女性在不同的时间段内接受了捐赠精子的人工授精。由于她们是年龄不同而非程序不同,研究人员得以探明她们的年龄如何影响受孕能力。

结果令人震惊。

这些女性的生育能力从31岁到35岁都出现了直线下降，比以前人们认为的年龄要早得多。传统观念认为，女性35岁后生育能力会下降，但35岁之前下降幅度不大。而在这家生育诊所，成功怀孕率从31岁的74%降至35岁的61%。尽管该项研究乃至发起人提供的建议遭到了批评，但它仍不失为关于人类生育能力的最科学的研究（主要是因为许多决定受孕的因素得到了控制）。[5]

第四组的大多数成员都不清楚推迟生育的后果。第五组则不仅掌握充足的信息，还有更好的方法可以"争分夺秒"。她们从医学证据中了解了推迟生育或将减少怀孕机会的原因，并慢慢找到了应对之策。很多女性大学毕业生意识到，就算没有丈夫或伴侣，她们一样可以成功地独自生活和生育孩子。[6]

人工授精是一项古老的技术，最初用于农场动物的受孕。据粗略估计，在20世纪60年代初，美国通过这一程序出生的婴儿数量很少。[7] 70年代中期，未婚女性使用该程序的合法性受到质疑；甚而在1979年，医生也对未婚者使用这一程序表达了异议，因为出生的孩子将陷于法律灰色地带。[8]但随着体外受精等更复杂、更昂贵程序的创新和采用，较为简单的人工授精获得了广泛支持。此外，这个程序自己就可以搞定，且成功率还不低。

我快40岁的时候，在一次社交聚会上被一个和我母亲年龄相仿的女人拉住聊个不停。她的女儿，一个和我年龄相仿的女人，即将借助人工授精怀上宝宝，她欣喜若狂。她女儿找到了一条途径，绕过寻找丈夫的耗时过程。这不，兴高采烈的准外祖母正起劲劝说大伙儿接受这种新奇的生育方式。

即便进入20世纪80年代，讨论推迟生育影响生育能力的通俗文章也寥寥无几。在上述法国研究之前，有关年龄和怀孕概率关系的科学证据并不充分。报纸、科学文献或通俗读物很少谈论"不孕不育"话题。从50年代到70年代，医学期刊发表的文章中只有很小一部分涉及女性不孕症。但这一比例在90年代翻了一番，到21世纪初暴增，达到了1990年水平的5倍。21世纪初期的大部分医学文章都涉及不孕不育的治疗，比如体外受精。[9]

但是，普通的女性大学生不会阅读艰涩的医学期刊，一般也不看生殖方面的医学书籍。她们更可能阅读各种通俗读物、报纸和杂志。在20世纪80年代的畅销书中，不孕不育话题开始激增。打开谷歌新闻档案（Google archives，美国英文版）搜索词语"不孕不育"（infertility）和"体外受精"（IVF），会发现1980年后的短短10年间，包含这些词的文章量增加了5倍。[10]大学年龄的女性也许还会注意到，《纽约时报》上关于不孕症的文章在这个10年里大幅增长了4倍。[11]然而从90年代初开始，报纸上不孕症文章的相对重要性有所降低，可这并非因为不孕症不再是个大问题。

不孕症话题的关注度在20世纪80年代末到达高峰[12]；但随着一系列前景看好的医疗干预措施迅速传播，并形成了潜在的解决方法，这个话题渐渐平息。现在，文章和书籍不再累述不孕症的可怕后果，而是展现相关医学进步的光明前景。"不孕不育"一词的使用率遂而下降，尽管这个难题仍然有待解决。

所有人群中都有遭遇生育问题的夫妇。确切的比例取决于年龄、怀孕的时间、尝试怀孕的次数等诸多因素。由于选择性问题（只有无法怀孕的人才被人所知）和避孕措施（大部分人试图预防生育，而不是促进生育），很难获得关于现代社会的精确估测。使用缺乏有效避孕措施情况下的历史证据，人口学家发现，即使是健康的25岁女性和男性，也有约12%的人会在受孕方面或怀孕期间遇到严重问题。[13]夫妻不孕不育一直是疑难杂症，而且随着男性和女性年龄的增长，这个问题变得越来越棘手。

如果没有明显的内科疾病，女性很少会就这类问题咨询医生。她们不会翻看杂志获取关于生育能力随年龄变化的信息。不过，大多数人都知道一本讲解女性一切事情的神奇自助手册。我依然记得某天，我最好的朋友给我看了她那本后来成为本人健康圣经的书：《我们的身体，我们自己》。现在，这部不朽之作已经出到了第九版，是（互联网出现前）女性寻求健康建议的必读宝典。自1970年第一版出版以来，每个版本都记述了女性对自己身体和生育的关注及认识。

首版名为《女性和她们的身体：一门课程》（Women and Their Bodies: A Course），售价75美分，共193页，分为四个部分。[14]该版只给了不孕症问题不到四页的篇幅，也没有提起年龄因素。我书架上的1984年版仍是我经常查看的参考书，共647页，重三磅（平装本）。书中有一章标题为"不孕不育和流产"，但只简单提及年龄是不孕率上升的一个潜在因素，指出女性一直"把生育推迟到30多岁，此时生育能力略有下降"。[15]

哪怕是关于性、生殖和女性健康的主要参考书籍，对不孕症的讨论也少之又少，而且直至20世纪80年代才提到年龄是导致不孕的一个因素。难怪就连第四组最有远见、最睿智的女性，也极少虑及推迟生育的后果。谁来告诉她们要承担的风险呢？

第四组女性最初推迟结婚和生育时，并没有遭到各种文章足以引起警觉的狂轰滥炸。警示信号在她们30多岁或更大年纪时才出现，那时推迟生育的后果已经显现。就在大量医疗干预措施赶着为女性提供帮助之际，第五组收到了推迟生育导致不孕概率升高的警告信息。今天拖延的事情也许明天能够实现，但是，往往要付出高昂的金钱、情感和身体代价。

随着对延迟生育的代价有了更深入的了解，第五组女性本可以提早生育，轻松度过生育期。岂料她们竟反其道而行之：更多人推迟了生育。第四组31%的人在26岁之前生了孩子，第五组的这一比例仅为22%。[16]这意味着26岁之前生孩子的女性人数大约减少了三分之一。她们在某个时刻才要孩子的决心和对未来生育技术的信心，显然强于她们对"可能会出问题"的新认知。

35岁左右时，第五组的生育率已经赶上第四组。35岁之后，第五组冲刺，在40多岁的年龄开始家庭生活，这一点第四组望尘莫及。第五组女性弥补了大量失去的时间，在30多岁或40岁出头（甚至更晚）时生了很多孩子。

相比第四组，第五组女性的生育率增长着实惊人，毕竟她们中很多人拥有更高的学历和生机勃勃的事业。在拥有专业学位或博士学位的群体中，这一生育率增长令人瞩目。第四组仅70%拥有高等学位（硕士及以上）的成员生育孩子，而第五组的这一比例是75%。在所有女性大学毕业生中，第五组成员40岁出头时的生育比例高出第四组约3个百分点；但在拥有高等学位的女性中，这一比例相差5个百分点。[17]

第四组高等学历女性的生育率让人想起第一组和第二组的超低生育率。在1949—1953年出生、获得最高专业学位和本科以上学位的第四组女性中，近40%的人40岁之前没有孩子。但第五组的数据显示，拥有更高学历的女性的生育率几乎与仅拥有学士学位的女性相同。[18]

人们知道，现在女性生第一个孩子的时间都较晚，而且肯定比前几代人要晚很多。大家见得多了，便见怪不怪了。较晚生第一胎也不再多么不可思议，毕竟相比20世纪中后期，女性的寿命更长，身体状况（普遍）也更好。此外，较晚生育的夫妇一般有更多的经济来源。可即便如此，第五组发生的显著变化依然令人惊叹。

不孕症治疗方面的医学进步，如体外受精、配子输卵管内移植、卵子冷冻和染色体筛查等，使许多原本无法生育的人夙愿得偿。但这些程序非常昂贵，所以医疗保险的覆盖范围变得很重要。第五组的进步不仅源于生殖技术的医学发展以及她们对生殖技术的需求，还源于新的州法律要求私人医疗保险计划覆盖这些程序。[19]

医学进步和医疗保险覆盖面扩增对于第四组到第五组的生育率增长到底有多重要？这不是三言两语能回答的问题。首先，直到最近，人们才开始探究女性是怎么怀孕的。但自2011年以来，美国疾病控制与预防中心（简称"美国疾控中心"）就一直发布口径一致的数据并提供有用的年龄分组，以探析是否有任何类型的不孕症治疗促进了生育。

根据美国疾控中心的微观数据，2018年，40岁及以上女性大学毕业生中，26%的人依靠至少一种不孕症治疗方法生育了第一个孩子，35~39岁女性大学毕业生的这一比例为11%。在这些年龄较大的群体里，有孩子的女性（及其伴侣）受到了生殖技术进步的较大影响。

但是，在首次生育的女性大学毕业生中，35岁及以上的女性仅占13%，40岁及以上的女性仅占3%。换言之，发生巨大变化的是生育占比较低的群体。不过，效果显著（而且对于受影响的夫妇明显有重要的意义）。

生育方面的进展，有多少是由于新方法以及女性和夫妇们有能力使用这些方法？正如我们所知，1955年前后出生的女性大学毕业生未生育率高达28%，而1975年前后出生的女性大学毕业生未生育率降至20%。几乎所有的下降都发生在35岁及以上的女性身上。在大学毕业生中，37%~50%的首次生育率增长可归功于生殖技术的进步，以及女性和夫妇在医疗保险协助下更有能力支付相关的费用。[20]因此，在2018年，尽管只有约4%的女性大学毕业生的首次生育获得了某种形式的医疗辅助，但这足以极大提高第五组女性和夫妇的生育率。

如何定义成功

千禧年后毕业的女性大学生取得了前所未有的成就。第五组现年40多岁的女性大学毕业生的生育率，足以媲美第三组末端婴儿潮时期的40多岁大学毕业的母亲。这一转折非同小可。第五组没有掀起第二次生育高峰，但她们收获颇丰。在这个过程中，她们不仅比第四组更延迟婚育，而且致力于兼顾事业与家庭。

然而，还是有许多人持不同看法，指出女性尤其是母亲，一直被剥夺事业，被挤下晋升阶梯，被男同事边缘化。不少人说这是一场"失败的革命"。虽然个体可能会在个案上有相似的感受，普遍的"厌女情结"也仍然是障碍，但我们清楚对于整个群体而言，事实并非如此。认为女性过去百年走过的历程黯淡无光，这眼界未免太过狭隘了。

第三组列入分析的1931—1937年出生的女性中，只有6%在30多岁时实现了事业与家庭双收目标。大多数人的愿望都是先成家，然后，或许会找份好工作。事实上，84%的人在40岁之前生了孩子，创下了女性大学毕业生的最高纪录。她们是婴儿潮时期的典型母亲，鲜少有人试图成就事业，许多人直到年纪很大时才外出工作。这些女性大部分从未想过同时拥抱事业与家庭；但是，仍有一小撮人实现了人生的双重目标，她们的进步绚烂夺目。第三组末端1938—1944年出生的女性，事业开始铺陈。她们中21%的人在孩子上高中或离开家上大学或去往其他地方的时候，已经摘取事业和家庭的双重果实。

　　我们见证第四组取得了巨大的事业成功。她们家庭方面的成就日渐式微，事业却蒸蒸日上。1951—1957年出生的女性大学毕业生中，同时拥有事业和家庭的30多岁女性占14%，而50岁出头的女性有27%做到了这一点。最后，在第五组，22%的女性30多岁时拥有事业和家庭，31%的女性50多岁时达成此目标。

　　要消化的数据太多（如图7.1所示）。另外，"事业"的定义和测算是相当复杂的。[21]简单来说，要拥有事业，女性（或男性）的年收入必须连续数年超过某一特定水平。这个必须超过的收入水平，是处在男性收入分配第25百分位可比男性（相同教育、相同年龄）的收入水平。至于"家庭"，如前所述，定义为生育或收养至少一个孩子。

　　我们看到的大部分情景丝毫不令人扼腕，也绝不是失败的。从第三组到第五组，不断取得的事业与家庭成功让我们对未来充满希望，哪怕新冠大流行就在面前。事实上可以想象，新冠疫情期间的居家办公有望降低未来工作场所的灵活性的成本。

家庭事业双丰收的群体的增长中，最耐人寻味的是那些更晚近出生的群体内部随着年龄增长而增加的部分。如果这些群体中事业有成者的比例增加，最年轻的群体成就最大，那还不足为奇。可每个群体内的提升并非由于更多30~50岁的人组建了家庭，而是有家庭的人的事业随着岁月的沉淀节节攀升。第五组中没有孩子的女性在职业生涯早期已经收获巨大成功，并且此成功率保持在高位。随着年龄增长，女性在事业上的成就越来越逼近男性，尽管她们的事业成功率偏低。很明显，男性的成功率没有随年龄发生很大的变化，但女性的成功率随年龄大幅跃升。孩子日渐长大，女性的时间也得以解放，她们的束缚越来越少，飞得越来越高。

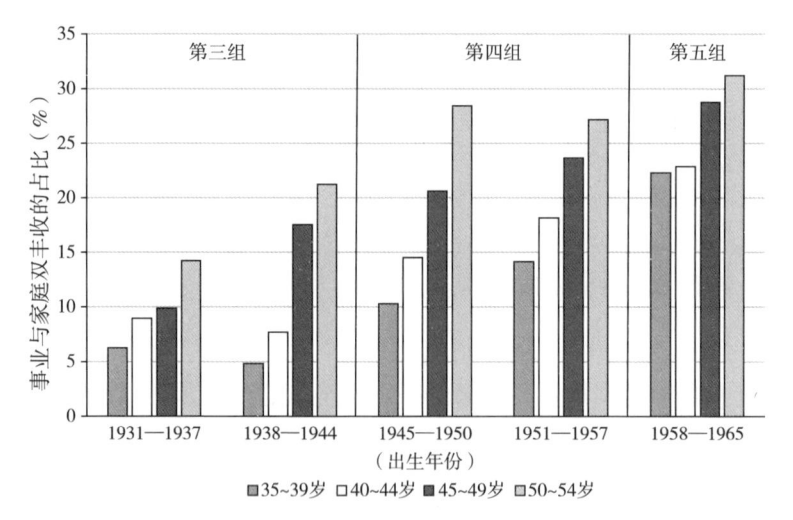

图7.1 四个年龄组的事业与家庭成功：1931—1965年

资料来源及注释：1931—1957年健康与退休研究（HRS）；1958—1965年NLSY79。参阅资料来源附录（第7章）："事业与家庭成功"。使用CPS6月生育率补编中的生育率数据，而不是HRS的数据，以纠正HRS中高估的生育率。为确保一致性，同时使用1958—1965年NLSY79组6月生育率补编中的生育率数据。

在1958—1965年出生的群体中，35~39岁女性的事业家庭成功率是男性的40%；50~54岁女性的成功率是男性的约60%。这意味着女性缩小了一生中与男性的成功差距。至于更早的群体，即1945—1950年出生的女性，30多岁时的成功率约为男性的20%，到了50岁则是男性的50%。

大致说来，这些女性群体在事业和家庭方面的提升可以分为两个部分，事实证明，这两个部分是均等的。其中一半主要由于个体生命周期的变化，从女性的30多岁开始，持续到50岁出头。另一半则由于随着时间的变迁，每个群体都能借助许多前面讨论过的力量向前挺进。

这种提升表明，女性拥有了更大的自由：随着家庭需求的减少，她们的工作时间越来越长，能够获得晋升，可以转向更好的工作。例如前面指出的，我们可以追踪到的最近一组50多岁的女性，她们30多岁时的事业家庭成功率为22%，而她们50岁出头时，这一比例上升到了31%。

反之，女性的事业发展也与其在子女年幼时取得事业成就面临的困难有关。子女年幼且拥有事业的女性比例很低，正好解释了为什么大量文章要探讨收入、晋升和职业的性别差异，以及工作灵活性的高成本问题。随着自己（和子女）年龄的增长，母亲获得事业成功的能力越来越强，这既可以反映过去年轻女性的生活情形，也适用于探析当前许多年轻女性的景况。

群体间的变化表明，女性的专业教育程度普遍提高，在劳动力市场的地位也已提升。但是，有孩子的年轻女性和年长女性之间的差异，以及有孩子的女性和没有孩子的女性之间的差异，明显阻滞了她们的事业发展；而这才是造成收入和晋升性别差距的实质问题。

第7章 革命推手 153

近来针对1980—1984年出生人群的长期追踪调查数据,让我们得以分析最新的第五组女性和男性可供研究的早期事业和家庭成功情况。[22]这些女性目前还太年轻,无法了解她们的长远未来。但我们可以用这些数据进行相同类型的计算,从而验证她们是否取得了比同龄前辈更大的成就。

较之前辈,第五组女性确有进步,但谈不上是重大突破。她们30多岁时,只有略超过25%的人成就了事业和家庭,约40%的人拥有事业(不考虑有无家庭)。这比图7.1所示的最新群体稍有改善。变化缓慢而稳定。可是如果对比男性和女性的事业成功率,那么才华横溢的女性在人生早期就几乎没有变化。女性随着年龄增长不断取得进步,恰好证明年轻时,由于家庭和职业的需求相互冲突,她们遭遇了自己或他人的阻碍;而从相关数据看,有家庭的男性貌似没有这些限制。

在第三组到第五组当选国会议员的女性中,我们能否看到类似的变化?从珍妮特·兰金切入应该比较恰当,无奈第一组和第二组选出的女性太少,没法进行统计分析。

所有当选国会议员的女性显然事业有成。而直到最近,大多数人都还是在年纪较大时才当选。第三组女性第一次参加国会选举的年龄中位数为53岁(平均年龄也是)。这并不意味着她们当选前就没有事业。大部分人以前会参与地方政治或社区行动团体。很少有人是碰巧进入国会的。但来自第三组的女性确实大器晚成,当选国会议员往往是她们真正事业生涯的开端。

第三组的许多人刚大学毕业就结了婚,和很多政治参与度较低的同龄人一样,她们在孩子年幼时告别了劳动力市场。其他人则成为学校教师、护士或社区志愿者。出生于1939年的达琳·奥尔森·霍利（Darlene Olson Hooley，俄勒冈州民主党人）就是这种情况，她在40多岁首次涉足地方和州政务前是一名高中老师。从58岁开始，她最终在国会任职了6届。同样，1931年出生的康尼·莫雷拉（Connie Morella，马里兰州共和党人）一边在高中和大学教书，一边照顾自己的三个孩子和已故姐姐的六个孩子。自1987年起（当时她56岁），她连任了8届国会议员。

对于一些女性，通往国会的道路坎坷曲折，比如1934年出生的伊娃·麦克弗森·克莱顿（Eva McPherson Clayton，北卡罗来纳州民主党人）。她原本打算攻读医学学位，但受到民权运动鼓舞，进了法学院。不过，生完第四个孩子后，她"离开学校当起了全职妈妈"。尽管得到律师丈夫的支持，她仍然建议年轻的同行及早申明自己的立场："我想我可能会……对丈夫提出更多要求。"就像她说的，"那时我还不够格当超人妈妈"。然而，从1992年她58岁时开始，她便够格担任了5届国会议员。进入国会一年后，也是孩子长大成人多年以后，克莱顿感慨道："太神奇了，我想他（她的丈夫）知道我的诉求。我原以为他当时没那么敏感。"[23]

第四组女性当选国会议员的年龄中位数也是53岁左右，但很少人大器晚成。[24] 与第三组的前辈不同，她们是从最初的显赫位置晋级到了国会职位。第四组女性通常拥有法学博士、哲学博士或其他高等学位，当选国会议员之前往往已经开启高收入的职业生涯。

米歇尔·巴克曼（Michele Bachman，明尼苏达州共和党人）1956年出生，曾在国税局担任律师，获得税法法学硕士学位后一直受雇于美国国税局，直到第四个孩子出生。2007年，51岁的她当选国会议员并连任了4届。类似的，玛吉·伍德·哈桑（Maggie Wood Hassan，新罕布什尔州民主党人）1958年出生，是律师兼医疗保健主管，有两个孩子，其中一个有严重残疾。她曾担任新罕布什尔州参议员和州长，2016年当选国会议员时58岁。还有玛德琳·迪恩（Madeleine Dean，宾夕法尼亚州民主党人），原本开了家律师事务所，但是为方便照顾三个孩子，她转为教授大学英语。60岁那年，她跻身2019年的国会班子。

第五组女性当选议员时更年轻，平均年龄46岁。不过，她们当选时更年轻有一个客观的原因：简单来说，即第五组女性出生的时间更晚近。如果将第四组女性的年龄限制为与第五组当选女性的年龄相同，那么大家参选的平均年龄就没有太大差别了。第四组的平均年龄较高，是因为可以当选的年长女性更多。[25]

如今，总体来说，1978年后出生的国会女议员（对第五组施加年龄上限旨在观察她们至少到40岁）是有史以来最年轻的，平均年龄仅35岁。其中包括迄今为止在一次选举中当选国会议员人数最多的女性群体[26]：2018年34人当选，2020年26人当选。此外，该群体还包括史上最年轻的国会女议员：亚历山德里娅·奥卡西奥-科尔特斯，29岁宣誓就职；近期刚刚失利的艾比·芬克诺尔（Abby Finkenauer），30岁；莎拉·雅各布斯（Sarah Jacobs），31岁。但同样的，纵使她们非常年轻，但整个组别中议员当选年龄低的原因是由整个群体的构成决定的。鉴于所有人都是1978年后出生这一前提，也没有更年长的人能够当选。

这些最新的群体刚从大学毕业就开始活跃在政治领域或各种草根组织。和第四组初始端的女性相似，她们也是年纪轻轻便已锋芒毕露。

时间的约束

就像第四组女性笃定自己会比母亲一代更加出色那样，第五组女性也力图"掌控一切"。第四组可以使用避孕药，第五组则有一连串新奇的方法攻克难关。她们或能毫不妥协地拥有事业与家庭。

她们继续推迟结婚和生育，甚至比第四组有过之而无不及。她们整体的事业成功率相对以前的组别有所提高，在整个生命周期，她们取得了比前辈更大的成功。但作为年轻女性，她们的经济成就仍然很低。原因在于哪怕是受教育程度最高、最有本领的女性，譬如律师、医生或哲学博士，在有孩子的时候也大多从事兼职工作。而不少年轻时从事兼职的人发现，想在以后的生活中提升自己绝非易事。

既然大多数长期追踪数据集并没有对大学毕业生（更不用说高等学历人群）进行大规模观察，我们是怎么知晓这些的？我曾参与过一个项目，研究1970年、1980年和1990年哈佛大学毕业的第四组和第五组成员，大家称它为"哈佛及以后"项目。[27] 其中收集的信息有助于阐明为什么就算是最具优势、教育程度最高的女性，在实现事业和家庭目标上也面临着挑战。我们锁定她们大学毕业15年后给出的回答，因为大部分最终想要孩子的人届时都已经有了孩子。此外，这也是许多人获得终身职位、合伙关系或重要晋升的时刻。

绝大多数女性大学毕业生，甚至是有年幼子女的母亲，毕业15年后都有工作；完全不工作的仅占10%。有孩子的女性大学毕业生似乎并未选择退出或放慢脚步，哪怕只是在短暂的时间内。

但数据还揭示了其他的东西。我们深入探究时发现，在获得学士学位15年后仍在就业的女性中，约三分之一的人声称她们从事兼职工作。有些人认为自己属于兼职，可她们每周工作的时间又远远超过35小时，而这通常是定义兼职工作的时间界限。究其原因，是她们把自己的工作时间与所在行业或公司的标准做了对比。

在从事兼职的女性中，有年幼子女者占80%；在没有工作的女性中，有年幼子女者占90%。另外，这些毕业班的男性几乎都是全职工作，大多数人的工作时间可能比平常的每周40小时长得多。

15年过去，不管这些女性是1970年、1980年还是1990年大学毕业，都有约30%的人从事全职工作并有了孩子。我们不妨把全职工作的女性视为职业群体。也就是说，在30多岁时算得上拥有事业和家庭的女性不足三分之一。大约50%的女性是劳动力（虽然未必从事全职工作），并且有孩子。至于男性，从事全职工作并有孩子或属于劳动力并有孩子的比例约为65%。

30%这个数字，高于图7.1中给出的全美国代表性人群的事业和家庭成功率。高等学位数据可以说明其中的原因。这些女性中，高达65%的人获得了法学博士、MBA、医学博士或哲学博士学位（一些人还拥有不止一个学位）。教育精英群体的就业和生育情况随高等学位的类型而异。如图7.2所示，接受的教育越多，15年后从事全职工作并有孩子的比例越高。

拥有专业或研究生学位的人比没有继续教育的人拥有更高的就业率和全职职位。在毕业15年后成就事业和家庭的人中，医生占比最大。其次是各类博士，然后是律师，最后是MBA。拥有文科硕士学位但没有其他高等学位的人，全职就业率和有孩子的比例最低；她们的比率与全国代表性样本中相同群体的比率更加接近。

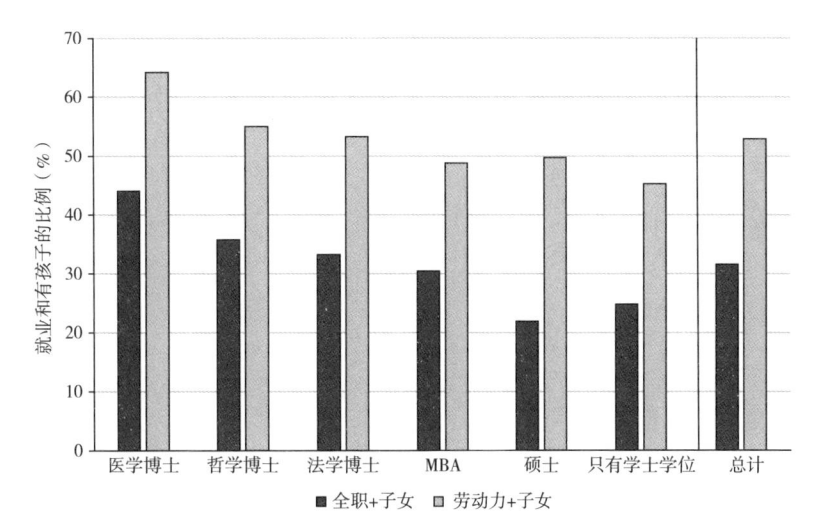

图7.2　哈佛大学毕业15年后，按高等学位划分的事业与家庭情况

资料来源及注释：参见资料来源附录（第7章）："哈佛及以后"项目。全职包括全年。"子女"包括收养三岁以下的儿童。

在从事全职工作并生育孩子方面，MBA的记录最差。"哈佛及以后"项目的调查结果与另一个项目（稍后讨论）相互呼应，后者更深入研究了企业和金融部门的工作领域。[28]这些部门的工作弹性最低，对短时间工作和短暂休假的惩罚最重。

教育精英最有希望让我们找到这样一群女性大学毕业生：她们在学业上有充分准备，拥有最多的人脉和资源；她们坚忍不拔，对自己和周围的人有高要求，进而能够成就事业与家庭。她们的专业和高等学位完成率非常高。然而大学毕业15年后，只有一半有孩子的人从事全职工作。这些女性在职业生涯中投入最多，也被期待能收获最高的成就。可是，如果仅一半有孩子的人在30多

第7章　革命推手　159

岁时从事全职工作，那么许多人将很难在事业上大展宏图。

  第五组需要的不只是助攻。在克服了重重阻挠、获得了无数的自由之后，一直存在的壁障变得清晰无比——时间的约束。照顾孩子需要时间，事业也需要时间。如果夫妻公平地分享时间，或可让他们事业与家庭两全。但是，正如我们将在下一段旅程中看到的，夫妻公平的代价极其高昂，更是性别收入差距持续存在的缘由之一。

第8章
注意差距

亚拉巴马州的年轻女孩莉莉·麦克丹尼尔（Lilly McDaniel，婚后更名为莉莉·莱德贝特）曾经渴望成为律师。但她没能实现这个梦想，而是收获了一项以自己名字命名的法律：《莉莉·莱德贝特公平薪酬法案》。该法案的来龙去脉涉及一个案例研究，折射了工作场所和工资单上的性别歧视。

莉莉结婚时才17岁，很快生了两个孩子。10年后，由于家里收入太低，她参加了布洛克税务公司（H&R Block）开设的税务课，成为一名报税员。莉莉很珍惜新获得的经济独立能力和由此带来的个人回报。她才能超群，慢慢晋升为14个办事处的管理者。但是，孩子即将上大学，家里需要更多钱。1979年，41岁的莉莉获悉当地高薪公司固特异轮胎有史以来第一次招聘女经理。她立马申请并获得了录用。

几乎是刚一上任，莉莉就感受到了车间里男人们的怨恨。她忍受着侮辱、骚扰，甚至有人提出用高评级换取性服务。莉莉争得了向平等就业机会委员会起诉固特异性骚扰的权利，但在恢复主管职务后，她撤销了指控。谁承想，她的苦痛有增无减：天天备受嘲讽，车子被刮花，最后是岗位调动。

她留在了固特异，毕竟薪水不错，而且厂里有不少人赏识她。1998年，一位匿名盟友给她留下一张写有重要信息的纸条，很快引出了第二起更著名的平等就业机会委员会案件。纸张上记着其他经理的工资。没有比较，她简直不知道自己的工资有多低，她一直只被告知她的工资略低于平均水平。多年后她在自传中写道，"固特异的一切都是保密的"。[1] 莉莉和同年入职的男性经理起薪相同。20年后，她的工资却比他们低15%~40%。

她向平等就业机会委员会提出申诉主要依据三项单独的法规：1963年《同工同酬法案》、1964年《民权法案》（第七章），以及《就业年龄歧视法案》。在第一项法规下，她声明自己的工资低于从事相同工作的男性。在第二项法规下，她辩称由于性别原因，她被拒绝晋升、调迁和加薪。在第三项法规下，她诉称遭遇了年龄歧视，被一名更年轻的雇员取代。她所处的工作环境充斥着敌意和毁谤，严重损害了她的身心健康。固特异发起了反击，但陪审团判给莉莉380万美元的欠薪和惩罚性赔偿。

然而，莉莉一分钱都没拿到。根据第十一巡回上诉法院的说法[2]，《民权法案》第七章的诉讼须在第一笔歧视性工资支付后180天内提起，差不多是莉莉得知那是歧视性工资的20年前。2007年，在莱德贝特诉固特异案（550 U.S. 618）的判决中，美国最高法院维持了诉讼时效的解释。就这样，莉莉输了，美国全体女性都输了。

美国最高法院对1964年《民权法案》的解释推翻了之前的判例，扭曲了法案的初衷。法官席上的鲁斯·巴德·金斯伯格（Ruth Bader Ginsburg）发表异见提醒众人，"最高法院已经不是第一次对《民权法案》第七章进行狭隘解释了，这与该法案广泛的救济目的严重不符"。[3] 她指出，"再一次，该由国会来决断了"。两年后，鲁斯的话终于兑现。

2009年，美国参众两院通过了《莉莉·莱德贝特公平薪酬法案》，这是奥巴马总统签署成为法律的第一个重要法案；该法案规定，工人在每次收到歧视性工资时都将受到保护，而不仅仅是在第一次。

莉莉·莱德贝特事件的始作俑者很多。她的直接下属不服从指挥，导致身为经理的她获得极差的评价。这些低评价又导致上司拒绝给她加薪。但是所谓"上梁不正下梁歪"，她的上司没有约束下属，所以也犯了歧视罪。恰如"火中取栗"寓言里说的，不知情的猫做了猴子想从火中取出栗子的"脏活"。猫是过失行为人（顺带烧了自己的爪子）。

除各式各样的"害群之马"外，莉莉还受到其他因素的绊阻，这些因素对女性的影响尤其严重。出于若干原因，她无法有效抗辩。因为缺乏薪酬透明度，她不清楚自己的工资有多低，也不能随便询问经理同行的工资。此外，她在亚拉巴马州的加兹登及周边地区没有太多就业选择。由于丈夫的工作、孩子、年迈的母亲和自己的家庭，她被拴在了那个地方。

但是，管理者和同事的歧视以及女性谈判技巧的欠缺，是导致当今性别收入差距的主要原因吗？即使毫不轻视仅仅因为是女性或有色人种女性而确实受到歧视和薪酬偏低的现象，答案也明显是否定的。今天的性别收入鸿沟（对于全职员工，女性的收入约比男性低20%）只有一小部分是这些因素造成的。

那么，性别收入差距是怎么回事？过去半个世纪里，对于我们定义的后面三个群体，这一差距发生了怎样的变化？虽然"性别收入差距"一词使用广泛,但它不是通常描述的单一统计数据。确切来说,它是动态的;随着男性和女性年龄的增长、结婚和生育,它会渐进扩大。[4]它还会因为职业不同而出现很大的差别,尤其是在大学毕业生之间。

这些复杂性没有搅浑性别不平等这摊水,反而帮助厘清了阻碍女性追求辉煌事业和公平家庭生活的真正问题。

这个"差距"通常表示为一个比率:女性的收入与男性的收入之比。这个比率可以方便地捕捉并传达一种相对差异。[5]

近年里,最令人震惊(并已公开)的性别薪酬歧视案例之一,是女演员米歇尔·威廉姆斯事件。因为要重新补拍某部电影的一些场景,威廉姆斯获得了10万美元片酬,而男演员马克·沃尔伯格的片酬竟高达150万美元,偏偏她还是女主角,他只是配角。在由克里斯托弗·普卢默顶替被控性骚扰的凯文·史派西之后,这部《金钱世界》不得不再次重拍(对于一部没有给足女明星报酬的电影,这个片名再合适不过了)。

多年以前,我也亲历过类似的差别对待(但没有那些光鲜的外表、媒体报道和高回报)。当时我应邀评审一家著名国际机构的内部报告。该机构需要三名外部评审员,有两位杰出的年长男性经济学家也应邀参加。他们定期担任顾问,每天收取(高额)费用;我则没有。机构付给我的是标准报酬,结果,两位男性经济学家得到的报酬是我的两倍。后来,机构的首席经济学家发觉了这一不公平操作,我拿到了更高级别的补偿。讽刺的是,这项评审本来就涉及该机构的性别歧视问题。

这样的故事比比皆是。然而,纵使我们杜绝了所有歧视性待遇和所有女性被置于劣势地位的状况,性别收入差距也缩小不了多少，女性的收入不会大幅增加。

性别收入差距不仅出现在电影明星和经济学家身上，还一直是新闻和政策机构关注的焦点。可是，这个责任该由谁来担？如同经典悬疑小说里描述的，无数潜伏的"罪犯"蠢蠢欲动。而鉴于可以想见的"罪犯"数量众多，更多自封的侦探争相提出了关于"谁是凶手"以及如何破案的理论。

不少人认为，性别收入差距是带有偏见和歧视的个人造成的，他们总是欺压女性员工。根据2017年的一项调查，42%的女性和22%的男性声称工作期间遭遇了"性别歧视"。[6]最常被提及的歧视形式是工资较低：25%的女性（但只有5%的男性）表示从事同样的工作时工资低于异性。所以，一个潜伏的"元凶"是显性或隐性的偏见。[7]

消除劳动力市场的偏见，是诸多快速解决职场性别不平等问题的方法之一。有人建议启动多元化培训，消除个别主管和管理者的偏见。有人则指出，开展个人再培训成效有限，主张去除整个组织的偏见。众所周知，2018年8月，星巴克将其8 000家门店关闭了一整天，特意为所有员工提供反偏见培训。[8]虽然起因是种族事件，但类似的方法也被用于尝试抑制性别歧视。

另一个常被引用的快速解决招聘问题的例子，来自我对管弦乐团在试演中使用屏幕的研究。[9]屏幕可以隐藏演奏者的身份。尽管采用"盲选"能让更多女性进入美国享有盛名的管弦乐团，但消除组织偏见以便女性获得更好的工作虽说志业崇高，却仍旧无法消弭性别收入差异。

继而，有人把矛头指向了女性的能力。她们被指责缺乏堪比男性的谈判技巧。譬如波士顿市长办公室与美国大学女性协会携手,免费为生活或工作在波士顿的女性(不是男性)开设了工资谈判讲习班。[10]此外,女性一直被诟病竞争意识弱于男性,选择工作时过度规避风险。所有这些速效方案催生了一众行业,致力于提请管理者警觉他们无意识的偏见,以及建议公司如何不偏不倚地筛选简历和面试应聘者。

其他修复措施涉及各州和联邦政府的立法行为。2018年7月,马萨诸塞州通过《同工同酬法案》,禁止公司要求新员工或应聘者披露先前的收入,并禁止报复分享工资信息的员工。[11]2017年,纽约州也颁布过类似的法规;2015年,加利福尼亚州扩展之前的同工同酬立法,推出《公平薪酬法案》以保护谈论同事工资的雇员。加州、纽约州和马萨诸塞州的立法目的都是通过提高薪酬透明度创造公平的竞争环境。

还有一些人,可能是这个话题的大多数作者,将性别间的职业差异视为一个主要原因,甚至是最重要的原因。女性大学毕业生更多从事教师、护士和会计等职业,男性大学毕业生则更多从事经理、土木工程师和销售代表等职业。女性所在公司的薪酬也较低,即便她们的职称与男性相同。这种现象被笼统地称为"职业隔离"[12],听起来像是故意实施隔离的法律藩篱和公司政策,比如我们在第二组和第三组看到的婚姻限制。

正如所见,在美国的某段历史时期,许多公司都设有严格的政策[13],限制女性和男性可以进入的职业,尽管这不是说女性只能从事低档工作,而男性禁止涉足这些工作。报纸广告也曾清楚注明哪些工作只面向不同的性别(及种族)。当然,这些做法现在都是违法的。

但既然男性和女性从事不同的职业,那就值得追问:他们之间的收入高低有多少是就业差异造成的？

考虑一个假想的实验，通过让足够多的女性（或男性）从事不同职业，创建一个在每种职业中女性和男性比例相同的世界，从而实现职业上的性别平等。比方说，如果所有工人里有5%是卡车司机，那么5%的男性雇员是卡车司机，5%的女性雇员也是卡车司机。不要纠结如何做到这一点，记住，这只是一个假想的实验。

按性别和职业划分的收入还是以前的收入。这个假想的实验允许我们想象，消除性别隔离将如何影响按性别划分的收入和性别收入差距。主要的假设是，按性别和职业划分的实际收入保持不变，唯一改变的是女性或男性在职业中所占的比例。

为了理解假想实验的运作原理，假定劳动力中男性和女性的数量相等，30%的女性是教师，但只有10%的男性是教师，工程师的情况刚好相反。其余职业按性别均匀分布。我们需要移动20%的女性（或男性）才能达到平衡。魔棒一挥，把三分之二（20/30）的教师变成工程师。这个假想的实验转移的是工人，而教师和工程师的收入按性别保持不变。

重新分配工人从而达成职业上的性别平等，似乎是消除性别收入差距的一个方法。事实上，它只会消除部分收入差距且消除的"部分"小得可怜。

对于大学毕业的工人，40%（无论男性或女性）必须转换职业才能实现性别平等。对于所有的工人，50%（无论男性或女性）必须转换职业才能达到性别相等。[14]这需要移动很多人，再考虑到工人不同的技能和偏好，就更具挑战性了。但是无妨，我们且挥动假想实验的魔棒，看看这样做之后，会发生什么情况。

即使人们可以完成调整职业以创造平等环境的艰巨任务，也只能消除约三分之一的性别收入不平等。[15]职业隔离不是主要问题，甚至都不是大问题，尽管许多人宣称它是"罪魁祸首"。我们无法消除更多的性别收入差距，是因为这一差距存在于几乎所有职业当中。[16]另外，受教育程度越高，职业内的收入差距越大。

———

1968年，第三组的年长成员和第四组的年轻成员舞动标语抗议女性薪酬不公平，标语上写着"男性工资的59%"。50年后，第四组和第五组成员举起相似的标牌，上面是"男性工资的81%"。这些数字是怎么计算的呢？大家经常听到这类统计数据，因此，了解它们的含义十分重要。

标准的测量方法以所有全职工作的工人（每周工作35小时或以上、每年工作50周或以上）为基础，计算女性和男性的年收入中位数。中位数衡量处在收入分配中间位置的个体的收入。女性与男性收入中位数之比，即是衡量性别收入差距的标准。

请注意，这项备受关注的性别差距衡量标准适用于所有工人，而不仅仅是我们一直追踪调查的大学毕业生，也不仅仅是黑人、拉丁裔或其他族群。

这一度量标准有诸多优点。它就是一个数字。由于只包含全职工作的人，它忽略了间歇工作的个体。而通过采用中位数，收入非常高的男性多于女性这一事实对该指标的影响变得很小。[17]

但这个指标并不完美。虽然它使用的是全职工人数据，可它不考虑全职男性工人比全职女性工人平均工作时间更长的现实。它也无视一个情况，即相对而言，随叫随到和工作时间不规律的男性多于女性，哪怕大家的工作时间相等。另一个缺点是，它是针对所有工人计算的，而我们主要聚焦于评估大学毕业生。

鉴于其优越性，自1960年起，美国劳工统计局就在计算和报告这项指标。任何经常出现在报纸头版，或成为博客作者和观点作家话题的数据，都值得我们仔细推敲。图8.1实线所绘的序列数据显示，从1960年到2018年，这个差距逐渐减小。可见，女性和男性之间的收入差异已大幅收窄。但图8.1透露了更多信息。

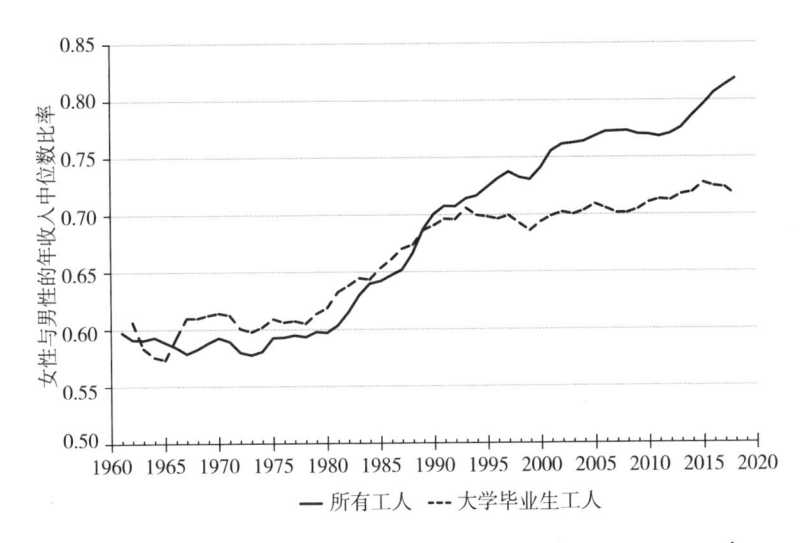

图8.1　女性与男性全职工人的年收入中位数比率：1960—2018年

注：由于年收入是上一年的收入，为了与已发布的系列保持一致，计算的系列后移了一年。两个系列都提供三年移动平均线。

资料来源：1960—2019年所有工人：https://www.census.gov/library/publications/2020/demo/p60-270.html。1961—2019年大学毕业生工人：根据美国人口普查局当前人口调查年度社会和经济补编计算得出。

从最早的年份算起,20年间女性收入与男性收入的比率一直停留在60%左右。如今,我们总算明白何以"59%"的咒语如此强韧。但这一比率随后开始上升。到1990年,女性的收入是男性的70%;2000年,比率为75%(同样是全职工人的收入中位数)。目前这个数字是81%。最大的增幅发生在20世纪80年代。

图8.1中的虚线描绘了大学毕业生的序列数据。尽管标准序列和大学毕业生序列在大部分时间里有重叠,但1990年后,大学毕业生走上了不同的路。标准序列数据继续攀升,大学毕业生系列则趋于缓和。两者之间出现分歧,部分原因在于20世纪80年代后收入不平等大幅扩张。大学毕业生开启收割模式,但男性大学毕业生才是最大的赢家。[18]我们很快将会讨论,为什么处在收入分配上层的男性比例那么高。

再看标准序列数据,尽管该序列持续上升,但在21世纪第二个10年进展放缓。2018年同工同酬日,头条新闻标题赫然写着"性别差距卡住了""同工同酬日:不值得庆祝"。

大多数人(包括我)都同意,20世纪80年代收入差距缩小,主要是因为相对于男性,女性提高了她们的劳动力市场技能和教育程度,因而,她们在劳动力队伍中具有更大的持续性。

20世纪80年代以前,性别收入差距很大部分是由于大家为进入劳动力市场所做的准备不同,譬如教育、培训、工作经验等。但到了2000年左右,男性和女性在就业市场准备方面的差异变得很小。性别收入差距不再主要因为各自的准备不同,或是雇主预期女性不会长久留在公司。[19]女性的就业时间仍旧比男性少,可随着时间的推进,这一差异同样缩小了很多。[20]

由于女性的培训和工作经验得到增强,性别收入差距也缩小了。但是哪怕差距显著收窄，也并未闭合。今天，第四组和第五组女性与男性的工资差距约为20%，是第二组和第三组女性相应差距的一半。而第四组和第五组女性大学毕业生与男大学毕业生的工资差距稍大，约为27%。

曾经的收入差异是由一些易于测量的因素造成的，如教育、工作经验和一系列工作相关的技能等。而今这些属性差异很多已被消除，剩下的收入差距就颇令人困扰了。因为这不是可观测的特征导致的，所以许多人将其归咎于劳动力市场对待女性的方式：招聘者和工资设定者的偏见。另有人认为，这可能是因为女性的谈判技巧低劣，缺乏竞争力。[21]这些对责任的误解催生了前面讨论的各种快速解决方案。但真正的原因还得从别处找寻。

性别收入差距其实很复杂。首先，它不仅仅是每年的一个数字。男性和女性的收入会随着时间和各种生活事件而改变。通常，当女性有了孩子，收入会遭遇巨大的打击；男性则不然。另外，在结婚或实质的同居之后，女性的收入也会受到影响，因为这常常会促使夫妻搬家，以便优化两人的职业，并且往往是最大化其中一方的收入。人们一般优先考虑男性。于是，在学校教育结束后，甚或是在找到第一份工作后，女性与男性的收入比率将慢慢发生变化。

男女性大学毕业生开始第一份工作时，他们的收入相差不多。但在从事第一份工作后的某个时刻，他们的收入渐渐拉开距离。这种差距可以从美国人口普查和社区调查的数据中观察到，如图8.2所示。图中绘制了第五组的性别收入差距（或称比率）[22]，这组女性渴望拥有事业和家庭，而不仅仅是二者之一。

考虑1978年左右出生的第五组20多岁男女性大学毕业生的收入比率（图中最上面的线条）。与男性相比，这些女性的表现相当不俗。她们的收入是男性的92%，而刚从大学或研究生院毕业那会，她们的收入没准还更高。

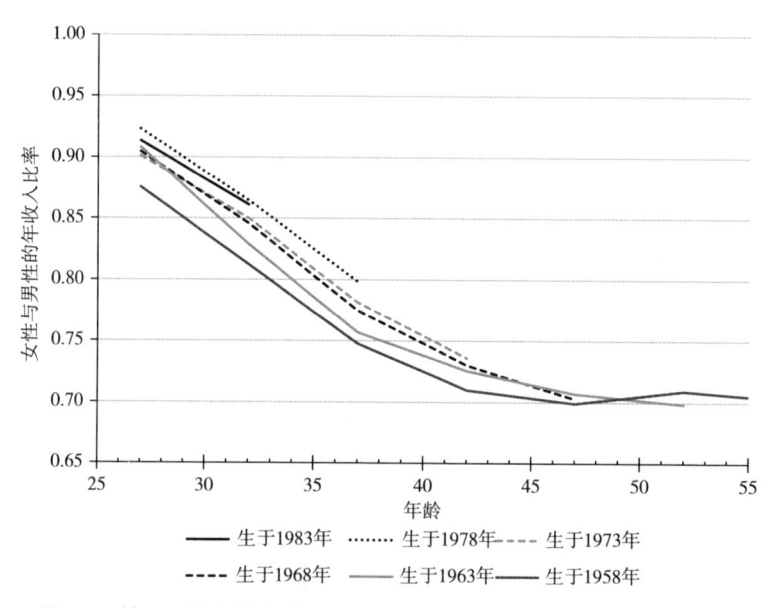

图8.2 第五组男女性大学毕业生的相对年收入：1958—1983年出生

注：样本由大学毕业（受教育16年或以上）的男性和女性（本土出生，非军人，25~69岁的白人）组成，使用按收入截断修正（最高编码值×1.5）的调整后年收入数据（超过1 400小时×0.5×相关联邦最低工资）。因变量是log（年收入），控制16年以上教育、log（小时）、log（周）和年龄，以5年为输入间隔，以及与虚拟变量"女性"的交互项。各线条连接每个出生队列的5年间隔系数。仅显示1958—1983年的出生队列和55岁以下的年龄组。纵轴从对数转换为比率。给出的是出生年份的中点，因此生于1963适用于1961—1965年出生的人。

资料来源：1970年、1980年、1990年、2000年美国人口普查微观数据；2004—2006年（2005年）、2009—2011年（2010年）、2014—2016年（2015年）美国社区调查。参见Goldin（2014）的图1b部分，数据更新至2015年。

图中其余线条代表第五组的其他群体。对于出生较早的人，初始比率略小，意味着差距较大。最醒目的特征是，随着年龄的增长，性别收入差距显著扩大，这一点适用于该组任何年份出生的女性。[23]譬如第五组1963年左右出生的成员，20多岁时的收入是男性的90%。但等这些女性（和男性）到了30多岁时，女性的收入仅为男性的76%；40多岁时，她们的收入仅为男性的70%。这就是性别收入差距虽然可以用基本术语简便地概括，却绝不单单是一个数字的原因。

我们已经看到，随着年龄增长，离开学校的时间越久，这一差距越大。对于每个人，这一差距会在生命的不同时刻扩大，比如有孩子或搬家之后。因此，性别收入差距是一个序列数据，将它视为个人生命周期的序列事件，比简单引用单个数字更能揭示其存在的根源。

举个例子，请看一项关于芝加哥大学布斯商学院1990—2006年男女MBA毕业生职业生涯的研究。由于所有参与者拥有相同的最高学位，且毕业于同一所商学院，许多干扰因素得到了控制。[24]样本中最早毕业的学生10~16年前获得MBA学位，所以我们可以用13年的时间缩影探讨他们的经历。[25]

在新一批MBA学员毕业并接受第一份工作后，女性的收入是男性的95%。然而随着时间流逝，他们的收入差距越拉越大。到第13年，这一比率降至惊人的64%的低水平。图8.3中按MBA毕业后的年数给出的柱状图显示了这些差异。

观察浅色柱状图可以追索发生这一下滑的关键原因，浅色柱状图显示样本中无子女女性相对于男性的收入比率。[26]这些浅色柱状图一般比黑色柱状图高，尤其是在MBA毕业3年后；并且自MBA毕业以来，随着时间推移，黑色柱状图和浅色柱状图的差异不断增大。尽管浅色柱状图也有变化（先上升然后下降接着又上升，部分原因是样本量太小），但没有形成趋势。[27]反观黑色柱状图，明显呈下降趋势。未曾生育孩子（也从未休6个月以上假期）的女性几乎与男性势均力敌，尽管她们的收入依然较低；而有子女女性的收入却是持续滑落。

通过对这些MBA记录的深入解析，我们发现收入差距的不断扩大并非随机发生的。确切地说，它大致随着孩子的到来而出现。因为所分析群体是同一所（排名靠前）商学院的毕业生，而且我们有他们学生时代的管理数据，所以几乎可以完美地控制他们的能力、培训和教育变量。

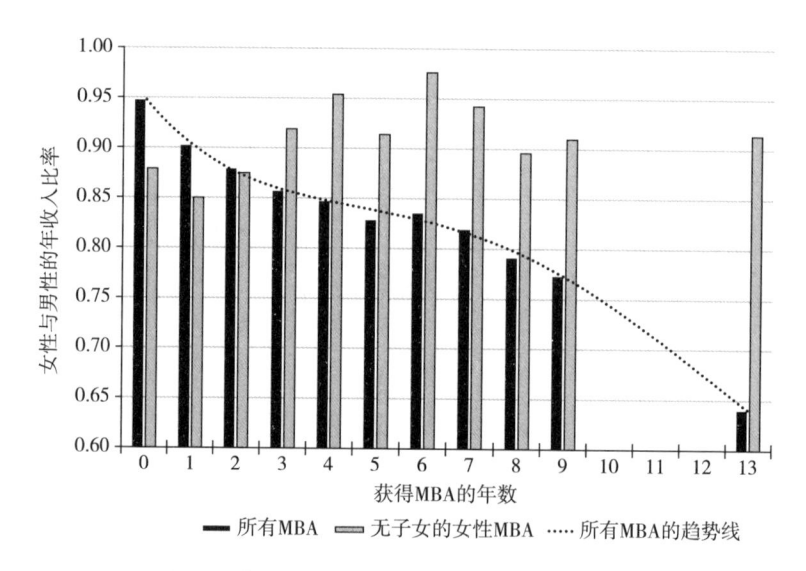

图8.3　按获得MBA的年数划分的男女MBA年收入比率

注：13年是指MBA毕业后10~16年中间的年数。"年收入"定义为税前和其他扣除前的总收入（包括工资和奖金），当个人不工作时编码为缺失。在具有MBA群体固定效应的回归背景下，给出根据MBA课程和MBA成绩校正后的年收入比率。"所有MBA"适用于所有男性和女性。"无子女的女性MBA"只包括在获得MBA学位后接受采访时没有子女的女性，以及休假时间不超过6个月的女性。

资料来源：Bertrand、Goldin and Katz（2010）。

这些MBA毕业生出现的巨大性别收入差距，主要由两个因素导致：职业中断和平均每周工作时间。样本中女性MBA前13年的职业中断时间比男性MBA长。此外，在这最初的13年里，女性MBA的每周工作时间相对于男性有所减少。

上述两个因素，即工作年限（也称为工作经验）和平均每周工作时间，基本解释了获得MBA学位后收入差距逐年扩大的原因。如前所述，拿到MBA学位13年后，女性的收入是男性的64%。但修正男性和女性工作经验的差异后，这一比率上升为73%。[28]而修正休假时间和每周工作时间的差异后，数字甚至提高至91%。在获得MBA学位后的前10年左右，几乎所有年收入比率的下滑都是因为女性MBA比男性MBA休假时间更长，工作时间更短。

工作年限越短，工作经验和客户就会越少。工作时间少的人理应挣得更少。不过，工作时间的差异并不是很大。然而即便是细微的差异，也会给这些MBA带来巨大的收入损失。

女性MBA的休假时间说长不长。获得MBA学位7年后仍在就业的女性，平均有0.37年的休假时间，也就是4个多月。男性平均休假时间为0.075年，不到1个月。[29]大约13年后，女性平均累计休假时间约为1年，男性平均休假时间只有6周。女性的休假时间不算长，但比起男性却长很多。

男女MBA的工作时间其实都很长。在MBA毕业后的最初几年，男性和女性平均每周的工作时间均在60小时左右。毕业13年后，女性每周的工作时间减至49小时，男性则保持在57小时。

男女MBA平均工作时间的差异，很大程度上是因为一些女性从事兼职。实际上，约18%的女性在毕业后的13年里做兼职。（需要指出，对于这些MBA，兼职意味着每周工作30小时左右。）值得注意的是，大部分兼职的女性MBA是自雇人员。企业和金融部门很少有兼职工作。要做兼职，许多女性MBA都是自主创业。

第8章 注意差距　175

另一个重要事实是，13年后，17%的女性MBA根本就不工作了。这一数字高于获得法学博士、哲学博士、医学博士等显赫学位的其他女性大学毕业生。[30]

不过，鉴于有孩子的女性大学毕业生尤其是拥有MBA学位的女性"选择退出"在媒体中的存在感过高，其实表示自己"目前没有工作"的MBA的比例远低于人们的预期。MBA毕业生中断就业通常是暂时的。女性大学毕业生一般不会选择永远退出劳动力市场。[31]有些人只是短期停止工作。

取得MBA学位后，女性相对于男性的收入随着时间逐渐下降。但这主要不是由于她们的就业出现巨大中断、长时间缺勤，或者转到了低工时岗位。准确来讲，女性MBA的收入大大低于男性MBA，是因为企业和金融部门的高薪职位严厉惩罚那些哪怕只是短暂中断职业生涯的员工，以及工作时间不是特别长也不是特别艰苦的员工。

孩子出生和伴随而来的照护责任，是女性MBA相对于男性工作经验减少、职业中断更久、工作时间较短的主要原因。此外，我们样本中的部分MBA妈妈在第一次生育后的几年内就离开了劳动力市场。

MBA妈妈结束产假回来后，并没有立即减少工作时间。相反，她们返回岗位继续努力工作。大约一两年后，有些人渐渐缩减工时；有些人则改变方向，开始自主创业。最大的变化发生在第一个孩子出生后的3~4年里。这个时间点上，女性的平均收入降至其生育前水平的74%。

一些有年幼子女的女性MBA发现，生完孩子，企业和金融部门的工作时间显得太长、强度太大。即使不生第二个孩子，这一情况也足够让人警醒。这些信息充分说明了一群希望职业生涯回归正轨的女性的状况。事业和家庭都要占用空间，只能有所舍弃。

没有孩子的女性MBA无论结婚与否，发展轨迹都和有孩子的女性MBA不同。尽管没有子女（也没有职业中断）的女性MBA收入仍然低于男性MBA（无论有无子女），但毕业13年后，她们的收入只比男性MBA低9%左右。这一数字虽然不是零，却明显低于整个女性MBA群体与男性MBA之间36%的收入差距。[32]

———

女性生完孩子，甚至是生完孩子几年后，会出于诸多原因选择减少工作量，但还有可能并非她们自愿休假或放慢步伐。有小孩的女性也许是被以各种直接或微妙的方式挤出职场。管理者（无论男女）兴许存在善意的家长作风，所以有年幼孩子的女性得到上司的保护，免于被苛刻客户的打扰，却也错失了参与挑战性项目的机缘。她们甚至可能接触不到更富裕的客户，而对她们能否长期留在公司心中无数的经理也不会重用她们。

但是，对MBA研究提供的令人信服的证据表明，主要因素在于选择，不在家长作风或偏见。[33]其中还有数据显示丈夫的收入会如何影响MBA母亲的工作时间。工作时间变化最大，也即年收入变化最大的女性，丈夫的收入通常高于男性MBA的工资中位数（我们姑且称他们为收入最高的丈夫）。[34]此外，丈夫收入最高的女性就业减少的幅度也最大。孩子出生后的头两年，丈夫收入最高的女性工作的概率比丈夫不在收入最高群体的女性低22%。5年后，前者工作的概率比后者低32%。[35]

然而，钓到"金龟婿"并不是工作年限、工作时间和就业的关键决定因素。有高收入丈夫但没有孩子的女性与配偶不太富裕的女性相比，工作年限和工作时间是一样的。[36]在决定哪些MBA女性会就业以及她们在办公室投入多少时间上，有孩子和有高收入丈夫之间明显相互影响。

大多数父母不能（也不想）完全放弃对孩子的照顾。丈夫走南闯北、四处奔波意味着他不可能每天甚至每周都在家。住在郊区意味着工作的家长都必须长距离通勤。有些东西只能放弃。如果一人的收入很高，那么第二份收入就不是那么重要了。

这些证据表明，孩子对MBA妈妈就业的影响，很大程度是因为选择而非偏见，不管是出于好意还是无意。当然，MBA妈妈们的选择高度受制于众多企业和金融部门相对僵化的工作时间安排。

一项研究无论做得多好，都很难就性别收入差距这种复杂而持久的问题提出无可辩驳的证据。但是，大量的研究可以指明方向。其他研究（包括我的）也证实了MBA项目的调研结果。通过剖析海量有关美国雇主及其雇员的企业层面和人口普查数据，我与合作者发现，在就业的前7年里，女性大学毕业生的收入相对于男性大学毕业生有所下降，而已婚女性的收入降幅更大。[37]如果女性转到薪酬较低的公司，则她们在公司里的工资增幅也较低。

额外的证据来自有关生育如何影响父母双方收入的研究。其中，最具说服力和最受关注的研究使用了若干北欧国家的数据。这些研究提供了"从摇篮到坟墓"的佐证，但也令人震撼，因为其结论与MBA研究的结论十分相似，即便他们研究的国家拥有世界上最慷慨的家庭福利政策，包括提供儿童保育补贴和父母双方大量的带薪假期。

他们观察了夫妻生育前几年和生育后多年的情况，因而，数据可以精确估算生育对父母收入的影响。这些不同的研究小组主要使用得到良好管理的瑞典和丹麦的数据。[38]针对瑞典的研究跟踪孩子父母1990—2002年的收入，评估生育如何影响夫妻的收入差异。[39]针对丹麦的研究做了类似的分析，但侧重于比较生育对女性和可比男性工人的影响。[40]

如预期所料，女性生育后遭到严重的收入下滑。但即便在孩子出生15年后，夫妻间的收入差距仍然大于孩子出生之前。差异可谓显著。假如父母在孩子出生前收入相同，那么当孩子15岁时，丈夫的收入将比妻子多32%。[41]根据瑞典的研究，差距扩大主要缘于妻子的工作时间减少，但其中约三分之一是因为时薪的降低。

家庭福利政策落后于全球的美国几乎不可能进行同样的测算，因为美国缺乏瑞典（和其他一些国家）那种将收入信息与出生数据挂钩的管理记录。但我们没有理由认为美国的这一差距会较小，反倒有诸多理由相信美国的差距可能更大。[42]

性别收入差距随着家庭的形成而扩大，女性转移到低工资公司，她们在公司的晋升空间不及男性——所有这些结果，都要求对大学毕业生群体进行按职业划分的收入差距调查。不同职业的性别收入差距存在很大差异。某些职业是否真的更利于性别平等和夫妻公平？哪些职业特性使得职业对女性（以及夫妇）更友好或更不友好？

考虑拥有最著名高等学位的人：法学博士、MBA、医学博士和哲学博士。这些学位获得者可以进入最赚钱的领域，而这些领域的收入不平等也最严重，投入大量时间的人可以攫取巨大利益。拥有其中一种学位的女性，尤其是有孩子的女性，其表现通常不如男性同行。孩子尚小之时，女性顺理成章要请更多的假，而且往往会减少工作时间。为此，她们得付出职业生涯上的代价，一如前面我们在MBA毕业生身上看到的情形。代价的大小取决于她们所做的工作类型。

父亲们付出的代价也很沉重。皮尤研究中心的一项调查显示，近半数父亲表示他们花在孩子身上的时间太少。[43]这些时间是很难在以后生活中弥补的。许多年长男性非常享受当祖父的时光，因为错过了陪伴自己孩子蹒跚学步的岁月。父母专注于一个领域——事业或家庭，所付出的代价就是损失了夫妻公平。

前面提到的面向20世纪60年代末至90年代初哈佛大学毕业生的"哈佛及以后"项目连同相关数据，让我们得以衡量与就业中断有关的职业"惩罚"。这些学位获得者通常选择的职业道路：律师、经理、医生和学者，对暂停工作的惩罚巨大。男性和女性都存在这种情况，但女性经历得更多，因为她们会请更多的假，减少更多的工作时间。

休假造成的年收入惩罚随学位而异，且差别很大。自拿下学士学位15年后，医学博士的收入惩罚最低，MBA的惩罚最高，法学博士或哲学博士介于两者之间。MBA的惩罚是医学博士的1.4倍，法学博士和哲学博士的惩罚是医学博士的1.2倍。[44]那么，是什么原因导致职业中断和工作时间减少的惩罚因学位乃至职业而不同？

为回答这些问题，我挖掘了美国社区调查的庞大数据库，其中包含数百万名25~64岁大学毕业生的信息。[45]虽然美国人口普查列举了大约500种职业，但这里只呈现了115种，因为样本仅限全职工作的大学毕业生。职业类型从一些闻名遐迩的职业到众多平凡的职业，如销售代表、预算分析师、医疗保健技师等。[46]

其中一些职业群体的性别收入差距大如鸿沟，另一些则接近相等。图8.4的性别收入比率由低到高排列（根据工作小时数和周数、工人的年龄和本科以上学历进行了调整）。

女性与男性收入的最低比率，即最大差距，出现在自有率相当高的专业职业中，如律师事务所，以及涉及金融、销售、行政、管理和商业运作的职业。数学和计算机科学、医疗保健（不含医生）、科学和工程学的比率最高，因此差距最小。显然，这些职业分为了两类。技术行业女性的收入是男性的94%[47]，金融行业的女性收入仅为男性的77%。

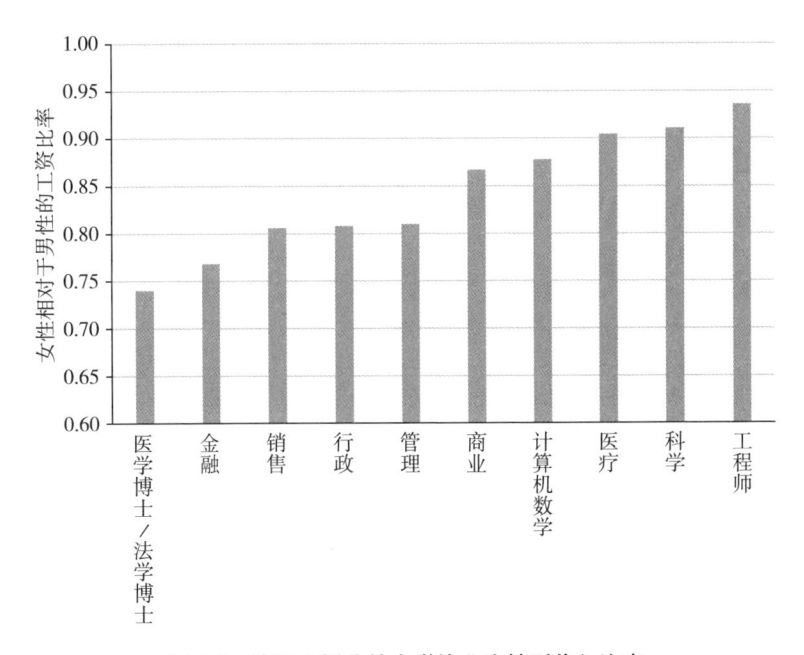

图8.4 按职业划分的大学毕业生性别收入比率

注：样本包括25~64岁的大学毕业生，他们在人口普查年度从事全职全年（FT-FY）工作，并且FT-FY男性工人从事的职业平均年收入超过6.5万美元。协变量包括年龄四分位数、每周正常工作时数、每年正常工作周数和教育程度（本科以上）。参见在线附表1A（第8章）的"ACS职业和行业分组"，列出了十组中每一组的职业。权重为每个不同职业的工人数量。

资料来源：2009—2016年美国社区调查。

是不是金融行业存在某些极其偏执和大男子主义的东西，而技术行业没有？抑或金融界偏心片面、投机取巧的老板扎堆，科技界则比较清新脱俗？其实，每个行业都有无原则的管理者和老板。要想找到不同部门或行业性别收入差异的根本原因，我们需要知道这些职业的工作内容以及每种职业的需求，特别是时间方面的需求。

为每一种职业搜寻这些信息是异常艰巨的任务。幸亏，一个庞大的团队已为所有普查职业制定了一组标准特征。这个数据库就是美国劳工部维护的职业信息网络O*NET。

在揭晓他们的发现之前，我们应该认真思考一些基本的概念，涉及女性（尤其是母亲）为何偏爱某些工作并被它们吸引，哪怕这些工作的薪水较低。这一逻辑基于一个事实，即传统上，女性对子女和其他家庭成员承担更多的责任。这不代表男性不会花多少时间陪伴孩子，更不代表我们当前的家庭劳动分工恰当合理。但女性往往就是那位"随叫随到"的家长（和"随叫随到"的子女）。

因为男性和女性在家庭责任上的差异，所以女性就应该青睐工作时间较短、待命时间较少、日程安排更可预测、工作时间更可控制的职业。推而广之，女性也应该更喜欢那些有员工团队可以轻松相互替代，且有标准化服务或产品的工作。

但是，员工往往并非彼此完美的替代品，客户也大多更愿意见到与自己有联系的专业人士。员工可能需要在晚上和周末加班以便接待客户，而这常常又意味着要向员工支付更多薪水，以补偿他们失去陪伴家人的时间。男性一般会选择需要更多时间但报酬更高的工作。和女性相比，他们普遍更在意收入的优势而不是时间的灵活性。可是，有孩子的女性通常无法做这样的选择。

还记得第一章里，为IS公司效力的伊莎贝尔和卢卡斯夫妇吗？公司需要有人在工作上随时待命，也愿意为此支付更高的薪酬。假设这个职位的奖金是每年2万美元，足以吸引卢卡斯接受这份工作。但伊莎贝尔不行，他们俩不能同时在工作中随叫随到，她最初要照顾父母，后来要照顾年幼的孩子。

卢卡斯和伊莎贝尔也许愿意一起"在家待命"，而不是有一个人"在办公室待命"。这可以确保较大的夫妻公平。但2万美元奖金对夫妇俩来说很有吸引力，岂能错过。如果女性通常是留守家中的人，那么公司为随叫随到的员工支付的费用越多，性别收入差距就越大。然而，就算在谁接受随叫随到工作上没有性别差异，夫妻公平问题也会出现。

于是，回到我们应该在实际数据中看到的情况，在工作时间再长也没有更高价值的职业中，性别收入差距就会较小，因为公司可以组建员工替代队伍，服务和产品也更加标准化。较大的差距将出现在随时待命和不规律工作时间价值可观的职业中，因为对于这些职业，富有的客户需要特定的专业人员，团队由执行各种不同互补任务的人员组成，并且提供异质的服务和产品。

O*NET为每一种职业罗列了数百个特征。有些人关心工作的体力属性，但此处我们感兴趣的并非工作的体力要求，而是工作对时间的要求、员工之间的互动以及与客户的关系。所有普查职业都提供以下六个相关特征的信息：

（1）与他人的联系：你目前的工作需要与他人进行多

少接触（通过电话、面对面或其他方式）?

（2）决策频率：在当前的工作中，你的决策是否经常影响到他人，或者雇主的形象、声誉或财务资源？

（3）时间压力：这份工作是否经常要求员工严格遵守最后期限？

（4）结构化与非结构化工作：这份工作在多大程度上是为员工安排好的，而不是让员工决定任务、优先级和目标？

（5）建立和维护人际关系：与他人发展建设性合作工作关系并长期保持这种关系的重要程度如何？

（6）竞争水平：你目前的工作竞争激烈吗？

前五个特征衡量工作的时间要求。如果女性不能像男性一样投入大量时间，或者如果她们不愿意在特定的时间或天数内工作，那么即使职位相同，她们的时薪也可能较低。伊莎贝尔和卢卡斯的职位相同，工作小时数相同。但卢卡斯每年多挣2万美元，因为他在工作上随叫随到。而伊莎贝尔的年薪为10万美元，只有卢卡斯收入的83%，因为她的时间安排更可预测，可以更多在家待命。

工程、科学和计算机数学领域的职业全都显示，其前五个特征的时间要求低，人际互动有限。[48]在这些领域，员工一般从事不同的工作，很少建立客户关系，有一定的期限灵活性，每天做一些相似的决定，参与通常由独立研究人员完成的任务。这些职业的性别收入差距也较小。

处在性别不平等顶端的职业包括管理、行政和销售，以及一些重要的自营职业，比如医生、牙医、律师等。这些职业的前五个特征有较高的时间要求。在这些领域，人人有客户，必须遵守严格的期限,每天进行不同的决策。

这一大群职业中,唯一异常的是医疗健康领域和金融业务。健康类职业(如物理治疗师和营养师)通常有非常具体的工作;其性别不平等程度较低,时间要求却高于平均水平。另一边,金融类职业(如财务顾问和信贷专员)的性别不平等程度很高,但时间要求低于平均水平。

虽然这些职业不符合有关时间要求的五个特征框架,但它们与第六个特征"竞争"密切关联。健康类职业的竞争程度最低,金融类职业的竞争程度最高。

这六个特征(前五个衡量时间要求,第六个评估竞争程度)的平均水平对于"解释"按职业划分的性别收入差距大有助益。[49] 时间要求高和(或)竞争激烈的职业性别收入差距较大。或者,时间要求低和(或)竞争程度低的职业性别收入差距较小。女性在某些职业中会遭受惩罚,因为她们需要更多可控的工作时间。

这些职业的另一个重要特征是收入不平等。男性收入不平等最严重的职业,其性别收入差距也最大。[50] 收入不平等程度最高的职业也是员工争夺客户、合同、交易和病患的职业;而且员工的工作时间最长,待命时间和繁忙时刻最多(想想律师、外科医生、会计师和高层管理人员的长时间工作)。

由于所有上述原因,在收入不平等程度高的职业,女性尤其是母亲,将不太可能赚取较高的收入。她们的报酬会远低于积极参与业务竞争的人,也远低于为争取业务长时间不规律工作的人。

随着20世纪70年代末以来收入不平等的普遍加剧,时间要求最高的工作,报酬也越来越高。因而,那些对女性来说最难进入且最艰苦的工作,恰恰是过去数十年里最挣钱的工作。这一影响可能是性别收入差距（尤其是大学毕业生的性别收入差距）近十年间几无变化的原因之一，哪怕女性的学历早已提高。女人们在逆流而上，保持独立自主的同时，更要顶着强劲的经济潮流奋勇前进。

———

自嘲为"同工同酬祖母"的莉莉·莱德贝特以及有着相似遭遇的女性知道，性别收入差距是不争的事实。这是当今最重要的问题之一。对此，我们能做些什么呢？消除劳动力市场管理者和各组织的偏见，鼓励女性更多地参与竞争，教导她们更高效地谈判，披露所有人的收入等，前面提及的各种解决方法或可一定程度上缩小差距。但这些方法，甚至是更具挑战性的解除所有职业隔离的方法，都只能产生有限的影响。

性别收入差异几乎存在于每一种职业中；相比男女之间的职业差异，前者对整体性别收入差距的影响更为深刻。性别收入差距会随着时间的推移而扩大，并在某些特定时刻加剧，例如孩子出生之后。像MBA，女性与男性的收入差距总体上是扩大了。但对于没有孩子以及休息时间不超过6个月的女性，就算差距扩大，幅度也小得多。

性别收入差距问题的罪魁祸首必须从两个方面寻找：一个涉及伊莎贝尔和卢卡斯这类普通夫妇就如何分担育儿责任做出的决策；另一个涉及工作时间灵活性的成本，这限制了所有夫妇的选择。成本越高，夫妻双方就越会在育儿方面进行分工和放弃夫妻公平。

至此，且让我们把侦探镜头转向律师和药师案例，探察它们如何深入揭露性别收入差距的源头，并为我们解决这个问题提供更多的线索。

第9章
律师和药师案例

20世纪60年代初流行的一部法律电视剧,讲述虚构的刑事辩护律师佩里·梅森(Perry Mason)破案的故事。佩里是位说话温和、思想深刻、善解人意、身材魁梧的绅士。在精明的法律秘书黛拉·斯特里特的协助下,每集故事结束时,佩里都成功破案,为被诬陷的被告洗清了罪名。扣人心弦的情节从伟大小说家厄尔·斯坦利·加德纳的笔下款款流出。

在黛拉担任佩里得力助手的20世纪60年代,如果她有幸得到一份律师工作,那么法学女博士的年收入中位数就仅为男博士的57%。[1] 50年代和60年代初,第三组中许多最优秀的法学院女毕业生都无缘踏入大多数律师事务所的大门。1952年当桑德拉·戴·奥康纳以全班最优秀的成绩从斯坦福大学法学院毕业时,甚至找不到愿意给她面试机会的公司。鲁斯·巴德·金斯伯格没能获得费利克斯·弗兰克福大法官的书记官职位,因为他不聘用女职员。第三组成员尝试进入职业轨道的女性非常少,而且一般不被重视,哪怕是资历无懈可击的女性。

1966年原版《佩里·梅森》播出最后一集时,法律系学生只有4%是女性。到了1987年,即仅仅20年后,获得法学博士学位的学生中女性突破40%。2020年夏天HBO电视网播出同名衍生剧期间，全美国法学院校的男生和女生人数已经相当。进律师事务所当律师、在公司或到其他行业当法律顾问，都是受追捧的职业。相较之下，法学院新生几乎是医学院新生的三倍。各领域向女性律师敞开了大门，女性可以成为私人律所的成员，担任企业或公共部门的律师。今天，黛拉·斯特里特自己就可以成为另一个佩里·梅森，只是她还挣不到他那样的工资。（而且她可能没法像佩里那样有幸拥有一名聪明能干的秘书助手。）女性在这个领域的收入也提高了。但由于种种原因，相比男性，这一收入仍然较低。如今，女律师的收入中位数仅为男律师的78%。

虽然进步是巨大的，可为什么黛拉·斯特里特律师迄今仍挣不到和佩里·梅森律师一样多的钱？是因为资深合伙人不提拔她吗？正如我们在上一章了解的，性别收入差距比已知的歧视更加复杂。当然，显性或隐性偏见可能也起到一定的作用。过去就是如此：桑德拉·戴·奥康纳连面试的机会都没有，鲁斯·巴德·金斯伯格则无法获得最高法院的书记官职位。[2]

但对于今天的黛拉和佩里，这不是事情的全部。一个更隐晦的问题无缝融入现代工作的结构中，被证明更具影响力。假想之2021季黛拉与佩里的伙伴关系将解开这个谜团，带我们回到恼人又顽固存在的性别收入差距的核心。

———

我们不妨把20世纪50年代黛拉和佩里的秘书与律师角色，重新塑造为更现代的人物：一对来自第五组的雄心勃勃的年轻夫妇，他们在入读顶尖法学院期间相遇并坠入爱河。毕业后，他们揣着学位证书进入现实世界。

刚毕业的法学院学生有大把就业选择。他们可以在大型公司的法务部门工作，也可以进入擅长家庭法和遗产规划的小型律所；可以在政府或非营利组织担任企业法律顾问，也可以到法学院任教。他们还可以竞选政治职位，或者奔往法律部门以外的领域。每个选项都提供一系列不同的福利待遇。

黛拉和佩里年轻有理想，他们都决定在私人公司从事高要求的工作（毕竟法学院的贷款可不会自行偿还）。5年后，他们将获得几乎相同的收入。刚拿下法学博士学位时，男性和女性的收入大体相当[3]；如果把工作时长和工作经验考虑进去，那么法学院毕业5年后，男女法学博士工资初始数据之间的微小差距就会消失。

但是作为私人律所的新手，他们过得颇为辛苦。在这一职业阶段，所有法学博士的工作时间都很长，近80%的女博士和90%的男博士在第5年每周工作超过45小时，如图9.1所示。大型律所或企业法务部门的职员工作时间甚至更长，佩里每周工作51小时，黛拉每周工作48小时。眼下，女性还留在这个行业：这些年轻律师中只有6%从事兼职工作，到第5年只有4%退出劳动力市场。[4]

在这5年时间里，黛拉和佩里堪称现代梦之队，工作时间基本相同，收入基本相同。在工资和责任方面，他们趋近平等。鉴于这个希望满满的开端，10年左右的光景，两人应该都能走上正轨，成为各自公司的合伙人。没错吧？

错！在接下来的10年从业中，四分之一的女性会转向兼职工作，整整16%的人将脱离劳动力大军。相比之下，只有小部分男性（2%）会做兼职，也只有小部分男性（还是2%）不工作。对于男女法学博士，都有约20%的人会离开法律行业但仍然工作，只

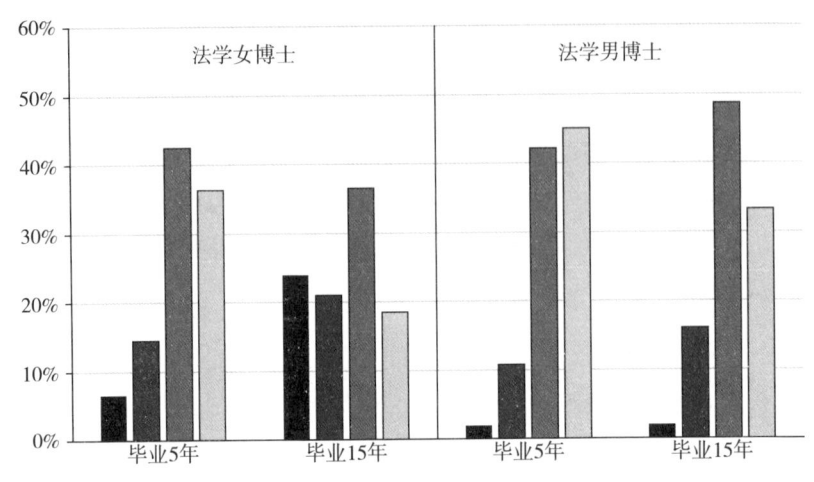

图9.1　法学院毕业5年和15年,男女法学博士工作时数的百分比分布

注:包括1982—1992年毕业于密歇根大学法学院,并在第5年和第15年参加了调查的法学博士。"5年"和"15年"是指获得法学博士学位的年数。该组为纵向样本,因此所有在"5年"列中的人也在"15年"列中。
资料来源:参见资料来源附录(第9章):"密歇根大学法学院校友调查研究数据集"。

是离职的原因通常不同。

在佩里·梅森即将成为合伙人并最大限度提高其收入潜力之际,同样才华出众、勤奋称职的德拉·斯特里特有超过三分之一的概率会彻底离开法律界,要么追求另外的职业,要么成为全职妈妈。即使黛拉继续从事法律工作,她的工作时间也可能没有佩里那么长。毕业15年后,约80%的男律师每周工作45小时以上,而女律师的这一比例仅为55%。刚毕业5年那会,他们之间的差距尚微不足道。[5] 最后,他们的收入将大相径庭:第15年的时候,法学女博士的收入仅略高于法学男博士收入的一半(56%)。[6]

黛拉和佩里遭遇了什么?他们职业生涯的这种巨大差异从何

而来？当初这对精力充沛的年轻夫妇有着相同的目标、抱负和资历。在5年的执业中，他们势均力敌。到底是什么东西改变了呢？

简单的答案是：这个领域历来属于男人的圈子，为拿下大客户，你必须在牛排晚餐时跟他们一起抽抽雪茄，聊上几小时最新的棒球比赛。但事情没那么简单。黛拉和佩里事业上的差距不是因为黛拉不喜欢雪茄；也不是因为在晋升和指导方面，佩里和他的男性合伙人上级保留了歧视性做法。这甚至不是因为律师界演绎了最极端的性别收入差距范例。这个问题的根源困扰各行各业，与劳动力市场歧视无太大关系，而与时间休戚相关。[7] 正如我们在伊莎贝尔和卢卡斯的故事中见到的，"罪魁祸首"是工作结构本身。

15年后，由于工作时间比佩里少，黛拉积累的律师工作经验也少了。但即使工作时间相同，她也只能挣得他收入的81%，因为现在她的时薪比他低很多。[8] 剩下的差异主要是因为，虽然黛拉也是位大有前途的律师，但她在律师职业生涯中缺席了一段时间。

仔细审视法律领域的薪酬情况，可以了解到很重要的东西，即黛拉和佩里在所选择的职业中投入多少时间能带来多少回报。

第15年时，律师每周工作60小时的平均收入，是每周工作30小时的2.5倍以上。随着工作时长的累加，收入出现了与性别无关的跳跃式增长。当总的工作时长增加时，男女律师的时薪都会显著增加。之前我们在伊莎贝尔和卢卡斯的生活概览中遇见过这个现象，而这些数字是真实的，是根据大量律师样本计算得出的。

倘若律师的工作时长从每周30小时增至60小时，平均时薪将增加近四分之一。[9] 律师每周的工作时间越多，他们花在工作上的每一小时就越值钱。如果我们保持男性和女性的工作时间保持不变，那么这个差异就不存在性别因素了。

人们知道，性别之间的收入差距一直十分显著。但是，如果造成这种差距的根本原因并非性别，那会是什么呢？又为什么这一差距如此鲜明地体现在性别上？为了更好地阐解这个问题，我们必须深入研究公司的结构和客户的需求，以及谁在填补家庭的空缺。

自法学院毕业5年后，女性的工作时间略少于男性，不过没有少太多。然而到了第15年，即便是全职工作的女性，也比男性投入的时间少很多，甚至比她们起初投入的时间还要少。此外，她们并非在第15年突然开始减少工作时间的。对任何一名律师而言，兼职或较短的工作时间都意味着与富裕客户合作的可能性降低。在第15年从事兼职的律师中，只有18%的人所在的公司拥有财富500强客户，但在每周工作55小时及以上的律师中，这一比例接近30%。

同时，律师在私人公司挣钱更多。如图9.2所示，在第5年，大多数男性和女性给私人公司打工。10年后，两个群体都有人放弃私人执业。但是在这10年里，离开私人部门的女性多于男性。到了第15年，只有37%的女性还在私人公司工作，而男性的这一比例超过50%。

坚守私人部门工作的女性仍然很有可能在第15年以前成为合伙人，只是机会不如男性多。15年后，逾半数女性成为合伙人，男性成为合伙人的比例是70%。可一旦计入时间投入和家庭需求，成为合伙人比例的性别差异便消失了。[10]

自然而然地，许多女性离开了私人部门。如果黛拉在5~15年内离开公司但仍然在职，她可能会从事政府工作，或者在法律界

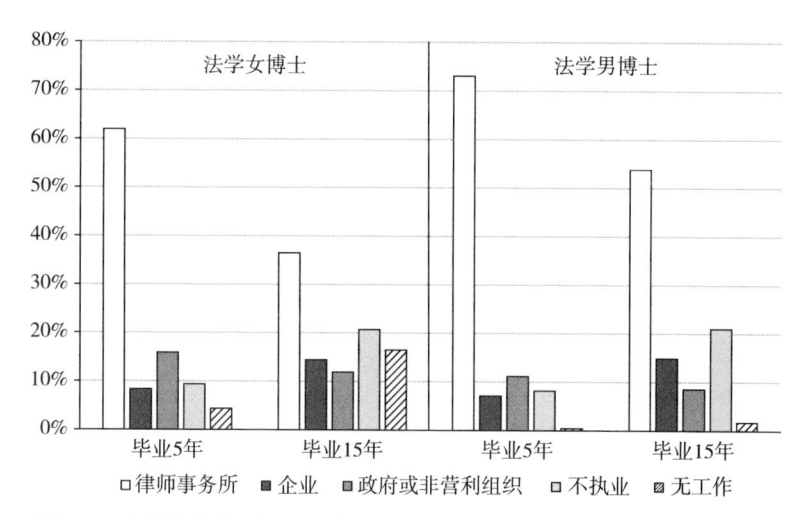

图9.2　法学院毕业5年和15年后，男女法学博士工作安排的百分比分布

注：包括1982—1992年毕业于密歇根大学法学院，并在第5年和第15年参加调查且在这两年均未被列入"缺失"职业的法学博士。"5年"和"15年"是指获得法学博士学位的年数。该组为纵向样本，因此所有"5年"列中的人也在"15年"列中。

资料来源：参见资料来源附录（第9章）："密歇根大学法学院校友调查研究数据集"。

之外就职。从财务角度看，离开私人部门代价高昂。无论性别为何，自私人部门转到政府职位，法学博士都会损失38%的年收入。如果黛拉留在律师事务所工作15年，但不是作为合伙人，她的收入将比成为合伙人少三分之一左右。由于更多女律师撤出私人部门，而即便留下来的，也很少能成为合伙人，因此她们遭受了沉重的财务打击。

时薪、留在私人部门的可能性以及成为合伙人的概率，都高度依赖时间投入和家庭需求，与律师的性别关系不大。[11]不少律师事务所的确存在偏见，但这并非造成晋升和性别收入差异的主要原因。

那么，为什么时间投入的差异如此之大，对女性和男性的收入和事业产生如此严重的影响？另外，几乎所有在获得法学博士学位5~15年内退出法律行业的女性都有年幼的孩子。但你或许会辩称，很多女律师都有孩子，所以肯定还有其他因素决定了谁去谁留。

我们不妨假设，黛拉和佩里在职业生涯的7~10年有了一个或两个孩子。如果佩里的收入让他跻身顶层，那么相比佩里收入较低的情形，黛拉更有可能放弃她的工作和职业。[12]有子女且丈夫收入高的女性退出劳动力市场的概率，是丈夫收入较低（但肯定不是很低）的女性的3倍。（比较起来，没有子女的女性并未因为丈夫收入不同而出现就业方面的差异。）

因此，如果有孩子，佩里的超高收入会导致黛拉的就业发生变化。女律师不会仅仅因为丈夫有钱就放弃工作。丈夫能够挣更多钱，养活一个家，是因为妻子辞了工作。佩里可以攀上事业巅峰，前提是他的时间和精力不被家务和照顾孩子的责任占据。这并不是说佩里在家里不是位好父亲，他只是不必像家庭"主夫"那样为家庭琐事随叫随到罢了。

就算黛拉和佩里雇用全职保姆，孩子也需要且理应得到父母的陪伴。大多数父母都想有陪伴孩子的时间，这自然产生了一个难题。花在孩子身上的时间就不能花在客户身上。用来管理日托和家务的时间就不能用来写辩护状、出庭和晋升合伙人。我们很快会发现，新冠疫情时期，随着工作、托儿所、学校和食堂一同转移至家庭，这些权衡变得愈发清晰。

黛拉和佩里要直面一个极端抉择。他们可以折中，两人都从事全职工作而不必每周工作45小时以上和熬夜。但正如所见，这可能意味着双方将牺牲大量的金钱和经验，不光会在私人部门落后于同行，而且要面临更漫长、更艰难的晋升合伙人之路。

戴拉和佩里没有中断事业，也没有大幅缩减陪伴孩子的时间，而是做出一个非常合乎逻辑的决定：作为夫妻，他们最大限度地开掘各自的收入潜力。戴拉退出她的职业生涯，也许从事兼职，或者干脆放弃律师工作，全职在家。这让佩里摆脱了耗时的家务和家庭责任，从而投入必要的长时间工作以加速成为合伙人，充分提升自己的时薪，用更高的收入回馈家庭。

在《佩里·梅森》每个故事的结尾，佩里和戴拉都破了案。而在"本案"中，他们要解决的问题是如何组建一个家庭并使家庭收入最大化。但真正麻烦的是，现代版佩里和戴拉故事的结局，与他们20世纪50年代的结局基本没有变化：佩里是身居要职的律师，在法庭和董事会上熠熠生辉；戴拉在孩子年幼时从事兼职，全权负责家务。随着孩子渐渐独立，戴拉增加了工作时间，只是，她早已献出了成为利润丰厚的律师事务所合伙人的机会。

如果佩里和戴拉是同一个高收入群体的同事，他们或可收入相近，工作时间相同，成为合伙人的机会不输彼此。但如果他们像很多人一样，是一对教育背景和职业目标相似的夫妇并且想要孩子，那么他们的职业生涯不会同步太久。他们中只有一人能达到高收入水平。当他们的事业出现差异时，几乎完全是因为女性希望工作时间更灵活或更少，或者她们撤出私人或企业部门，以便腾出时间抚养孩子。纵使律师职业取得了性别平等上的进步，但在美国经济中，法律领域依然是性别收入差距最大的行业之一。[13]

戴拉和佩里的烦恼，是许多从事各类职业的夫妻共同的困境，就像我们的朋友伊莎贝尔和卢卡斯。那些一起定居下来的高学历人群：医生和终身教授、首席执行官和参议员、全球顾问和建筑师等，都将面临不同版本的相同难题。

美国劳工统计局创建的大型数据库O*NET收集了我们讨论的普查职业的详细信息，并提出一些有关美国劳动力经验的批判性洞见。我们已经知道数据显示，某些工作特征与性别收入差距息息相关，比如工作时间要求的重要程度、工作需要与他人（如客户或顾客）密切接触的程度，以及工作中维持人际关系的重要程度等。职业对时间的要求越高，需要与客户或他人连续相处的时间越长，那么较之男性，女性在这类工作中取得成功的可能性就越低。

现在我们清楚，当员工的工作时间更长、能接触到更多客户时，时间要求较高的职业的工资（甚至时薪）就会不成比例地暴涨。律师事务所之类的雇主愿意花钱吸引职员从事不规律、随叫随到、时间不可预测的工作，甚至加班，原因之一是个人是公司维护客户和各种交易不可或缺的部分。客户可能需要特定的会计师或法律顾问。参与大型并购的律师可能被认为是交易的关键人物。律所、咨询公司和会计师事务所可能认为，如果特定人员无法跟进交易的每一步，将会永远失去客户。更多的时间要求带来更高的时薪，这就是有些员工"在办公室随时待命"能获得更高薪酬的原因。

但是，员工随叫随到、工作时间长且不规律，并不表示他们就一定能获得更高的报酬。与经济学中的一切事物一样，这取决于供给与需求的关系。公司需要愿意长时间工作的员工，因为拥有随时可以为客户服务的员工对业务有利。然而，长时间且不规律工作的员工得到的报酬也更高，因为他们会要求额外的补偿。这种补偿有点像"辛苦费"。

职业生涯涉及成为合伙人或晋升终身职位的个人同样面临严格的时间要求。不过这个要另当别论。这类雇员必须在一段固定时间内为某个通常是"赢家通吃"的目标紧张工作。在这种情况下，当期的时薪或许不会增加，但预期收入和未来的工作保障会大幅提升。

当时薪随着工作时间的增加而增加时，一般人会有加班的动力。如果加薪幅度足够大，那么哪怕是有家庭责任和希望多陪伴家人的人，也会为了巨大的经济激励为工作付出更多时间。由于两位家长无论从事何种职业，都不能（通常也不想）将父母的责任全部外包给保姆，其中一位家长必然要减少在办公室工作的时间，而把更多时间留给家里。这位家长将得不到与工作时间挂钩的额外收入，即使她（或他）继续工作。

两位家长可以都选择较难预测的工作，实现家庭收入最大化。或者，都选择更可预测和更灵活的工作，尽可能多地陪伴孩子，但家庭收入减少。又或者，他们可以一人从事高薪工作，另一人从事灵活工作，而这就是他们最终的选择。在至少一位家长必须为家庭待命的约束下，他们让另一位家长在工作上随叫随到，从而使家庭收入最大化。

男性从事时间难以预测、较不灵活工作的比例极高，这意味着即便投入同样多的时间，女性的平均收入也会低于男性。而当较不灵活工作的进步空间更大时，女性获得晋升的机会就更少。性别不平等随之产生。大量女性转向时间更可预测和较灵活的工作，以便可以花更多时间照应孩子、家庭需求及紧急情况。夫妻不公平接踵而至。[14]但显然，性别规范是女性首先选择较灵活和更可预测工作的根本原因。

众所周知，对于女性，在家庭之外拥有一份真正的事业是相对较晚近的现象，是我们五个组别演化发展争得的成果。我们可以看到，尽管这一急速转变下社会对女性拥有事业和家庭的接受程度已大幅提升，但工作场所仍旧极力奖励传统的专业化分工。个人乃至夫妻，其实都有很大的经济激励专注自身的事业，而不是在家庭责任上妥协。但如果家庭也是目标之一，那么就得做出权衡取舍。

根据我们研究的逻辑及数据，男性和女性的收入差异，与工作场所的偏见、家庭友好型政策的缺失，或者之前提到的任何快速解决方案没有直接关系。那些解决方案致力于让女性在目前的职位上得到应有的待遇。然而她们当前工作的特性，才是她们收入较低的原因。这些工作的各方面，使特定员工比如律师、会计师、咨询师、财务顾问等，变成了账目、客户和交易必不可少的部分。

有好消息吗？有，那就是责任不在你，而在制度。可坏消息也是：不是你的问题，是制度的问题。即使女性获得可以被核证为"公平公正"的工资，但假如因为家庭和子女的羁绊，她无法加班或随叫随到，她的收入仍然会低于同行业的可比男性。

我们用心良苦，在通往平等的漫漫旅途中取得了诸多胜利，可是男女间的收入差距依然存在。如今，佩里和黛拉都在翻查各种自助手册和文章，寻找实现事业家庭双丰收的"十步指南"，搜索平衡二者的灵丹妙药。答案不在那些地方，但承认存在问题即表明事情有了一定的进展。

只要两份工作之间的收入差距悬殊，普通夫妇就会追求更高的家庭收入，而往往令彼此沮丧和唏嘘的是，他们也将被迫抛开性别平等和夫妻公平。

如何鼓励夫妻不丢弃夫妻公平？显然，他们需要一种无须付出太大代价就能维持公平的选择。能不能通过改变制度，抑或让制度自行改变，从而实现这一点？答案是肯定的，事实上，少数职业已经在切实行动。譬如药房，就讲述了截然不同的故事。

———

药师这一职业不仅平等，而且收入丰厚。据美国全职全年工人人口普查报告，与所有其他职业的女性相比，女药师的收入中位数（在近500个职业中）排名第五（女律师排名第七）。女药师不仅比其他教育程度相当的女性收入高，即使按工作时间调整后，她们的收入也几乎与男药师相同。

为什么药师之间实现了性别平等，而法律领域的不平等现象依然严峻？毕竟，女性进入这两个行业的人数经历过类似的增长，并且都需要专门的学士后培训，在培训中女性都得以发展壮大。

关键就在工作的结构上。这些职业曾经具有相似的特征。药师和律师的生活都有一个重要特点：工作时间长且不规律。两种职业都包含高度的自营性质，承担所有权带来的风险。如今，这些特征仍然决定着律师的境况，却不再适用于现代药师。

最近播出的一部短命的搞笑情景喜剧《瓶子》（Vials），故事背景设在一家名为盖特慰（Gateway Drug）的私人药房。这家药房归脾气暴躁的里奇药师所有，由各类技术人员和里奇的叛逆女儿丽莎经营，丽莎是一名新手药师。半个世纪前，像盖特慰这样的药房是消费者获得处方药和满足自身药品需求的主要途径。过去的药师和药房老板几乎都是男性。1965年，女药师（主要是第三组成员）占所有药师的比例不到10%（见图9.3），通常受雇于由男药师所有的药店。当年，大约75%的药师要么是独立执业业主，要么是这些业主的雇员（另外的25%在连锁店、医院等机构工作）。女药师的收入是男药师的67%，这主要是因为她们没有自己的药房。[15]

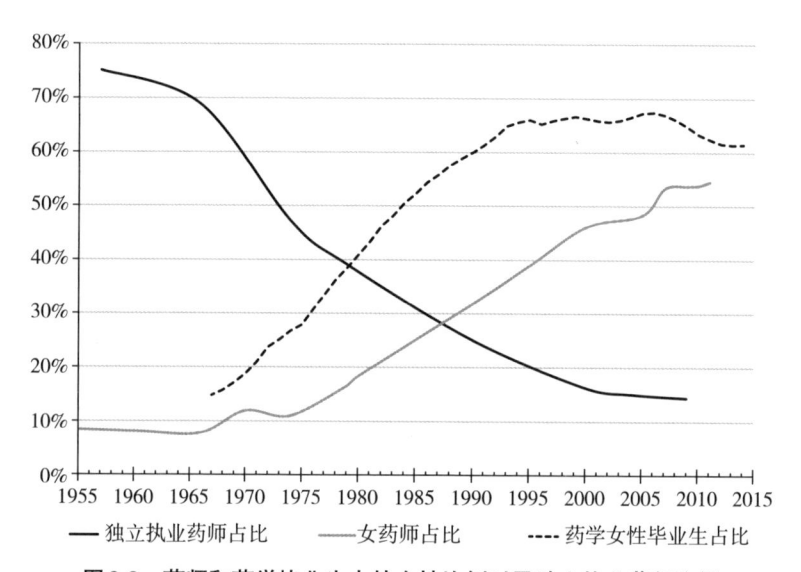

图9.3 药师和药学毕业生中的女性比例以及独立执业药师比例

注：药学毕业生的女性比例为三年移动平均值。另外两个系列是间隔系列而非连续系列。

资料来源：Goldin and Katz（2016）使用来自中西部药房研究团体调查的微观数据［Midwest Pharmacy Research Consortium，参见资料来源附录（第9章）："美国药师劳动力调查：2000年，2004年，2009年"］和更多传统的来源。

那时候（就连药师都在追电视剧《佩里·梅森》），工作时间较长的药师的时薪比工作时间较少的药师多得多；个体经营者的收入远高于雇员。而即使工作时间相同，有孩子的女药师的收入也一定远低于没有孩子的女药师，因为她们无法按要求在特定时间工作。20世纪中叶的药师职业看起来和今天金融部门的某些职业非常相似，另外也颇像今天的律师和会计师。

以前药房出售的药品和提供的服务与今天略有不同。药品通常要专门为客户配制，药师和客户之间的关系较为紧密。药师甚至会在深夜被叫醒，为熟悉的客户开紧急处方。

后来，情况开始改变。药师之间不再泾渭分明。他们不提供太多的个性化服务，也不必记住客户个人的医疗需求。（我想，读到这页的人如果近年有去过药房续药，应该不会要求最初给他们开处方的药师来配药吧。）但是，当我们会见税务会计师或离婚律师时，一般希望和特定的专业人员打交道，而不是他们的同事。

药房究竟发生了什么样的变化？在整个20世纪，药店成为大企业，规模和经营范围不断扩张。从20世纪50年代至今，私人药房的比例急剧下降，而随着这一转变，独立执业的药师比例也大幅下滑。医疗保健和健康保险制度的变革强化了这些趋势，并促使医院和邮购药店雇用的药师比例日渐增加。

每一个转变都削减了独立执业药师的数量，提升了企业雇员的比例。虽然企业部门通常不被视为渐进变革的推动者，但在这个案例中，它恰恰扮演了这一角色。药房向企业转型意味着所有权与药师的工作不再关联。从前，男性向来是老板，女性主要当他们的助手，所以这一转变还意味着，担任药师的男性和女性可以更加平等。获得企业净利润的人不再是男药师，而是股东们。

另外的几个转变也加强了这些变化。药品变得更加标准化，除了少数特例，不再需要配方。信息技术使药师能够获得客户正在服用的所有处方药清单，这类信息也让男女药师能够就药物的相互作用向顾客提供适当的建议。

与药师私人接触对于单个顾客的健康和福祉已经无足轻重。"深夜药店"意味着药师不必随叫随到。大家不再需要和药师保持密切联系才好在深夜进药店买药。

在上述转变过程中,药师的工作没有变得更容易,这个职位的专业性也没有降低。最近,药师还被召集到管理和实施新冠疫苗接种的前线。实际上,药品和治疗手段已经远比50年前复杂,药师必须掌握比过去更多的知识。药师培训的教育需求与日俱增。曾经,药学本科学位外加一年工作(以及通过考核并积累一定经验)足够炼成一名执业药师,但从21世纪初开始,需要六年药学学位(两年本科和四年研究生)再加各种考核和实践经验。

快进到今天的药房。盖特慰是一个反常现象。只有大约12%的药师在地方私人药房工作。像CVS、沃尔格林(Walgreens)、沃尔玛这样的大型连锁店以及众多医院,现在雇用了大多数的药师。和邮购药店一样,这类商店为我们提供大部分的处方药。

如今,超过50%的药学毕业生是女性,并且自20世纪80年代中期以来就一直保持这一势头。女药师不再是男药师老板的副手。大家平起平坐,都主要是雇员而非老板。今天的药师大都是某个企业实体的职员。

总的来说,这些变化意味着药师可以很容易地相互替代,这又说明,药师基本不必长时间和不规律地工作。当然,有些药师也会在晚上、周末和假期上班,他们是24小时药店、医院药房和邮购药店的员工,仍然经常挣着辛苦钱。但是,和其他有大量专业人员待命的领域相比,药房"夜猫子"应该是罕见的。关键在于,因为有近乎完美的替代者,所以没有哪个药师在工作上多花时间就能让自己更具价值，而所有人依然是有价值的专业人士。

随着药师成为彼此更好的替代者，兼职工作的时薪惩罚几近消失。现在，女药师的收入中位数是男药师的大约94%。[16]药师是少数没有显著兼职惩罚的专业职业之一。[17]企业药房的经理人是比非经理人挣得多，但这主要是因为他们的工作时间更长。工作时间更长的药师工资更高，但时薪并没有增加多少。药房的工资与工作时间接近线性关系，这说明如果工作时间翻倍，收入也会翻倍（任何倍数都一样）。

因此，对于今天长时间工作的药师，不存在明显的时薪溢价。倘若丽莎一周工作60小时，其收入就是一周工作30小时的药师的两倍。如果药师丽莎或黛拉想挣更多的钱，她就要工作更多的时间，但她的时薪没有变化。而正如我们知道的，律师的情况远非如此。

因为延长工作时间不会增加时薪，所以很多女药师从事兼职，尤其是妈妈们。大约三分之一的女药师30岁时每周工作少于35小时，并且至少在未来的10年维持这一状态。由于职业灵活，药师妈妈很少会在有了孩子后频繁休假。相对于律师和金融家，女药师鲜少出现职业中断。

另一个惊喜是，药房行业发生了三大变革：企业部门崛起、药品标准化，以及启用先进的信息技术；变革的原因与大量女性涌入这一行业几无干系。目前，约有65%的药学博士是女性，与1970年的10%相比，跃升了55个百分点。

今天，药师的待遇很好，且较之其他专业人员的相对工资也有提高。从1970年到2010年，全职药师的年收入中位数相比律师、医生、兽医（男性和女性专业人员）均有增加。[18]总之，药师几乎成了彼此完美的替代者；进而，配药业已然成为高度平等的行业。不仅收入可观，而且就算进驻这个行业的女性人数创下纪录，薪酬也并未下降；这与通常认为女性一旦进入某个职业，收入就会暴跌的观点形成了鲜明反差。

———

一个更广泛的结论就此诞生：工人之间的替代性，是降低长时间和随叫随到工作过高时薪的关键。如果两名员工彼此能很好甚至完美替代，那么当其中一人不得不休假时，另一人可以无缝接替前者的位置。客户、病患、学生和顾客可以由某一熟练员工移交给另一熟练员工，不会丢失信息，不会改变信任度，也不会产生效率差异。

这种转变不需要革命、社会运动或剧变。它自然地发生在配药行业，原因很多，但是没有一个原因直接涉及任何具体的事项。这并不代表其他部门和职业必须或者将会自发发生类似的变化。配药行业的案例告诉我们的是哪些变化可以促进性别平等和改善夫妻公平，而不是这些变化必须如何实现。

拥有完美（或接近完美）替代者的理念，对女性和夫妻有着巨大的影响力。通过研究配药行业的案例，我们得以了解该行业如何消除了性别收入差距，以及其他行业可以如何缩小这一差距。我们能够从中吸取什么经验教训才是至关重要的。

如果所有职业都像药师一样，那么今天的黛拉和佩里就不会陷入两难境地。黛拉不再是唯一一个为了照顾孩子缩减工作量的人。没有黛拉，佩里不会有动力长时间工作，或在周末埋头案子。

作为夫妻，他们无须在律师和家庭之间做选择。他们将能实现夫妻公平和性别平等。

当然，问题是大部分职业都不像药师。当长时间工作是获取高时薪的唯一途径时，个人就不得不为了更可控的工作时间付出更多，夫妻就要面临更艰难的抉择。相对工作时间不可控的人，工作时间更可控的人挣得更少，甚至时薪也少得多。譬如法律领域，甚至有云泥之别。在法律行业，休假、缩短工时甚或只是在特定的时间工作，都意味着时薪的悬崖式下跌。而药师休假，不会出现收入断崖，顶多像是闲庭信步。

当某一职业的工人可以互相替代时，每个人都将受益。想想，假如员工拥有完美的替代者，结果会怎样？苛刻的客户、紧急会议、午夜并购终场，或任何需要员工在场但他（她）无法现身的时刻，都可以由完美的替代者处理。由于完美替代者可以在紧要关头接手，她或他就可以平滑时间要求。工作时间长、工作要求高的人将没有理由必须获得额外的时薪，因为不再需要某个员工应对长时间、超负荷的工作。这些时间会由两个或两个以上能力相当的替代者分担。

配药行业几经变迁，药师终于可以掌控自己的时间且几乎不损失时薪。向前迈出的每一步都得益于技术变革，例如信息系统方面的变革，而这些变革同样影响了其他领域和行业。

不久前，企业实体接管了配药行业和许多医疗机构。最近，企业和私募股权公司通过收购小型诊所，成功闯入验光、牙科和兽医领域。虽然大量企业得以幸存，但对许多人来讲，友好的独立所有者转变为陌生疏远的公司，终究仿佛苦涩的药片难以下咽。

产品标准化和更好的信息传输使药师能够与广泛的客户合作，药师成为彼此的完美替代者。在一定程度上，类似的变化也开始影响银行业和金融部门。例如，许多大型银行不再为顶级客户提供一位私人理财顾问，而是启动私人银行家团队。有多少次你被（我希望是得体地）告知，将由团队另一位成员为你提供同等的服务，而不是之前跟你联系的人？

拥有替代者绝不意味着一个职业、专业或职位沦为大宗商品，并把工资压至最低。这种替代不会像山寨的爱马仕铂金包那样降低真品的价值。医生、兽医、药师、律师、金融家和会计师如若配备优良的替代者，将能增进灵活性，且他们的收入未必会下降。"分身"不会削弱这些专业人士提供的服务的价值。就像我前文提到的，具有高可替代性的配药行业正是一类高薪职业。

另一个好消息是，这种变化也开始发生在其他行业，只不过是以一种非自然的方式，但结果与配药行业的改变相得益彰。在某些领域，工人日益要求对工作时间有更大的掌控权，并迫使公司、医院等机构提供这类权利。咨询、会计和金融等行业的公司渐渐认识到，年轻员工无论男女都会因为工作时间长和不可控而辞职。亲手栽培的人才可能流失，这种威胁或能刺激雇主做出改变。在各种技术类和健康类职业，工作本身是独立的，很少需要与客户或患者反复进行个人互动，这意味着具有类似技能的员工可以相互替代。此外，新冠疫情期间，对父母特别是对女性的需求日益增加，这进而极大地提升了在工作中拥有良好替代者的价值。

每集《佩里·梅森》结尾时，佩里总能找出罪犯并破获案件

(通常少不了黛拉的协助)。眼下,我们揪出了"罪犯",却没有解救被告。而正如我们将要看到的,在卫生、技术、金融领域的一系列职业中,雇主为雇员提供时间灵活性的成本已经降低,并且,这些职业的员工正逐渐成为彼此的完美替代者。

第10章
随时待命

我家的狗很少生病。可它一旦生病，就几乎总是在晚上11点。我们会跑到当地一家动物医院，给它洗洗胃或包扎爪子。几十年前，如果我的狗深夜消化不良或是和邻居家的猫发生冲突，可能需要拨打当地兽医的紧急电话。现在不用了。在美国各地，动物医院犹如雨后春笋般出现，其运作方式也越来越像专门治疗人类疾病的医院急诊部。

和几十年前的兽医一样，很多家庭医生曾经是24小时待命。20世纪70年代初流行的医疗电视剧《维尔比医生》就讲述了这样一位医生的逸事。罗伯特·杨（在《老爸最知道》中饰演父亲一角）扮演的维尔比在私人诊所工作，总是挎着医药箱上门看病，笑容可掬。

如今，出诊和下班后的兽医探诊都已绝迹。兽医仍然主要受雇于小型社区诊所，一些医生仍然私人执业。但这些从业者很少在凌晨出诊。为什么呢？

因为现在，宠物、儿童和成人的健康需求通过一个双层系统得到满足。一层的运作时间主要从上午9点到下午6点，偶尔会多加半个周末的时间。另一层专门应对紧急情况，全天候运营。尽管后一层的员工24小时提供专业帮助,但双层系统的员工通常都按照可预测的时间表工作。有些人也许得时不时上上夜班,但这些专业人员并不需要每天随叫随到,他们的待命时间同样是可以预测的。

应急工作人员的变化彻底革新了卫生保健领域。最重要的是(就我们一直在探索的问题而言),这些变化改变了相关从业者的生活。随着时间要求的变更(比如兽医和医生不必随时待命),这些专业人员中的女性比例大幅提升。

1970年,在第四组的职业发展初期,只有7.5%的新晋兽医是女性。今天,这一比例达到了77%。1970年,只有8%的医学博士学位颁发给女性;现在大约是50%。[1]如果没有时间要求上的结构变化,从事这些职业的女性人数兴许也会增多。但若真少了这些结构性变化,女性获得人类医学和兽医学学位的比例不会有如此大的增幅。然而,所有这些都不代表女医生在医学领域的竞争环境已经趋于公平。事实远非如此。

———

在其他许多职业,比如会计、法律、金融、咨询和学术界,女性和男性的竞争环境甚至更不平等。过去的半个多世纪里,这些领域的职业发展变化不大,尽管其中近半数专业人员是女性。这些领域的晋升规则都要求早期投入大量时间。在预定期限结束时,雇员(一般称为助理)要接受考评。勤奋(或幸运)的人将获得终身职位或合伙人资格,其他人则被打发。这类工作通常被称为"非升即走"职业。"升迁"的人留下来,而"出局"的人往往去更低一层级的公司、机构或大学任职。

每个职业和部门的门槛和发展时钟并不相同,但都有一个共同点:那些得到丰厚回报的人,届时应该已经30多岁。这一点今非昔比。只是拿下高等学位以及获得第一次晋升、合伙人身份或终身职位所需的时间,都已变得更长、更晚。

曾几何时,攻读高等学位的大学毕业生会直接进入研究生院或专业学校。而今,几乎所有人毕业后都要花一年或更长时间从事与最终职业相关的工作。在学术界,大多数博士申请者获得学士学位后都首先担任研究助理(这个职位被称为"博士预科")。MBA群体则通常在进入商学院之前工作若干年。

今天,攻取博士学位所花的时间比以往任何时候都要多,即便在有大把就业机会的领域也不例外。我拿到博士学位的时候,获得经济学博士学位通常需要4年时间,现在是6年。物理和生物科学的博士后培训同样延长了周期,这些职位已经在其他领域流行起来。

接受教育和培训的年数增加倒无可厚非。但这只是"非升即走"世界的开始。学术界获得终身职位一般需要6~8年。法律行业确定合伙人身份大约需要10年;咨询和会计行业确定合伙人身份需要6~9年,具体取决于是否拥有MBA学位。至于投资银行业,需要5~6年或可从初级银行家升级为副总裁级别。

所以在学术界,现在至少要有13年(更可能是16年)的学士后生涯做铺垫,个人的职业生涯方能巩固。在咨询和会计领域,考虑升职前起码得拼搏10年。而攻读MBA或法学博士课程之前,应该投入几年时间工作。因此,个人职业生涯的第一次晋升通常发生在30多岁时。第五组成员的首次晋升年龄比第四组大4~6岁。

可想而知,事业与家庭之间会出现怎样的张力。在谋求合伙人身份或终身职位的过程中，当年的22岁大学毕业生渐渐年长，进入了30多岁，甚至更老。大学毕业生的初婚年龄中位数远低于这个年龄。

如果提早进行"非升即走"抉择，譬如在35岁之前，女性就可以先努力工作，成为合伙人或拿到终身职位，然后再开启家庭生活。然而随着晋升年龄提升，这意味着要么晚点组建家庭，要么第一次重大的晋升时刻在孩子上学前班时到来。职业道路需要长时间的工作，对于有年幼子女的人，这往往太过紧张。两种选择都有问题，尤其是对女性而言。

职业时钟与生物时钟和家庭时钟交织同步，滴答作响。很多女性和男性必须在职业生涯稳固之前建立家庭；否则，他们可能将永远无法拥有家庭。

管道为何泄漏

自20世纪70年代开始，许多专业的职业女性新人比例大幅上升。在完成各类高等学位课程方面，第四组女性取得了长足进步。可是，获得终身职位、合伙人身份或其他晋升机会的女性比例没有跟上节奏。起初，人们以为高级职位的女性比例偏低是因为晋升需要时间，但现在大家发觉事实并非如此，时间其实绰绰有余。

过去20年间，我所在的经济学领域的女博士比例达到30%~35%。[2]但她们当中终身副教授为25%，正教授为15%。1974年，我是8%的助理女教授之中的一员，到了2018年，该比例升至27%。1974年，正教授群体的女性比例不足3%，2018年逼近15%[3]，进步可谓巨大，但是速度太慢。假如男性和女性候选人的晋升率相同，那么正教授的女性比例应该会更高。这种差异的部分原因是，女性发表文章的记录导致她们的晋升率降低。[4]另一个原因是，她们在晋升之前离开了学术界。

女性在学术、法律、咨询、管理和金融等领域的低晋升率，归因于人们通常所称的"管道泄漏"现象。"管道泄漏"是指女性和男性晋升前都有离职者，但在各个关键时刻，女性离职的比例高于男性。

人们一直想方设法寻找女性流失率更高的原因。通过比较论文发表能力相当的男性和女性，大家发现偏见、偏袒和指导不足等因素依然存在。但是，大多数"非升即走"职业中管道泄漏的主要原因，带领我们回到了晋升所需的时间问题上。高强度的职业对所有人来说都是艰难的。尤其是年轻的父母，更加辛苦；而在通往顶峰的路上，放慢脚步并投入大量家庭时间的一方，往往就是女性。

以注册会计师为例。[5]自20世纪80年代以来，女性已占新注册会计师的50%。但2017年时，注册会计师达百名或以上的会计师事务所的女性合伙人仅占21%。[6]合伙人关系中的性别差异更加严重。在大型会计师事务所，女性仅占股权合伙人的16%。在注册会计师不足百人的小型事务所，女性占合伙人的42%，这与女性占注册会计师总数的50%接近。很多时候，未能在大公司取得成绩的女性注册会计师会转到小型注册会计师事务所或非公开（即非注册）的事务所工作。[7]

我们在法律行业看到了类似的管道泄漏现象。譬如密歇根大学法学院毕业的女性，只有18%在获得法学博士学位15年后成为合伙人，而男同行的这一比例达35%。

针对这些职业内实际存在的歧视，以及高层挑选与自身相仿的继任者带来的影响，人们早已做了不少研究。关于指导女性、少数族裔和代表性不足群体的各种难题，大家也有过热烈讨论。以上每一个因素对于决定是否升职都很重要，但事情远不止于此。

女性从事这些职业所面临的最大障碍，是我们熟悉的时间要求，而并非只是工作时间的问题。时间要求还包括生活中需求最大的时刻。一如上文所述，这些压力在个人的30多岁时冲至顶点。

工作时间对于升职非常重要，这一点不难在法律等注重工时的职业中得到验证。律师按小时（甚至按分钟）计费，律师事务所自然要密切关注时间。我们知道女律师成为合伙人的比例低于男律师。但直到最近大家才了解个中原因。美国律师协会组织了一项大规模的律师调查（称为"法学博士之后"项目），追踪他们的等级并进行分析；结果表明，成为合伙人与投入的时间之间存在显著的相关性。助理律师的工作时间和获得的收入，是造成男女晋升率差异的主要因素。[8]

随着越来越多的女性开始从事这类职业，以及越来越多的男性希望与生活伴侣建立平等关系，老规矩和旧思想产生了越来越大的成本。机构并不想人才流失，而流失的人才大部分又是女性。

大学设有最严厉的"非升即走"政策，不过，在为男女初级教员提供家庭假期和为获得终身教职按下暂停键方面，大学日益宽容。新的职位被开发出来，可以绕过严格的"非升即走"途径。无法忍受加班加点争取终身教职的人，或者自认无缘晋升的人，可以考虑讲师和兼职职位。法律和会计领域则有非股权合伙制。

个人可以沿着食物链行进，在小型机构获得终身职位，或者成为规模较小、利润较低的律师事务所或会计师事务所的合伙人。

前不久，我结识了美国最大、最负盛名的咨询公司的一位高级合伙人。他的工作是确保新手、经理和顾问（公司基层员工）不会因为工作太艰苦而在当前项目结束时辞职。务必让年轻的"工蜂"确信他们的PPT文案做得漂亮，Excel表格在删除前至少被浏览过一次。他的任务是警示咄咄逼人的经理和合伙人们：如果对待年轻员工过于苛刻，公司将不断遭受损失。

他走访了美国各地的办公室，询问同事和顾问们是否工作负荷过重，是否受到不公平待遇或不被重视。无论他的工作有效与否，大型公司有专人负责监督高层的事实意味着他们察觉到了问题的存在。这就是所谓的委托代理问题。中层管理人员有驱动团队努力工作的动机。经理会因为报告精彩、客户满意而收获赞誉。但倘若人才流失、团队解散，公司的其他部门都会遭殃。而代理人（中层经理和合伙人）并没有足够的动力遵循委托人（高级合伙人和首席执行官）的指示。

公司可不想失去训练有素的员工，特别是在专业服务行业，客户关系丰富，培训成本（由公司承担）通常很高。没有孩子的年轻员工几乎没有个人时间限制，一般都希望给公司合伙人和高层管理者留下好印象。他们会长时间投入工作，频频相互竞争。如果是20多岁的年轻人，拼命工作没问题。但这并不是很多人，尤其是女性，在有了年幼子女后想要的生活。高层管理者尤其是CEO（首席执行官）们，都愿意减少已经成为多数年轻员工常态的漫长且往往不可预测的工作时间。我遇到的这位高级合伙人，正是在试图解决这个委托代理问题。

高盛、摩根大通、花旗集团、美国银行、摩根士丹利、巴克莱和瑞士信贷等华尔街巨头们，也纷纷决心创设更好的激励机制，化解如何留住公司困扰年轻人才的委托代理问题。金融巨头开始订立规则，保护周末和晚上的时间、带薪休假、法定假期以及快捷的晋升途径。

2013年，高盛发起一轮大行动："我们致力于实施下列举措，以更好地推助本公司初级银行家拥有成功且可持续的长期职业生涯。"规则很明确，几乎没有需要向执行委员会报告的例外情况。"所有分析师和员工周五晚上9点至周日早上9点必须离开办公室（自本周末开始）……所有分析员和经理预计……每年应有3周休假。"[9]此外，不准把工作从办公室搬到家里或附近的咖啡店。一年后，瑞士信贷禁止周六上班，美银美林[10]集团倡议初级银行家每月至少休四天周末。

科技巨擘们同样明白，长时间工作会破坏舒适的工作环境。2016年，亚马逊为了打造"适当缩短工作时间但仍能促进成功和职业发展的环境"，宣布允许科技人员乃至经理削减25%的工作时间，同时降低25%的薪酬。[11]员工基本上是按小时减扣工资。

新冠疫情导致包括技术行业在内的许多公司延长了居家工作的时间。接受远程办公兴许会对所有员工（尤其是家长）产生长期的有益影响。但正如我们将要看到的，（疫情期间）部分开放的办公室、时开时关的学校和托儿所的影响或将加剧以往的性别不平等，因为与新冠疫情之前相比，现在更需要父母留一个人在家照应。可谓有得有失。

一些咨询公司和会计师事务所已经落实政策，限制年轻员工长途出差的次数。一些公司则限定员工的工作时间，限制员工下班后发送电子邮件。这些由高级合伙人和CEO推行的举措引人注目，他们认为，有些经理驱使年轻员工玩儿命工作，以致后者被迫辞职。每个经理和合伙人都希望自己的项目顺利完成，他们不会时时顾及疯狂工作给整个公司带来的成本。无论成功与否，为控制年轻员工过度工作所做的大量努力说明，公司及员工已经认识到，拼命工作是要付出代价的。

20世纪90年代前半期，美国最大的两家会计师事务所察觉了自身存在的严重人事问题。他们在招聘女性层面做得很好，注册会计师有一半是女性。但这些女性很少能成为合伙人。就像一些业内人士所言，他们一直在流失女性会计师。多数高层领导并不认为可以遏制这种流失。然而，聪明好奇的德勤CEO迈克尔·库克（Michael Cook）提出了异议，并于1992年委托一个外部审核小组调查女性离职的原因。[12]

调查发现，女性早在晋升前就已陆续离职。报告称，德勤的文化不断排挤她们。她们接不到利润丰厚的会计业务，不被委以重任，还被斥以不够坚毅，至少被认为没有男同事能吃苦耐劳。在库克的领导下，德勤的企业文化发生质变。女性新合伙人比例渐有上升。

1997年，安永CEO菲尔·拉斯卡维（Phil Laskawy）发现了类似的问题。公司尝试了实行弹性工作制、开展职业辅导、建立女性网络等策略。不久，安永的女性合伙人比例也见长。[13]

不只德勤和安永提高了女性合伙人比例，该行业一些政策不算开明的公司也有同样的提升。目前尚无法评估这种提升有多少是由于德勤特意改变企业文化的策略，或安永的弹性工作安排。但有其他证据表明，存在更基本的结构性因素阻碍女性攀登事业高峰。

一组聪明的研究人员借助审计报告，构建了注册会计师事务所女性合伙人的比例数据。毕竟审计是注册会计师事务所的主要业务。而就大型会计师事务所的女性比例而言，德勤和安永与许多竞争对手并无太大的区别。[14]

所以，只有上述政策还远远不够。35年前，一半注册会计师是女性。25年前，德勤、安永等顶尖公司决定必须采取措施挽留女性。然而顶尖公司的女性合伙人比例，至今仍远不及很久以前女性占所有注册会计师的50%比例。[15]问题不在于公司不清楚女性占所有注册会计师的比例与女性占合伙人的比例之间的差距，也不在于它们不关心或不尝试改变。真正的问题在于，做出晋升决定的时间点以及这些职位的时间投入，给已经拥有或想要拥有家庭的夫妇带来了生活上的困难。它涉及的是这些职业的结构方式。

这些职业实施的解决方案都不充分。在法律、会计和咨询行业，非股权合伙人的报酬相当低。在学术界，虽然兼职教员有男有女，但女性兼职的比例还是过高。这些职位通常提供给随行配偶（不论男性或女性）。奈何在地理位置上，女性历来更多捆绑于丈夫的职位。甚至就在最近，暂停"非升即走"考核的举措也受到了批评。研究表明，女性需要额外一个学期来照顾家庭；男人则利用这些时间发表更多的学术论文。[16]"非升即走"制度与组建和养育家庭并不协调。这些做法均不适合任何性别，但鉴于现实情况，女性付出的代价更大。

毫不奇怪，工作随叫随到、时间不规律又不可预测的员工，往往比工作时间接近正常的员工挣得多。更重要的是，这种溢价给女性的职业生涯和夫妻公平造成了问题。时间长或随叫随到工作的时薪溢价越高,尤其在有孩子时夫妻双方进行分工的激励就越大。

我所说的"分工",并非指一人洗碗,另一人擦干。我指的是更普遍的事务:正像我们在整个旅程中看到的,一人(通常是妻子)花更多的时间为家庭待命,另一人(通常是丈夫)花更多的时间在工作中待命。

如果有孩子的夫妇不进行分工,也即他们不做出最普遍的决定(让一方在家事上待命,另一方在工作上待命),那就意味着他们要少挣钱。两人不能同时接受无法控制时间的工作,因为要照顾孩子;就像我的狗,会在某天不可知的时间生病和需要帮助(而孩子的需求比狗更大)。

当能多挣的收入并不是很多时,按照夫妻双方的意愿,少挣就少挣吧。换言之,两人都可以拒绝时间较难预测的工作。这样就好比他们用放弃的那部分薪水购买夫妻公平。可如果这笔钱数额很大,夫妻公平的成本也许就会高到难以抗拒这份工作;进而夫妻公平可能会被放置一边。但这不是唯一的损失。当夫妻公平被搁置,职场中的性别平等问题也将随之而起。即便按时薪计算,女性的收入也会低于男性。问题既在于劳动力市场的工作如何计酬,也在于家庭的劳作和照顾如何按性别划分。

关键是,正如律师和药师案例所启示的,性别(不)平等和夫妻(不)公平恰似硬币的正反两面。造成夫妻间不公平的,是我们一直在探究的艰难抉择:夫妻中有一方,通常是女性,决定在家待命。这也意味着,总体说来,哪怕按时薪计酬,女性的收入也比男性低。这继而引发了性别不平等。幸好,黑暗中突现一丝微光:越来越多人开始努力争取夫妻公平,争取与家人共度时光。

企业都想盈利。为此，它们希望员工随叫随到，甘心忍受不规律的工作时间，但企业也深陷困局。新冠疫情暴发前，它们希望高素质员工在办公室遵照严格的时间表工作，却又不肯为这个工作支付高额薪水。而今，越来越多有孩子的员工希望减少周末和夜间的打扰，开始要求对额外的负荷提供额外的补偿。

突如其来的新冠疫情加剧了这些问题。但我们的经历或许也能提示解决方案，因为已经证明，弹性工作在许多难以预见的环境下是切实可行的，并且不会明显降低生产率。（我很快会转回来讨论疫情期间，由于学校停课和许多日托所关闭，父母的育儿时间增加产生的影响。）

新冠疫情前，家庭时间需求增加已经成为一个主要问题，因为父母开始每周花更多的时间陪伴孩子，尤其是教育程度较高和收入较高的父母。过去50年间，我们从大量美国家庭样本中收集了有关人们使用时间的详细数据。这些时间使用数据最早采集于密歇根大学1965年开展的"美国人使用时间调查"（Americans' Use of Time Survey）。自2003年起，美国人口普查局采用了类似的方法（由美国劳工统计局发起），称为"美国人时间使用调查"（ATUS）。各类研究人员不懈努力，终令这两项调查的时间序列具备了可比性。

调查结果显示，2015年，大学学历父亲（25~34岁）每周照顾孩子的时间是1990年的两倍（从5小时升至10小时）。学历不太高的父亲也发生了相同比例的变化，虽然幅度略小（4小时升至8小时）。

爸爸们增加陪伴孩子的时间，不是因为妈妈的陪伴减少了。恰恰相反，妈妈们陪伴孩子的时间也增加了。1990年，大学学历母亲（25~34岁）每周花13小时陪伴孩子，2015年为21小时。[17]而非大学生母亲的陪伴时间则从11小时增至16小时。综上所述，对于受过大学教育的夫妇（25~34岁），陪伴孩子的时间从1990年的每周18小时增至2015年的每周31小时。[18]

尽管花了更多时间陪伴孩子，但男性仍然自叹和孩子共处的时间远远不够。皮尤研究中心的一项调查揭示，46%的父亲表示愿意在孩子身上花更多的时间。承认与子女相处时间太少的大学毕业生父亲略少，但也达到了40%。而受教育程度较低的父亲明显更觉得自己做得不够：49%的人表示希望再多花些时间陪伴孩子长大。

表示遗憾的母亲仅为父亲的一半，这与她们陪伴孩子的时间更长相吻合。不过，仍有23%的母亲表示愿意投入更多时间陪伴孩子。在职妈妈的这一比例较高（27%），但在给定就业的条件下，教育程度对该比例影响不大。[19]

与25年前的同类型父母相比，今天的父母不仅增加了陪伴孩子的时间（也想更多地陪伴孩子），而且自信比上一辈做得更好。大约50%的人表示他们花在孩子身上的时间比他们的父母多。平均来讲，确实如此。只有20%的人觉得自己花的时间少了。[20]这些调查结果适用于所有教育水平的男女性群体。虽然没有广泛证据证实，父亲日益要求雇主减少周末和晚上的工作时间，但他们使用时间的情况以及希望多花时间陪伴孩子的意愿，都隐约暗示他们或许正在这么做。

母亲们声明，她们非常看重工作的灵活性。当被问及工作中什么最重要时，53%的女性大学毕业生回答是"灵活性"，而只有29%的男性大学毕业生赞同这一说法。[21]

一个美好且意义重大的新现实是，有多少夫妇想在婚姻中实现更公平的劳动分工。丈夫越来越不愿意让妻子为了家庭放弃事业。在拥有大学学历的丈夫中，67%的人认为最好的婚姻是夫妻双方都有工作并携手照顾家庭和孩子。女性大学毕业生也希望自己的婚姻关系更趋公平[22]；80%的女性表示，最好的婚姻是两人都有工作，共同分担家务和照顾孩子。

那么，该怎样让这些愿望变成现实呢？

一线希望

员工提请雇主做出改变的方式之一是辞职，转投其他收入、工作时间和津贴更合适的公司。对一些有高收入伴侣的女性来说，辞职也可能意味着彻底退出。如果新近接受培训的年轻员工果断离开，自然会引起公司的注意。它们招聘时会重点关注如何留住员工，并持续扩大对员工的早期投资。

随着员工越来越重视家庭时间和更公平的关系，超出正常工作时间的加班日益需要公司支付更多的补偿。追求利润最大化的公司当然不想涨工资。于是，很多公司都在千方百计节约最有价值、最昂贵的员工的时间。一系列可行的策略应运而生。有些公司开始敦促员工更好地相互替代，以便大家能够更轻松地移交客户，或代替同事参加会议。这些公司仍然会有高峰需求和繁忙时刻，但员工可以更好地优化自己的时间表，不必错过重要的家长会或足球比赛。

公司未必拥有人性化、关怀体贴、富有同情心的经理，但这无伤大雅。行星偶尔都会连成一线，见怪不怪；所以，对公司有效率的东西没准也对员工有效率。被要求长时间、不规律工作的男人们要求加薪，说不定会刺激公司想出计策节约员工的时间，而不是要求他们放弃家庭生活。

如果公司能找到有效经营业务的方法，又无须要求员工更快、更长时间地运转，它们就不必为额外的工作时间支付大量补偿，给工作时间难以预测、工作辛苦的员工加薪的情况也不会发生。这样一来，既能缩小性别收入差距，又能增进夫妻公平。就像这句稍作改动的谚语所云：适用于公鹅的好东西也适用于母鹅（和小鹅）——男人、女人乃至孩子统统受益。

诚然，这个构想同样存在问题。毕竟一些员工没有家庭责任，或者年长员工的孩子已经长大。但别忘了，构成极大一部分劳动力的，是那些负有某种家庭责任的人。

正如律师的例子所示，这些变化并未发生在整个劳动领域。一些最大的变化，比如药师案例，是自然发生的，并非源自员工的压力。当然，人们一向空谈多于行动，带来的多是争吵而非妙策良方。但在不少实际情况下，企业和机构都在发明方法，通常是采纳新技术，以期降低时间灵活性的成本。

卫生领域就有两个实例：一个是按附属专业分析医生的工作时间和收入；另一个是面向兽医所做的类似分析。两者都需要使用超出人口普查信息范围的详细数据。虽然人口普查列出了大量职业，但它们往往是高度聚合的数据。例如"内科医生和外科医生"，汇集了50个或更多的附属专业。而兽医的普查样本太小，无法提供充足的信息。所以，使用更详细的数据，我们将能更细致地观察这些职业，了解时间要求对性别（不）平等的影响。

———

女医生俨然百炼成钢。她们当中的佼佼者受过多年艰苦训练，兢兢业业为病患服务。最后，很多人还比接受同等或更少培训的其他职业女性生育了更多孩子。

根据"哈佛及以后"项目的数据，获得学士学位15年后，拥有医学博士学位的女性有孩子的比例高于获得法学博士、MBA或哲学博士学位的女性。在20世纪80年代初毕业的医学女博士中，约84%的人40岁之前生育（或领养）了孩子。[23]女医生们是怎么做到的？

首先，医学博士妈妈比其他大多数妈妈有钱。她们可以通过聘请保姆、让孩子上更优质的日托等来填补她们的时间。她们还可能获得更公平的婚姻。但和其他缺乏超能力或资源的女性一样，女医生在有了孩子后也会削减工作时间。

可以肯定的是，她们的工作时间很长。但总的来讲，她们的工作时间远远少于男医生，也比相同专业的男医生少。45岁及以下女医生每周的工作时间比男医生少10个小时。[24]不过平均工作时间依然很长，所以说起来，女医生的工作绝不能算得过且过（女医生绝没有在工作上躺平）。

这些年轻女医生每周工作48.1小时，男同行每周工作58.6小时，由此，他们每周的工作时间几乎相差一天的工作时间。[25]随着年龄增长，女医生的工作时间相对于男医生有所增加。男医生减少工作时间，女医生则增加工作时间。

不同医学专业的男女医生人数差别很大。在年轻医生群体中，女性占儿童精神科医生的55%以上，占皮肤科医生的62%，妇产科医生的75%。[26]相比之下，约20%的心血管医生是女性，而骨外科医生中女性只占10%。女医生更倾向于选择每周工作时间要求较低的专业。妇产科是个例外，科里大多是女医生，但工作时间很长。一般来讲，某个专业的男医生工作时间越长，被吸引的女医生就越少。[27]也就是说，男医生的平均工作时间与该专业的女医生占比之间存在强烈的负相关关系。[28]

为阐释这一点，不妨比较一下住院实习期相似的专业。年轻组的男性皮肤科医生每周工作48小时，62%的年轻皮肤科医生是女性。内科专业的男医生每周工作59小时，44%的内科医生是女性，比皮肤科医生的女性占比小。[29]尽管年轻女医生会选择工作时间较短的专业，但这不是她们每周工作时间少10小时的主要原因。男女医生每周工作时间相差10小时，主要是因为几乎每个专业的女医生工作时间都更短。实际上，在近20个最大的医学专业中，年轻女医生的工作时间都要少于年轻男医生。[30]

随着年龄的增长以及孩子对她们时间需求的降低，女医生逐渐增加工作时间。在几乎所有专业中，45岁以上女医生的工作时间都在增加。注意，男性的情况正好相反。年长男医生的工作时间比年轻男医生少，譬如心脏内科，工作时间从67小时减至60小时。同样，外科专业也出现了很大变化。而由于初始工作时间较短，大多数其他专业的变化都较小。

在几乎所有专业领域，年长男医生每周的工作时间相对年轻男医生均有减少，女医生的工作时间则通常没有变化，甚至随着年龄而增加。年长男女医生之间的工作时间差异从年轻男女医生的10小时降为5小时，这主要是因为男医生每周工作时间减少了

3.9小时,女医生每周增加了1.1小时。

可以灵活收缩每周的工作时间,是医学女博士抚养孩子并取得事业成功的关键因素。然而,将高强度的工作与拥有家庭所必需的弹性日程安排相结合,并非没有缺点。其中一个缺点就体现在工资差距上,哪怕修正了工作时间。女医生的时薪仍然远低于男医生。早些时候公布的医生性别收入比仅为67%,令人失望。但是如前所述,这一分析没有区分众多的医学专业。

我们使用的医生数据比美国人口普查中的数据更翔实,并涵盖各种专业。其中揭示,女医生遭受收入损失很大程度上是因为她们选择的专业,而这通常与每周工作时间和培训时间有关。根据工作时间、专业和获得医学博士学位的年数进行调整后,女医生与男医生的收入比从67%增至82%。[31]

某些因素无法列入考虑。有研究表明,女医生花在每位患者身上的时间较多,所以看的病人(和收费)较少。根据一项大型研究,女医生在每位患者身上多花了10%的时间,导致就诊的病人减少、收费降低。[32]但即使考虑了这些因素,女医生的收入仍可能偏低。

女医生年轻时每周工作时间较短,这也许是她们后来薪酬较低的原因之一。她们可能得不到多少津贴,以后可能会与部门晋升失之交臂。她们还可能无法调换工作以获得更高的工资和更好的职位。和男同事相比,女性较少能利用外部机会来争取更高的薪酬。相比于男性,她们更常因为丈夫的工作而被绑缚在特定的地理区域。

那么,一线希望在哪里?一方面是,第五组各个专业的医生拥有比以往更大的工作灵活性。相较其他许多高收入职业,医生的兼职能力更强。更重要的是，医学领域发生了变化，降低了实施弹性工作制的成本。最新数据显示，女性占所有年轻医生的47%，占儿科医生的71%、皮肤科医生的64%、家庭医生的64%。[33]她们的诉求日渐不可小觑，何况，男同事们也希望有更多的时间陪伴家人。

以儿科医生为例。我的姐夫就是儿科医生，他有三个孩子。当初他在阿尔伯克基的一家医院工作时，孩子还小，于是他要求变更日程安排，以便有更多时间照应家人。结果没能遂愿。最后他进了美国凯撒健康计划和医疗集团，那里能提供他想要的休假时间。他用脚投票，争得了一份不太辛苦且时间更可预测的工作。总体来说，这些行动足以引发巨大的变化。

今天，不论性别，在每周工作时间较短的年轻医生中，儿科医生的比例最高。美国儿科学会报告称，33%的儿科女医生以及相当一部分儿科男医生是在兼职工作。[34]儿科医生和其他一些专科医生之所以能够每周工作较短时间，是因为他们形成了团队协作模式，允许医生相互代替。团队模式可以让医生掌控更大的时间灵活性，分摊随叫随到的任务和晚上时间，具体运作取决于各自的协作机制。

麻醉师和产科医生就在运行这种团队模式，几乎总是以团队的形式完成替换。所以，哪怕你最喜欢产科医生布雷特，也最好认识一下珍妮特和萨法，因为他们中的一位很可能会替你接生。我很诧异律师、会计师、顾问或金融家可以就本领域专业人士的不可替代性侃侃而谈，却无法解答为什么接生孩子就不一样。难道是因为各家公司的财务记录每每大相径庭，而女性的分娩则大同小异？

麻醉师负责在手术中维持生命。不过，患者要在手术开始前的几分钟才会遇到这位救命医生。为每例手术安排特定的外科医生和特定的麻醉师，无异于精心设计一场噩梦。在危急时刻，这绝无可能。现实是，手术可以有随叫随到时刻，但麻醉科不需要长时间待命[35]，他们的紧急情况较少，工作时间更可预测，这一点与皮肤科、精神科和儿童精神科等领域的情境类似。

医院管理成本削减措施的另一例证，涉及"住院医生"这个相对较新的附属专业。住院医生主要协调病人的护理，同时与初级护理医师替换从而节约大家的时间。病人希望自己的初级护理医师能守在病床边，但这样成本太高。因此，由住院医生协调专科医生和初级护理医师对病人的照料。病人可以得到住院医生更好的看护，初级护理医师则不必奔忙于各家医院照顾病人。

和药师的情形一样，改变对医生的时间要求是成本节约策略，与员工的需求关系不大。住院医生降低成本的同时，也降低了对常规医生随叫随到的要求。

最关键的是，不少专业的医生现在可以缩短每周的工作时间。工作灵活性的提高有利于女医生组建家庭。她们生育的孩子也比受过同等教育的女性多，甚至多于受教育时间短很多的女性。但她们还是要付出代价。在医院和私人诊所，女医生的年收入均低于男医生；即便是相同的工作时间，她们挣的也较少。

兽医是另一类了不起的医生。医学博士或许精通智人的内在运作原理，兽医则精通其他物种的内在运作机制，包括天上飞的、水里游的。在性别构成上，没有哪个专业领域发生了兽医行业那样的巨大变化。50年前，几乎看不到女性兽医。如今，近80%的

兽医学校毕业生是女性。[36]并非女人突然就喜欢上了动物，改变的部分原因在于，兽医能够更好地掌控工作时间，减少随叫随到的场合。

在声望、工作时间、成就感以及提升病患及其陪护者的幸福感等方面，兽医具有许多与人类医生相同的职业价值。（但正如我的兽医朋友希望补充的，这门职业并不挣钱。）然而对想要家庭的人来说，兽医培训比医学培训更具优势。起码，兽医不必像住院医生那样，要在某一特定领域接受专业训练。

回想起来，兽医也曾偶尔在晚上、周末和假期参加业务实习；他们也需要应对紧急情况。现在，紧急情况和下班后病例得到了和人类一样的处理。紧急护理室和急诊科会照顾你家的狗和猫，如同照顾你和你的孩子。这些变化发生的经过，说起来还有点话长。

简略地说，变化起于地方兽医开始在周末和晚上轮流代班。他们创立了非正式的转诊制度并轮换待命。这些非正式团队慢慢成为正规的兽医转诊医院，拥有固定员工。后来这一模式逐渐蔓延，目前美国遍地都有24小时开放的动物医院和紧急兽医护理诊所。进而，大多数地方兽医诊所只在白天和工作日营业。

尽管急诊医院雇用的兽医偶尔也要加班，但社区和小型诊所的兽医通常不用。这些地方诊所往往是集体执业。如果你家的狗最喜欢的兽医很忙或在度假，你会被引介给很好的替代者。毕竟，动物和孩子随时都可能受伤或生病。

私人诊所的女性兽医一般每周工作40小时左右，外加4小时的紧急会诊。[37]对于医疗专业人员，这是相当短的工作时间。男性兽医则通常每周多工作8小时，外加6小时的紧急会诊。[38]私人诊所20%~25%的女性兽医是兼职工作；而兼职工作的男性兽医只有5%。[39]

适度、规律、可控的工作时间，很少的待命时间，少于人类医生的前期培训年限，这些都是兽医行业女性人数增多的原因之一。只不过，她们的所有权比例和持股比例都还远低于男性同行。30%~50%的私人执业女性兽医是所有者，而男性同行是所有者的比例为60%~80%。[40]

由于所有权需要比普通雇员更长的工作时间和承担更大的责任，很多有家庭的女性都不愿增加自己的时间要求。如今，女性兽医中40多岁者居多；男业主则主要在五六十岁，他们日渐发现很难把自己的诊所卖给年轻的女同行。这种不匹配导致诊所被企业部门收购，独立兽医诊所不断减少。

继而，兽医行业发生了类似配药行业的变化。对于这两个行业，人们都有理由感慨独立经营实体越来越少。但是，和药师的情况一样，企业所有权减轻了专业人员的时间负担。企业所有权还减少了性别收入差异，因为可获得更高所有权回报的男性兽医越来越少。不过，从私人执业到企业所有权的转变尚在起步阶段。

在最近一段时期，女性兽医的收入仅为男性兽医的72%。[41]但女性每周和每年的工作时间都较少。如果只考虑全职全年工作群体，加上接受的兽医培训，她们的薪酬可达到男性的82%。[42]再计入所有权和股权差异，这个比率进一步提高至85%。[43]

按女性占新进入者的比例衡量，兽医行业的变化已经使该领域成为当今女性占主导地位的职业。[44]这个领域的要求其实没有多大变化。要说有什么不同，那就是要求增加了。发生变化的是工作安排现在允许个人对工作时间有更大的支配权。

今天，兽医几乎算是实现性别平等和夫妻公平的完美职业：工作时间可控，专业人员之间替代性高。就只差竞争环境还不算平等了。

工作转型

随着年代的演进和职业的发展，我们渐渐了解，时间是女性追求事业和家庭的大敌。家庭和职场同步需要待命时间、高峰和紧急时间、晚上和周末时间。此外，"非升即走"的年龄窗口收紧，也加剧了家庭与工作的冲突。最终的结果往往是，性别不平等恶化，夫妻不公平扩大。

第一类时间束缚已经突破。医疗行业的自我雇用越来越少，医生和兽医团队协作越来越多，意味着随叫随到的需求日益降低。女医生渐渐趋向工作时间较短、可控性更强的专业领域。但这种合意的灵活性有其代价，年轻医生减少工作时间既会损害当前和以后的收入，也会影响职业的发展。

这一转变任重道远。兽医诊所仍然是独立经营机构。总会有一些医学专业，比如外科，需要长时间工作和随时待命。员工的需求确实促成了一些改变，譬如我的儿科医生姐夫，他希望有更多时间陪伴孩子。而其他变化之所以发生，是因为追求利润最大化的企业想降低高薪专业人员的成本。

在改变"非升即走"职业方面，我们进展不大。女性成为律师事务所、咨询公司、会计师事务所合伙人，以及担任学术机构终身成员的数量已经大幅增长。但这数十年间，即使是在女性占据一半进入者的领域，她们也离占据"非升即走"竞争的一半赢家相去甚远。

一些奉行"非升即走"原则的公司表示，情况正在好转。2003年辞去德勤咨询公司CEO职务的道格拉斯·麦克拉肯（Douglas McCracken）20年前曾指出，"公司的年轻人不想要老员工想要的东西"。年轻人"不是在尝试接受……某些生活方式好让妻子不用工作"，相反，他们在尽力争取时间陪伴家人，不愿像普通合伙人那样每周工作80小时。但麦克拉肯似乎并不明白许多夫妇（甚至是高收入夫妇）愿意做出的权衡。他声称，"他们不会愿意为了额外的10万美元放弃家庭和社交生活"。[45]不幸的是，大家愿意。夫妻公平的代价到底太高了（10万美元真不是小数目）。

变革需要来自更深层次。其中最重要的是让男性参与进来。谈到公司在美国提供陪产假福利时，波士顿咨询集团的高级合伙人马修·克伦茨（Matthew Krentz）表示，"越来越多的男性开始享受这项福利……随着双职工夫妇日益增多……男性参与休假计划必须成为重中之重"。[46]但首先，公司务必得到每个人的支持，这样休假的男性才不会被变相"惩罚"。

没有简单的解决办法，没有放之四海而皆准的政策。但是了解这些问题可以让我们朝着正确的方向前进。最起码，我们不会把时间浪费在权宜之计上。

只是时间问题

我经常思考学生说过的话："我想要一个想我所想的男人。"事业与家庭的冲突是她实现美满幸福人生的拦路虎。两者都在争夺时间。

当两个人同步参与时，选择会更多。夫妻可以一方专注一项事务，另一方专注另一项事务。劳动力市场总是对某种程度的专业化给予极大的奖励，所以，市场上更专业的成员会获得一定的职业回报。但在家庭方面，权衡显然是存在的。每位家长可能都想花特定的时间陪伴孩子；而更专注市场的家长，或许将无法观看周二上午的游泳比赛或周四下午的足球比赛。冲突来自等式的两边，解决办法同样需要双方的调和。

一种解决方案是降低灵活性的成本，也即降低权衡的代价。这样，夫妻就不必面对艰难的妥协。如果一份贪婪的职业没有为随叫随到、周末、长时间工作支付太高的报酬，卢卡斯就不会愿意接受这份活计。更好的做法是，让弹性工作更具生产力，并提高弹性工作的工资。那么，卢卡斯自然乐于从贪婪的工作转向灵活的工作。而灵活岗位上的伊莎贝尔会挣得更多，完全离职的可能性也更小。

这个家庭的收入会稍微降低，但从夫妻公平的角度看，他们将非常满足。家长双方都能花适当的时间陪伴孩子，又不至于令家庭陷入困顿。图1.1的那两条线会靠得更近，其代表的象征人物将更趋平等。

一个补充的解决办法是减少父母照顾孩子的成本。越容易获得照护服务，权衡的代价就越低。大多数其他富裕国家均为儿童保育提供大量补贴，该支出占国民收入的比例是美国的3~4倍。[47]像法国、瑞典、英国等国家，都在大力资助高质量的儿童保育服务。这就是现在那些国家黄金年龄女性劳动参与率超越美国的原因之一，尽管美国的劳动参与率在二战后大部分时期都超过了这些国家。[48]照护服务不止于常规的上课时间；它们也涉及K-12［从幼儿园到12年级（相当于高三）］学生的课后和暑期项目。此外，还有一套政策主要解决父母、祖父母和其他人的照护问题。

另一种解决方案是改变社会规范，使权衡不再取决于性别。但正如之前我在同性伴侣情境中指出的，这可能有助于更大程度地实现按性别划分的经济成果平等，却无法解决夫妻公平问题。它并不能让配偶双方都达到各自的幸福点。

就在我对本书进行最后润色之时，全球经济遭遇巨大冲击，暴露出我们日常生活中的不公和缺陷，更揭示了女性承受的不平等重负。这块巨石直坠而下，令人措手不及，非但没有遮蔽我们走过的路，反而使护理部门和经济部门之间的联系变得透彻清晰。疫情期间，没有一个国家，包括美国，能够在孩子重返学校和托儿所之前全面重启经济。毕竟女性占据了所有工人的半边天，而在上次大萧条时期，女性只是劳动力大军的很小一部分。经济，别想靠着一半的动力就能运行。

今天，几乎所有雇主都在努力解决如何提高远程办公的效率，以及如何在保持效率的同时兼顾灵活性的问题。他们力图确保伊莎贝尔不会离开职场，卢卡斯在家工作也能像在办公室一样高效。他们想让两人稳稳当当地返回工作岗位，同时仍可照应家人的需求。

在当下全球觉醒时刻，人们依旧在追求事业与家庭。新冠大流行没有改变旅程的方向；它只是放大了问题，促使人们更加迫切地思考工作与家庭之间的权衡取舍，迫使人们选择如何最好地利用时间。正如我们所见，一个多世纪以来，女性先驱们一直在问自己同样的问题。在探索答案的过程中，她们冲破障碍，拓展空间，缩小差距，并把经验教训代代相传。她们将继往开来。但是，为了在不确定的未来实现理想的平衡，需要改变的不仅仅是女性和家庭。我们必须反思国家的工作与护理制度，以便重新铺砌前行的道路。一切只是时间问题。

后记
被放大的旅途终点

任何时代都充满不确定性，新冠疫情时期更是以极端的方式展示了这一特点。在新冠大流行开始之际，美国失业率急剧上升，而今已经大幅下降。不过，很多工作和小企业仍然处境艰难。在本书写作时，美国的公立学校尚未完全开放，日托中心时开时关。安全有效的疫苗终于有望广泛提供，但还并非人人均已接种。正常的生活似乎指日可待，但是这个"可待"时间却总在变化。

新冠疫情是一场灾难。它夺去生命、夺走工作，并将影响未来数代人。它暴露了种族、阶层和性别在谁被感染、谁死亡、谁必须到一线工作、谁可以学习、谁负责照顾孩子和病人等方面的不平等。它把国民分成了富人和穷人。这俨然是一面令人惊慌的放大镜，放大了父母的负担，揭示了工作与家庭照护之间的权衡，也加剧了本书记载的五个群体在旅途中遭遇的大部分问题。

新冠大流行对女性产生了巨大影响。女性往往是工作和家庭的重要劳动者。她们当中，有牙牙学语宝宝的新晋妈妈，有百无聊赖接受在线教育的青少年的年长妈妈，有目前依靠食品供应站生活的贫穷单身母亲，有争取升职机会的高学历女性，还有病毒感染风险较高的有色人种女性，在国家经济一落千丈之前，她们早已察觉到自己被边缘化。

我们正历经一个前所未有的时代。在一线辛劳的工作人员堪比战时的士兵。但是，以前从不要求一线工人把危险带回家里；我们从不需要关停经济以促其重新运转；经济衰退对女性的影响从未超过男性；护理部门从未如此鲜明地与经济领域紧密连在一起。今天，女性几乎占据劳动力的半壁江山。我们必须确保她们不会因为照护问题而牺牲工作，也不会因为工作而牺牲照顾家庭的时间。

本书关注女性大学毕业生对事业和家庭的追求；以她们作为样本，是因为在过去的120年间，她们最有可能实现这个双重目标。她们曾经只占人口的一小部分，一个世纪前占年轻女性的比例不足3%。如今，女性大学毕业生几乎占美国20多岁女性总数的45%。

大学毕业生群体的焦虑和不满日益突显。充斥报纸、新闻推送的关于第五组年轻成员未来[1]的预言耸人听闻："新冠大流行将'使我们的女性在职场倒退10年'"[2]，"新冠大流行或将伤害一代职业母亲"[3]，"新冠病毒如何导致女性劳动力发展退步"[4]。新冠疫情时期，需要照顾孩子和其他人的人们都在奋力投入更多时间，发表学术论文，撰写各类简报，在Zoom视频会议上应对要求苛刻的客户。

根据上述预测，眼下，那些原本有望在事业和家庭上取得历史性成就的人可谓突然失去支援。就像美食博主黛布·佩雷尔曼（Deb Perelman）说的："让我把大家默认的大声说出来：在新冠疫情泛滥的经济形势下，你只能要么带娃，要么工作。"[5]第五组女性会不会重蹈覆辙，做出和第一组一样的妥协？

毋庸置疑，女性比男性更易感知新冠疫情和经济衰退造成的冲击，这就是出现"女性衰退"（she-cession，又译"她衰退"）一说的原因。但是，与受教育程度较低的女性相比，女性大学毕业生维持就业的能力更强，或者至少表面上是这样。教育使她们有能力居家工作，而这保护了她们的健康和就业。

与2019年同期相比，2020年秋冬季有学龄前孩子（5岁以下）的25~34岁女性大学毕业生妈妈的劳动参与率仅下降1.2个百分点（基数为75%）。但是，有小学和中学年龄孩子（5~13岁）的35~44岁母亲的这一比率下降了4.9个百分点（基数为86%），降幅颇大。[6]而非大学生群体无论有无子女，因为受雇于最脆弱的行业，劳动参与率更是大幅下滑。

上述画面貌似并不符合头条新闻渲染的"世界末日"般的场景，但数据确实显示，裂缝可能会随着时间而扩大。重新进入劳动力市场也许很困难，缺失工作经验还将影响日后的收入。即便对于保有工作的人，很多人也会问：在选择获得合伙人身份、终身职位和首次晋升方面，母亲是否处于不利地位。在学术界，过去一年里母亲们发表的论文比没有学龄子女的男性和女性少。[7]此外，数据没有披露众人的沮丧和挫败，对许多人来说WFH（居家办公）意味着"在地狱工作"（"Working From Hell"）。[8]

不满情绪

我们探讨了一个世纪前女性大学毕业生的抱负，她们面临着要家庭还是要事业的选择，她们面临着诸多禁制，哪怕身处繁荣时代。几十年间，障碍不断消除。我们迎来了20世纪70年代的女性大学毕业生,她们日益渴望同时拥有事业和家庭,但她们明白,必须遵守这一顺序才能实现这两个目标。最后我们研究了20世纪90年代的女性,她们在教育上得到进一步提升,职业机会也有所增加,能够更率真地舒展抱负。她们公开表示想收获事业和家庭的成功,更是希望同时达成二者,不需要依循特定的顺序。过去数十年里,她们已经在这两个领域取得了更大的进步。

但是,早在新冠病毒肆虐美国的近十年前,在#MeToo运动分水岭出现的几年前,女性已经开始广泛表达不满情绪。从新闻媒体上搜到的"性歧视"(sex discrimination)、"性别歧视"(gender discrimination)等短语表明,人们对工资不平等的不满和对性骚扰的反抗日渐加剧。

2010年之后,几起备受瞩目的事件登上新闻头条,譬如鲍康如起诉雇主凯鹏华盈性别歧视,男女职业足球队员之间的薪资差距,等等。好莱坞、华尔街、硅谷赤裸裸的性别工资差距案例也被曝光。随着2016年希拉里和特朗普总统竞选期间出现诸多问题,尤其是《走进好莱坞》(Access Hollywood)中传出的猥亵言论以及这些言论对选举结果明显缺乏影响力,女性的不满情绪有增无减。这些事件的报道引发了20世纪性别不满的第二个巅峰时刻(套用新闻报道的表述)。而第一个高峰还是在20世纪70年代上半期。

60年前的20世纪60年代,《纽约时报》几乎绝口不提"性歧视";几十年后,"性别歧视"一词才渐为人知。大约在1971年,关于"性歧视"的文章开始暴增[9],到了1975年,包含该词的文章触及一个高点。接着,这个词的使用断续减少,并在35年后的2010年左右降至1975年水平五分之一的最低点。

但是，就像20世纪70年代初不满情绪突然翻腾一样，它在21世纪第二个10年再次喷涌，一直攀至历史最高水平。#MeToo运动和Time's Up运动推波助澜，却也止于2017年底。甚而早在#MeToo运动成为女性反抗和抵制屈辱境遇的标志之前[10]，不满情绪已经日益激昂。

20世纪70年代初不满情绪高涨的原因不难理解。当时性别工资差距实在巨大。女性的收入是男性的59%，并且该比率长时间滞留在这一糟糕水平。女性始终被排除在各种社团、餐馆、酒吧之外，甚至才刚刚获准入读国家级的精英院校。历经了从民权到反战的抗议运动时代，1972年《教育法修正案第九条》终于保障女性在教育和体育方面的平等权利。这些时光令人振奋，解放女性和意识觉醒团体遍地开花。女性总算有了发言权，她们用它大声抒发不满。

然而为什么在21世纪第二个10年，正当女性在就业、收入和教育领域斩获辉煌成果时，新闻文章里又流露出类似程度的不满和沮丧？

因为人们的期望提高了，愿望也改变了。女性，尤其是女性大学毕业生，预断自己能够拥抱事业和家庭。受教育程度较低的人坚称她们在劳动力市场应该得到公平对待。大学毕业生则渴望获取和男性配偶同等的成就。大家开始憧憬不仅要实现工作场所的两性平等，还要实现家庭的夫妻公平。

正如我们所见，在20世纪八九十年代，所有工人的性别收入差距大幅缩小，但从90年代起，大学毕业生群体的收入差距开始停滞不前。收入不平等加剧意味着顶层人群正在以牺牲他人为代价攫取利益，而在这个稀有群体中，男性大学毕业生的比例奇高。

贪婪的工作变得越加贪婪，承担照护责任的女性不得不挣扎着跟上。

照护

以上一切，早在"前新冠时代"已经出现。2020年3月，非常紧急和突然地，家长们被告知学龄孩子要待在家中。托儿所全部关闭。我的哈佛本科生都去度春假了，之后只有一小部分人返回学校。员工被要求居家办公，除非国土安全部认为其"不可或缺"。至此，整个美国进入"新冠时期"。

紧随新冠疫情而来的经济灾难对女性的影响大于男性，而经济衰退本来不致如此。女性的工作主要在服务行业，一直免受离岸外包、中国贸易冲击和自动化的影响。可如今，酒店业、旅游业、个人服务业、餐饮业、零售业的服务岗位遭到沉重打击。在一个保持社交距离的世界，面对面服务行不通了，何况室内工作比室外工作更不利于健康。建筑业倒是出现了反弹；大多数制造业也表现良好。最受影响的女性群体是单身母亲和大学学历以下的女性。而正如我已经指出的，女性大学毕业生的失业率也在飙升，同时劳动参与率日趋下降。

和前新冠时代一样，大学毕业生父母比其他人过得轻松，毕竟他们更有能力居家工作。根据基于职业特征的估算，新冠疫情之前，62%左右的大学毕业职业女性（25~64岁）可以居家工作。[11] 2020年5月当前人口调查数据显示，约60%的女性做过远程工作[12]，与男性同行的比例大致相同。在接受了一些大学教育的女性中，42%的人能够居家办公，而没上过大学的女性的这一比例只有

34%。2020年5月，声称从事远程工作的非大学毕业女性的实际比例仅为23%。

鉴于大学毕业生群体的职业，他们已经做好封锁的准备。没有大学学历的人注定是重要一线工人的大多数，要么被休假，要么被解雇。大学毕业生的失业率在劳动力中始终最低。2020年4月，即疫情暴发后经济最低迷的月份，全美失业率触及两位数峰值，35~44岁女性大学毕业生的失业率为7%，另有5%的女性"有工作但不上班"。[13]非大学毕业生群体的失业率是这个数字的两倍多，达到17%，另有10%的女性"有工作但不上班"。

新冠疫情期间，居家工作的能力变得非常重要。然而，居家工作仍意味着员工被假定可以在非正常时间工作，可以在客户或经理希望完成工作时工作。但居家工作可能会不断受到干扰。

对于大多数有学龄前和学龄子女的家长，在新冠疫情期间，家庭对时间的需求是巨大的。每个人在家里都要更加努力。对有孩子的人来说，疫情期间家成了日托中心和学校。而如果配偶或孩子生病了，家就是诊所和医院。个人在有偿工作上不间断工作的时间已经急剧减少。

在本书写作时，美国正处于我所说的新冠后兼新冠疫情混合期，因为从许多方面看它属于"后新冠时代"，但其实它仍停留在"新冠时期"。一些公司、办事处和机构已经营业，一些学校和日托机构也已开放。然而很多学校只是部分开学，有些学校仍然完全远程授课。对于有孩子的夫妇，学校部分开放或远程上课意味着孩子要待在家里，运气好的话，会有一位家长居家相陪，督促学习。如果历史抑或我们刚刚经历的旅程具有参考意义，那么这位家长很可能就是女性。

新冠疫情时期，照顾孩子的时间究竟增加了多少，带薪工作的时间又减少了多少，这在具有全美代表性的大型样本中尚不得知。有关时间使用情况的常规研究譬如"美国人时间使用调查"，已于2020年3月暂停，直到5月才重新启动。这些数据在一段时间内将无法公布。

根据"美国人时间使用调查"，我为至少有一个18岁以下孩子[14]的在职大学毕业生"样本家庭"创建了"前新冠时代"（疫情流行前年份）的评估。封锁前，样本家庭的母亲平均承担61%的育儿工作[15]（她们还包揽了近70%的食物准备、清洁、清洗等家务）。至于没有工作的同类型母亲，这一比例为74%。[16]

疫情封锁期间，孩子暂停上学，学龄前儿童的托儿服务有限，很多看护人员被迫休假，父母总的投入时间大大增加。家长接替了老师的位置，监督孩子的上学时间，辅导他们做作业；老师则忽然成了遥远的屏幕影像。

疫情封锁对样本家庭母亲的直接影响是，她们与孩子相处的总时间翻了一番。[17]但实际上，双亲家庭中母亲照料孩子的比例有所下降，因为父亲也待在家里，他们照顾孩子的时间比封锁前增加了很多。2020年4月的调查表明，母亲照看孩子的时间增加了1.54倍，父亲照看孩子的时间增加了1.9倍。此外，每位至少有一个小学或初中年龄孩子的家长，每周额外分配大约4个小时督促孩子的远程学习。最小孩子在上高中的家长，每人多增加约2个小时。

毫无疑问，在封锁前，照顾婴儿需要的时间最多。封锁之前，有婴儿的夫妇每周花42小时照顾宝宝；其中母亲的照顾占66%。封锁期间，每周的总时间激增至70小时。但是，妈妈照护新生儿的时间虽然从28小时增至43小时，所占的比例却降到了61%。[18]

对于最小孩子上小学或中学的家长[19]，母亲每周花在照顾孩子及其远程教育上的时间大约从9小时增至17小时。不过，和前述情况一样，封锁期间父母双方的照护时间均大幅增加，而母亲承担的育儿和远程教育占总时间的比例从近60%降至略高于50%。

封锁似乎有利于夫妻公平，因为女性占育儿和远程教育总时间的比例下降了，男性的相应比例上升了。也许当一切结束后，男人们会希望多花时间陪伴孩子，并愿意为家庭贡献更多的时间。但真实情况如何，我们不得而知。

我们确切知道的是，尽管双亲家庭中母亲占据的照护时间份额有所下降，但育儿和家务劳动的总负担依然沉重。对于父亲，这几乎同样不堪重负。可由于女性承担了更多的日常家务，如做饭、洗衣等，她们从事有偿工作的时间被大大压缩。据英国一项调查估计[20]，2020年4月，在职母亲在一半的带薪工作时间内受到打扰。

新冠后兼新冠疫情时期，当部分学校、众多托儿所和某些公司重新开放后，情况有变化吗？[21]由于某些儿童托管服务和学校教育已经开放，儿童保育总需求应该介于新冠时期的最高峰和前新冠时代的较低水平之间。

虽然没有确凿证据，但我们有理由相信，女性的总育儿负担大致保持不变，而她们占总负担的比例增加了。原因是，美国所有学校和托儿所的开放比工作场所会更审慎；结果，一些员工得以恢复以往全部或部分工作时间。可是，总得有人在家照顾孩子。女性从更多托儿服务和学校开放中获得的好处，被配偶时而重返工作岗位抵消了。

这种好处既不均衡，也不稳定。面向学龄前儿童的日托机构已经基本重启，许多家庭也重新雇用了被迫休假的儿童保育员。但即使进入2021年3月的学年后期，在我写下这些文字的时候，美国许多最大的学区仍未完全开放，尽管每个学区都有"很快"全面放开的打算。一些学校开放后又突然关闭，成千上万的孩子被遣送回家。心力交瘁的家庭最终在家长或有偿家教的带领下，组建了或真实或虚拟的"学习舱"（learning pods）。

随着公司、办公室和各类机构重新开放，工人们可以像从前那样离家上班（只是比以前略微谨慎）。但有孩子的家庭，如果学校依然部分远程上课，那么一位家长仍需要部分时间在家，也即至少还得留一人居家待命。

每位家长都可能因为某些原因想回到办公室。去办公室工作的人可以了解更多情况，接触更赚钱的客户，参与更有趣的项目；还可以和同事面对面交流，更有效地工作，不受干扰，远离孩子学习乘法表的喧闹。

夫妻双方可以继续在家上班，就像伊莎贝尔和卢卡斯，各自进入高度灵活的岗位。但果真如此，他们也会跟伊莎贝尔和卢卡斯一样放弃某些收入。假如家长中一方居家工作，一方回到办公室，他们的收入或许不会立即发生变化。但那些最终回归办公室的家长，哪怕只是部分时间回去，也将有所获益。虽然大家的猜测很多，但我们尚不清楚这场破坏性的强制实验会带来什么结果。

再一次，正如我们从历史中了解的，那个将恢复新版"旧常态"、在办公室工作（即便只是小部分时间）的家长，很可能是男性。但这还是未知数。我们从当前人口调查揭示的特殊问题中得知，截至2020年9月，大约60%的大学毕业生至少已经部分时间返回工作岗位。[22]我们还知道返回岗位的男性多于女性。不过证据仍然微弱。总有一线希望，我们的性别规范会被强制性居家工作的尝试打破，不去办公室上班的惩罚将会减少。

在一些领域，员工重返办公室的压力颇大。高盛集团的大卫·所罗门鼓励交易员返回总部。塞尔吉奥·埃尔莫蒂（Sergio Ermotti）担任瑞银集团CEO时曾表示："如果员工待在家里，银行将尤其难以凝心聚力，创造并维系企业文化。"[23]一家大型房地产公司的CEO更以一种略嫌功利的语调指出："不去工作场所工作的人可能会错失良机。"[24]

尽管随着经济缓慢、犹豫和不完全地开放，样本家庭照顾孩子的总时间有所减少，但是女性承受的负担很可能未曾改变。因此，在新冠时期和后新冠兼新冠混合时代，样本家庭的女性花在照顾孩子及其远程教育上的总时间大约是前新冠时代的1.7倍。由于总的工作时间增加，而帮忙的伴侣有部分时间回归办公室，大学毕业的在职女性承担的总保育时间的比例从前新冠时代的60%左右升至后新冠兼新冠混合时代的约73%。[25]

儿童保育分工的不平等并非昨日才凸现，劳动力市场也并非猝然经历"非升即走"的激烈竞争。确切地说，是新冠疫情放大了它们的影响。比起丈夫（或伴侣）和孩子的父亲，母亲们已经或可能将在工作和事业上遭遇更大的挫折。

对策

对女性大学毕业生来讲，经济打击很大程度上源于护理部门的停摆。没有运作良好的护理部门，经济部门将举步维艰。如果学校继续停课，很大一部分家长，主要是女性，将难以有效工作，甚至根本无法工作。在这场重大的经济衰退期间，护理部门将首次决定经济部门的命运。而在以前的严重经济低迷时期，情况不曾如此。但如今是这样了，因为女性几乎占了美国劳动力的半壁江山。[26]

与新冠大流行相比，20世纪30年代大萧条时期的失业率和经济产出损失更严重。1935年，新政期间的公共事业振兴署（WPA）着手为低收入家庭2~4岁的孩子设立日间托儿所。该项目多管齐下：确保最贫穷、最脆弱的美国人获得营养膳食和医疗保健并学习基本技能；雇用被迫休假的教师和学校护士。虽然公共事业振兴署的托儿所让家长得以工作，但该项目设立时并没有考虑过这一政策目标。

20世纪30年代，人们丝毫体察不到护理部门和经济部门之间错综复杂的联系。事实上，1935年的《社会保障综合修正案》（Omnibus Social Security Act）特意纳入"未成年子女援助"（Aid to Dependent Children，ADC），并于1962年更名为"抚养未成年子女家庭援助计划"（Aid to Families with Dependent Children，AFDC），这一度是我们熟悉的福利。"未成年子女援助"向不工作的女性支付报酬，而不是补贴托儿所以便女性能够工作。由于黑人女性的工作量比白人女性大，因此该项目主要援助白人女性。当时没有人认为白人女性应该工作挣钱。相反，大家的想法是，贫穷的白人孩子应该由母亲照顾，母亲则应该因此得到报酬。现在已经不会有人提起这样的观念。

在20世纪30年代，母亲（尤其是白人母亲）的劳动参与率非常低，女性就业压根不被视为重要的经济杠杆。如大家所见，人们不期望也不鼓励丈夫健全的女性外出工作，更有婚姻限制和各种社会规范对此加以阻拦。直至二战，美国才把经济部门与护理部门联系起来，但也只是作为紧急权宜之策。

1943年通过的《兰哈姆法案》（Lanham Act）[27]为在职母亲的2~4岁孩子设立了日托中心，她们当中不少人受雇于战争相关的公司（包括著名的凯撒造船厂）。如果没有这些日托中心，大多数有学龄前孩子的女性将无法工作，战事也会受阻。迄今为止，《兰哈姆法案》是唯一在全美范围内为在职母亲的子女提供托儿设施而不考虑其收入的联邦立法。

当今，护理部门和经济部门显然相互依存。人们已经普遍意识到，在学校全日制开放之前，许多女性将无法有效地工作，很多人甚至根本不能工作。

美国从来不像丹麦、法国、瑞典等国家那样，认为照护幼儿是一种社会责任；在那些国家，儿童保育能获得大量补贴，女性劳动参与率也高于美国。新冠疫情暴发前，美国的相关政策发生了一些变化。六个州延长了探亲假和病假，哥伦比亚特区和其他十几个州的立法机构也相继提出类似的立法。不少公司，甚至像沃尔玛这样的低工资公司，也已采用探亲假政策。各州各市扩充了学前教育项目，课外计划也紧跟步伐。

———

今天，让男性参与照顾孩子是解决问题的关键环节，但过去并非如此。在过去，哪怕是最支持妻子的丈夫，也无法轻易绕开企业、机构和政府维系的制约和障碍。1912年拿下地质学博士学位的埃莉诺拉·弗朗西斯·布利斯·克诺夫（Eleanora Frances

Bliss Knopf）嫁给耶鲁大学教授、地质学家阿道夫，却没能获得教职，因为耶鲁不聘用女性。她转而在美国地质调查局工作，经常受丈夫办公室的调遣。人们纪念他的时候写道，"两人都是不同领域的权威"。[28]然而有一座山以他的名字命名，她却什么都没有。

一些事业有成的女性受雇于丈夫的公司或自己成立公司。1914年，珍妮·洛特曼·巴伦（Jennie Loitman Barron）通过律师资格考试并创办了一家律师事务所。[29]与自己的青梅竹马（很幸运，他也是律师）结婚后，两人珠联璧合，生下三个孩子，并在1918年开设了巴伦夫妇公司（Barron & Barron），一直维持到1934年她被任命为马萨诸塞州助理检察长。还有前面提及的萨迪·莫塞尔·亚历山大，也曾在丈夫的律师事务所工作。

很少有女性有勇气和经济能力挣脱压抑的婚姻，伊丽莎白·卡迪·斯坦顿（Elizabeth Cady Stanton）的孙女诺拉·布拉奇（Nora Blatch）却是其中之一。诺拉是美国第一位获得土木工程学位的女性，也是第一个获得康奈尔大学工程学位的女性。[30]与真空三极管的发明者德·福雷斯特（Lee de Forest）离婚后（因为他希望她辞掉工作），她于1919年嫁给了造船工程师摩根·巴尼（Morgan Barney）。但是，绝大多数想追求事业甚至只是一份工作的已婚女性，都没能逃离婚姻的束缚，在可查阅的记录中她们寂寂无名。

20世纪50年代，更多的职位向已婚女性敞开了大门。第三组成员先成家然后拥有工作甚或事业的能力日渐增强。对一些丈夫而言，很难抗拒有第二份收入可以支付抵押贷款和送孩子上大学的诱惑。随着女性受教育程度的提高，很多男性为反对妻子拥有事业付出了惨痛代价。他们终于让步。在某些非常特殊的情况下，这甚至不只是一种让步。

马蒂·金斯伯格（Marty Ginsburg）就十分欣赏才华超众的妻子鲁斯。他一度表示："我认为我做过的最重要的事情，是让鲁斯做她自己想做的事情。"[31]不过在很多方面，他们仍然是典型的第三组夫妇。他们相识于大学，1954年刚毕业就结了婚，一年后生下第一个孩子。为了追随马蒂去纽约，鲁斯甚至从哈佛大学转到哥伦比亚大学法学院，"当马蒂一心想在五年内成为纽约一家律师事务所的合伙人时"[32]，鲁斯接管了家里的一切。但与同时代人的比照也就到此为止。在第三组大多数人看来，妻子应该是丈夫的后盾。

1964年，75%的1961届男女毕业生赞同男性的事业优先于女性。[33]但改变旋即开始。到1980年，约60%的大学毕业生[34]（无论男女，1964年的这一比例是25%）认为，丈夫和妻子应该享有平等机会成就自己的事业（或得到一份"好工作"）。到1998年，主张机会平等的大学毕业生比例超过了85%。这是调查中最后一次问这个问题。

当妻子开始宣称想要拥有自己的事业时，男人们很快转向了支持妻子的目标。愿望和目标发生翻天覆地的变化。但现实中需要克服其他障碍，这些障碍不再像我们早期群体所遇到的那么显而易见，但同样坚固。

女性要想获得事业、家庭和公平，丈夫们对工作的需求要与女性相同，他们务必要负担家务，女性才能专注工作。一些能力强大的夫妇通过切换拥有主要职业的人做到了这一点。像戴尔的首席客户官（CCO）凯伦·昆图（Karen Quintos）及其丈夫，就"不得不相互妥协"。还有产品发布平台Grommet的创始人兼CEO朱尔斯·皮耶里（Jules Pieri），将自己的家庭生活描述为"芭蕾舞剧"，她和丈夫"轮流担任主角"。[35]

众所周知，玛丽莎·梅耶尔（Marissa Mayer）在担任雅虎CEO时生下一对双胞胎，她指出，在孩子还小的时候，女人通常会稍稍后退，但之后"她的事业就要起飞了"。[36]然而事实表明，许多于较晚时期重新开启职业生涯的人从未取得过大成功。正如图7.1所示，相比男性，有孩子的女性四五十岁时就业率和收入是有增加，但她们始终追赶不上男同事。[37]工作也许能恢复，但事业往往无法腾飞。

道格拉斯·埃姆霍夫（Douglas Emhoff）是完美的榜样。这首位"第二绅士"正做着女性一直在做的事情：为领导我们国家的人提供个人支持，给他们肩膀、纸巾、倾听、共情和帮助。作为碰巧娶了美国副总统兼女超人的刚强男人，他向男士们展示了可以如何自豪，而不是嫉妒，可以如何给予协助，而不是阻挠。这样的男人多多益善。

我们需要男性在工作时伸出援手，鼓励男同事们休育婴假，投票支持补贴儿童保育的公共政策，让公司改变贪婪的工作方式，使公司明白家庭比工作更有价值。除非在"余下的旅程"中带上男性，否则美梦难以成真，愿望无法轻易实现。

———

我们终将摆脱新冠大流行。但是，要让工作场所、餐馆、电影院、飞机、酒店、派对、体育场、婚礼乃至生活本身恢复到前新冠时代的样子，还需要很长时间。女性大学毕业生的征途仍将继续。我们不知道这会对新生的职业生涯造成什么损害；也不知道强迫父母双方在家工作的实验能否动摇性别规范，改变工作方式。然而，我们确实知道过去取得了怎样的成就，以及哪些因素曾经阻碍和仍在阻碍女性前行。

我们经历了一段旅程，从第一组成员在事业和家庭之间做选择，到今天第五组成员渴望实现二者甚至时常取得了成功。萨迪·莫塞尔·亚历山大攻下高等学位，但未能在她选择的领域找到工作。黑兹尔·凯尔克和玛格丽特·里德隐晦地选择了事业而非家庭，因为两者不可兼得。大多数人接受了自己所处时代种种约束下的后果，可也有人，比如多萝西·沃尔夫·道格拉斯，纵使荆棘载途，依然倔强生长。至于珍妮特·兰金和阿米莉亚·埃尔哈特，则时而高歌猛进，时而败下阵来。

有些人足够长寿，享受了随时代而变化的连续生活，像艾达·康斯托克，60多岁步入婚姻殿堂。第三组不少人是婴儿潮时期的典型母亲，比如艾尔玛·邦贝克、珍妮·柯克帕特里克、菲利斯·施拉夫利以及贝蒂·弗里丹，她们与时俱进，最后甚而改写了历史。

许多人面临了限制女性就业的政府法律、法规和制度政策。有人奋起勃发，最终赢得了胜利，譬如我们看到的安妮塔·兰迪和米尔德里德·巴斯登，二战后，她们努力帮助破除了学区的婚姻限制。

"避孕药之母"玛格丽特·桑格和凯瑟琳·德克斯特·麦考密克，助推"无声的革命"，使第四组从第三组中脱颖而出。玛丽·摩尔出演的玛丽·理查兹代表着新型独立的年轻女性群体，她们敢于推迟结婚和生育。但是和许多女性一样，玛丽在工作场所遭遇了差别对待。而莉莉·莱德贝特忍受的更多：性骚扰、身心伤害、就业歧视，以及薪酬不平等。她艰难挺过了几十年，最后宣告胜利。

不过，我们清楚，工作场所待遇并非唯一的问题。另一个问题是家庭中的夫妻公平。太多有事业的女性"忘了生孩子"，一如蒂尼·菲在电视和电影中演绎的那样。

第四组成员推迟了婚姻和家庭，以事业为先。希拉里·罗德姆28岁与比尔·克林顿结婚。第五组成员进一步提高结婚年龄。希拉里的继任者、纽约州参议员陆天娜35岁与乔纳森·吉利布兰德（Jonathan Gillibrand）结婚。艾米·克洛布查尔（Amy Klobuchar）33岁结婚。而打破多项第一、刚刚宣誓就任美国副总统的贺锦丽（Kamala Harris），则在50岁结婚。

珍妮特·兰金的旅程厘清了问题，揭示受过高等教育和培训的女性需要继续奋斗，才能像男同行一样进步的原因。抚育孩子、照顾老人、守护家庭的重担压在女性肩上。工作那么贪婪，多劳多得，不劳无获。在一个充斥性别规范的世界，有孩子的夫妇只能进行优化。

我们的远程工作尝试是不是一剂降低工作灵活性的成本的强心针？向远程工作的转变比想象中顺畅，大多数工人表示愿意继续远程实践。在居家办公时，一半有学龄孩子的人很难不受干扰地工作，但随着学校重新全面开学，这种情况应该会好转。在居家办公的大学毕业生中，46%有更大的灵活性选择工作时间。[38]至少短期之内，员工的灵活性成本似乎确有下降。

疫情发生后，大多数可以居家办公的人声称，愿意每周至少有两天在家工作。但目前还不清楚这会如何影响生产率和总体成本。虽然远程工作者认为他们的工作效率提高了，可长期影响尚待观察。创新需要团队合作以擦出思想火花。而尽管不少公司正在缩减办公空间以节约成本，一些公司也早已言明，每周返回办公室天数更多的人将获得更大的收益。[39]

　　和当今许多其他问题一样，这些问题也充满了不确定性。但人们仍然希望，通过暴露差距并揭示新的工作和照护方式，我们的"强制实验"可以引发深远的变革。随着世界慢慢挣脱新冠疫情，不少地方的学校依旧远程运作，办公室也只是部分开放，我们正实时见证这些现状如何侵蚀女性的职业生涯。很久以前一度被我忽视的"古人"玛格丽特·里德非常清楚护理部门对于经济部门的价值。现在，是时候更加关注她和其他许多人传递过来的接力棒了。但我们还必须矫正工作制度，重新铺设前进的道路，这样，我以前的学生乃至其他人才能够拥有自己的事业，和一个想她们所想的伴侣。

2021年3月
马萨诸塞州坎布里奇

致　谢

大约30年前,我在哈佛大学的第一年,我的学生打算讨论她们对事业和家庭的渴望。过去对她们的未来有启示吗？我给不出答案。届时,我的书《理解性别差距》(Understanding the Gender Gap)刚刚出版。它探讨了美国历史上女性劳动力的增长进程,却没有论述女性大学毕业生对个人和职业成功的追求。我还必须做更多的研究。

感触于她们的提问,1992年我写了《百年回首:大学对美国女性生活的意义》(The Meaning of College in the Lives of American Women: The Past Hundred Years),文中涉及三组女性大学毕业生,每组都按不同的时代划分,对应本书的第一组、第三组和第五组。几年后,劳动经济学家弗朗辛·布劳(Francine Blau,我在康奈尔大学的本科同学)让我扩展该文,添进(本书的)第四组,以备参加她正在筹办的一个会议。于是《事业与家庭:女性大学生回望录》(Career and Family: College Women Look to the Past, 1997)出炉。这两篇论文是本书的基础,仿佛那来自遥远星系的光在亿万年后抵达了地球。

几十年来,我停下这项工作,潜心研究教育史以及教育和技术变革对经济不平等加剧的影响。但我从未放弃探索性别话题的兴趣，特别是避孕药的力量、成为社会信号的姓氏变更、歧视的污染理论、男女同校的历史以及"无声的革命"，这是我2006年美国经济学会Ely讲座的主题。我还协助设计了"哈佛及以后"项目和一项针对MBA的研究；其间，我收集了有关女性为何在各行各业落后于男性的证据。

在2014年美国经济学会主席演讲"性别大融合：最后篇章"（A Grand Gender Convergence: Its Last Chapter）中，我阐述了过去一个世纪女性取得的巨大进步，并提出实现性别平等必须采取的其他步骤。2015年哥伦比亚大学的阿罗讲座是这项研究的转折点。在准备讲座期间我意识到，我当时关于职业性别差异原因的探研，与我早前研究的五组女性大学毕业生的事业和家庭发展史有着千丝万缕的联系。讲座结束后，哥伦比亚大学出版社的布里奇特·弗兰纳里–麦考伊（Bridget Flannery-McCoy）问我有没有考虑将讲座编著成书，我说没有。但当我决定写一些比讲座更重要的东西时，她的鼓励言犹在耳。我动手写这本书的时候，她已经加入普林斯顿大学出版社。

2020年3月，就在本书即将完成之际，新冠疫情暴发，这本书变得更加紧迫起来。如果女性在学校和日托所正常开放时期已经落后，那么，当护理及教育机构关闭时又将如何？但倘若大多数父母的工作转成远程操作，工作安排也更加灵活，这对女性的职业生涯有助益吗？当封锁结束时，我们能否重新认识工作灵活性和照护家人的重要性？在努力解决有关当前情势的紧迫问题时，我领悟到即使是最近的过去，也能帮助我们了解后新冠时代的未来之路。

这项研究的每一阶段，从在遥远星系播下种子到新冠大流行时期，我都得到了合著者、同事、研究助理、我的经纪人和她的编辑助理以及我的编辑助手的帮助。

要感谢的人很多。排在首位的是拉里·卡茨——我的合著者、经济学家同行、记忆大师、爱狗人士、观鸟者、丈夫——我的一切。没有他我该怎么办？而如果没有皮卡的温暖，这只神奇天才金毛猎犬不仅是嗅觉卓越的治疗犬，更是我们一生的挚爱，我们俩又该怎么办？

这段从想法到成书的旅途，发轫于我的经纪人吉尔·奈瑞姆（Jill Kneerim）和她才气纵横的编辑助理露西·克莱兰（Lucy Cleland），现在露西已成为独当一面的文学经纪人。吉尔和露西引导我加入人文元素、故事、人物和色彩。她们鞭策、质疑、探究和鼓励；还坚决让我聘请编辑助手，强烈建议由多梅尼卡·阿利奥托（Domenica Alioto）担任。她们是怎么知道两个对立面会相互吸引并组合的？多梅尼卡改进了每一页的文字，每封电子邮件里都给我捎来诗歌一首。

要感谢的研究助理有一长串。当戴夫·帕特尔（Dev Patel）回到坎布里奇担任我的研究助理并加入我的项目时，本书的写作便启动了。他发现了数据瑰宝，挖掘出以前从未被充分利用的数据，比如"远大抱负"研究。甚至在成为哈佛大学经济学博士生后，他仍然继续关照本书的写作并阅读每一页，然后我才把它寄给多梅尼卡。

按时间倒序排列，感谢研究助理詹妮弗·沃尔什（Jennifer Walsh），她在另一个项目的工作间隙承担了本书的整理工作；还有萨默·蔡（Summer Cai），感谢她在最后关口的出色表现。我非常感谢的其他研究助理（及其主要任务）如下：Ross Mattheis（负责黑人教师数据）、Ayushi Narayan（负责生育率数据）、Namrata Narain（负责名人录）、Jonathan Roth（负责HRS数据）、Amira Abulafi（负责AEA主席论文）、Natalia Emanuel（负责AEA主席论文）、Chenzi Xu（负责药店数据）、Tatyana Avilova（负责药店数据）、Jane Lee（负责社区追踪研究）、Rebecca Diamond（负责MBA数据）、Naomi Hausman（负责MBA和"哈佛及以后"数据）、Lisa Blau Kahn（负责Ely论文）、Crystal Yang（负责Ely论文）、Boris Simkovich（负责"事业与家庭"论文）、Kathy Snead（负责国家档案馆，妇女事务局公报）。

感谢我的诸多相关项目合作者一起工作期间对我的教导。按时间倒序排列，包括：Claudia Olivetti、Sari Pekkala Kerr、Josh Mitchell、Marianne Bertrand、Ilyana Kuziemko、Maria Shim和Cecilia Rouse。感谢史密斯学院的历史学家丹尼尔·霍洛维茨（Daniel Horowitz）提出关于贝蒂·弗里丹的宝贵见解。斯坦利·恩格尔曼（Stanley Engerman）阅读并评论了我交给他的所有文字。凯思琳·格森（Kathleen Gerson）在最后关头就男性在改变性别角色中的作用提供了重要帮助。

我在许多讲座上阐释了自己的观点，以便使之臻于完善。在我的2014年美国经济学会主席演讲之后，涉及这项研究的最重要讲座包括哥伦比亚大学的阿罗讲座、西北大学的比斯讲座、瑞典乌普萨拉大学的林达尔讲座、伦敦大学学院的戈尔曼讲座，以及美国国民经济研究局的费尔德斯坦讲座。

普林斯顿大学出版社的编辑乔·杰克逊（Joe Jackson）为本书提出了不少改进建议；西切斯特出版社的凯利·布鲁斯特（Kelley Blewster）是一位分外严谨又体贴周到的文案编辑；而制作编辑安

吉拉·皮里奥拉斯（Angela Piliouras）也非常出色。感谢他们所有人。

本书中的数据来自资料来源附录内提及的众多机构和协会。非常感谢数据收集背后的众人。他们是：玛丽安·伯特兰（Marianne Bertrand），MBA项目合著者和发起人之一，该项目使用了芝加哥大学布斯学院的管理数据；明尼苏达大学的约翰·朔默（John Schommer），提供药师的数据；特里·亚当斯（Terry K. Adams）和普雷斯科特（J. J. Prescott）提供密歇根大学法学院校友调查数据，斯蒂芬妮·赫德（Stephanie Hurder）协助我梳理数据；布莱斯·沃德（Bryce Ward）帮忙创建和制作"哈佛及以后"调查工具，娜奥米·豪斯曼（Naomi Hausman）帮助制作可用的数据资料。

女性过去一个多世纪走过的旅程也是我的经历，在这趟旅程的末端，我邂逅了多梅尼卡·阿利奥托，她让我的作品更贴近现实，教会我鉴赏诗歌。在过去的九个月里，我们所有人都亲历了艰难时刻：全球新冠大流行带来的焦虑、我母亲的去世、一位好友患上精神疾病、多梅尼卡逃离布鲁克林的病毒后撞上加州充满毒烟尘的空气，最后是2020年大选。那年春天、夏天和秋天，我坚持不懈，写作、教书、种花，阅读多梅尼卡校订的文字和电子邮件："笔蹲伏在我拇指和其他手指之间休憩/我将用它挖掘。"（谢默斯·希尼，《挖掘》。）"大雁呐，在洁净蔚蓝的高空/正再次飞回家乡。"（玛丽·奥利弗，《大雁》。）

旅途漫漫，长路伸向远方。

资料来源附录

另请参阅在线附录了解更详细描述，可以在本书的PUP网页或以下链接中搜索：https://assets.press.princeton.edu/releases/m30613.pdf。

第3章　1928年拉德克利夫校友问卷

1928年，为纪念拉德克利夫学院建院50周年，以邮件的方式发放了《拉德克利夫校友问卷》。它旨在了解拉德克利夫校友的整体概况。样本包括从1879年拉德克利夫学院成立之初到调查开始期间就读该校的女性。大约1 900名19世纪80年代至20世纪20年代毕业于拉德克利夫的学生做了回应。参见Solomon（1985，1989）。

第5章　妇女事务局1957年调查和1964年追踪调查

妇女事务局第268号公报《女性大学生的第一份工作：1957届女性大学毕业生报告》，是面向131所院校约6 000名1957届女性大学毕业生的调查报告；第292号《毕业七年后：1957届女性大学毕业生追踪调查》是1964年的后续调查，之前回应者中的大约5 000名女性做了回应（美国劳工部妇女事务局，1959，1966）。公报中的表格材料主要来自各轮调查；1966年出版物中只有一张交叉分析表列出了结果。

为获得纵向数据，研究人员从美国国家档案馆收集了调查样本，并对这两年的数据进行了匹配。样本收集于1987年。由于国家档案馆将这些调查保存在不同的箱子里，大多数（但不是全部）参与这两项调查的女性都可以匹配。在1964年抽样的993份调查中，有749份匹配到了1957年的调查。这些数据说明了正文中陈述的1957届毕业的女性七年间的特征变化。此外，该组的所有调查问卷连同受访者的评论都是副本。调查结果来自86号记录组，第739—767号箱。另见Goldin（1990）的数据附录。

第5章 "远大抱负"数据

美国大学政治与社会研究联合会（the Interuniversity Consortium for Political and Social Research，ICPSR）将"远大抱负"数据正式命名为"1961年6月大学毕业生职业规划和经历"，这是一项面板数据研究，追踪调查了1961年春季（A轮）、1962年（B轮）、1963年（C轮）、1964年（D轮）和1968年（E轮）的大学毕业生。每一轮调查均包含有关职业规划和目标的问题（通常与毕业生最初的计划进行比较），以及对职业领域的态度。另外，D轮还为女性受访者提供了一个补充，以评估她们对家庭和职业决策的态度。毕业七年后进行的E轮调查，包含了许多涉及受访者对本科院校的回顾和满意度的问题。

最初的样本选自美国135所高校即将于1961年6月毕业的大四学生。样本的选取采用两阶段概率抽样方法，即从一组符合条件的院校中选择高校，然后从这些高校中选择学生。总共41 116人接受了调查。最终的样本来自大学、文理学院和师范学院，含有35 527名受访者，他们形成了一组跨年数的非平衡面板数据。

联合会将首席研究员詹姆斯·戴维斯（James Davis）使用的五轮原始数据存档为ICPSR 07344："1961年6月大学毕业生职业规划和经历"。原始数据为ASCII格式，没有专业词典。为解决这个问题，我添加了ICPSR 121481，它是对原始版本的更新。借助第5章汇报的"远大抱负"数据进行的分析，使用了所有五轮原始数据。关于这些数据的详细描述，请参阅Davis（1964）以及本书在普林斯顿大学出版社网站上的在线附录。

来自大学、文理学院和师范学院的受访者的五轮"远大抱负"数据样本量如下：

	所有调查	A轮	B轮	C轮	D轮	E轮
所有受访者	35 527	32 092	29 438	28 188	23 146	4 615
女性受访者	13 086	11 952	11 136	10 479	8 254	1 778

第5章 1977年拉德克利夫学院百年纪念调查

这项百年调查是拉德克利夫学院百年庆典活动的一环，调查对象是1900—1977年就读于该校的本科生和毕业生。超过6 000名女性填写并返回了问卷，回复率为48%。调查的问题包括继续教育，有偿工作和志愿工作，职业史、婚姻史和子女情况，丈夫的教育和工作，以及对女性和教育的态度等。数据保存在Henry A. Murray研究中心。另见Solomon（1985）。

第7章 事业与家庭成功

为衡量女性在事业和家庭上取得的成就，需要对两者进行定义。"家庭"的定义是有孩子（如果可能，包括收养的婴儿或幼儿）。我用个人的工作经历和收入信息创建了"事业"的定义。该定义与一个概念有关，即职业生涯在一段较长的时间内完成，并涉及超过一定水平的（劳动）收入。

我使用了两个广泛的纵向数据集，以便估算1931—1964年出生的男女大学毕业生一生的事业和家庭成就。在早期的研究中（Goldin，1997，2004），我估算了40岁左右的女性大学毕业生的事业和家庭成就。1979年美国青年长期追踪调查（NLSY79）的受访者现在已经50多岁。在当前的估算中，我使用与社会保障管理记录关联的HRS（健康与退休研究）跟踪第三组和第四组女性50岁出头时的成就，并提供可比的男性大学毕业生数据。

对于所有的估算，我采用的职业标准是：在相同年龄段和教育水平的男性中，收入超过全职全年收入分布的25百分位。男性收入数据来自相关年份的当前人口调查。在大多数年份，处于第25百分位的男性收入大致相当于女性的中位数收入。

要被视为取得事业成功，收入水平必须连续数年超越（如果是两年一次的调查，则为临近几年）临界水平。因此，倘若一名40~44岁女性大学毕业生的收入至少相当于一名处在男性收入分布第25百分位的40~44岁男性大学毕业生，那么她就可以被认为拥有事业。由于NLSY79的受访者每隔一年接受一次调查，所以受访者五年内会被访问三次。鉴于此，如果她在三次可能的采访中有两次超过临界收入水平，她将被视为拥有事业。

我采纳了大致相同的定义，使用与美国社会保障管理局（和W-2）收入数据关联的HRS数据（Goldin and Katz，2018）。与HRS相关的年收入数据为一年一次，而NLSY79数据为两年一次。因此一个区别是，我在HRS中对"事业"的定义是每五年期间至少满足三年的收入条件。撰写本章时，NLSY79和可用的HRS数据在出生组别上没有重叠。

在使用HRS数据时，为方便起见，我将样本分为从1931年到1957年的四个出生组。最早的两个出生组分别是第三组前端（1931—1937年出生）和第三组后端（1938—1944年出生）。较近的出生群体分为第四组前端（1945—1950年出生）和第四组后端（1951—1957年出生）。在HRS的第四组后端中，79.9%的女性大学毕业生声称50岁之前至少有一个亲生孩子，而在1957—1964年的NLSY79组中，71.8%的人声称39~46岁之间有孩子。为纠正HRS数据可能高估的生育率，在事业与家庭成功的最终计算中，我用CPS6月生育率补编的群体总生育率替代了HRS出生组的生育率。

第7章 "哈佛及以后"项目

"哈佛及以后"项目提供有关哈佛/拉德克利夫学院13个班级学生的教育、职业和家庭转变的详细信息。这一调查在时任哈佛大学校长劳伦斯·萨默斯（Lawrence H. Summers）的配合与资助下完成。参见Goldin and Katz（2008a）。

项目调查了1965—1968年（大部分毕业于1969—1972年）、1975—1978年（毕业于1979—1982年）和1985—1988年（毕业于1989—1992年）入学的学生；包括进入这些班级的学生、转学到哈佛的学生，以及未能按时毕业的学生。此外，1973届的女性毕业生也包括在内。其中添加了学生成绩单的管理数据。因为在20世纪80年代中期以前，这些文件并没有电子版，因此它们全部由哈佛大学验证办公室的原件编码而成。调查收到了超过6 500份回复。

第9章 密歇根大学法学院校友调查研究数据集

　　密歇根大学法学院校友调查研究数据集包括：1967—2006年面向1952—2001年毕业生的校友调查，以及每位校友的管理数据。调查问卷于各毕业班获得法学博士学位5年、15年、25年、35年和45年后发送给他们。这项调查本应是一组重复的横截面研究，但由于每个转折点都有众多校友填写调查表，所以制作了纵向数据集。想要使用这些数据的研究人员请与密歇根大学法学院校友调查项目组联系。

第9章　2000年、2004年、2009年美国药师劳动力调查

　　美国中西部药房劳动力研究团体2000年、2004年和2009年开展了全美药师劳动力调查。列表包含在《中西部药房劳动力研究团体》（2000，2005，2010）中。

　　调查的主要目的是收集有关美国药师劳动力人口统计和工作特征的可靠信息。该项目从具有全美代表性的药师样本中获取资料。调查问卷涵盖就业情况及现状（工作与否、环境、职务、工作年限和当前职位）、薪酬和工作时间、未来工作计划以及个人的人口统计背景信息。这三轮调查大约观测了5 150人。参见Goldin and Katz（2016）。建议想使用这些数据及其他药房调查的研究人员联系该团体的Jon Schommer。

第10章 社区追踪研究

　　社区追踪研究（CTS）是卫生系统变化研究中心（HSC）的项目之一，由罗伯特·伍德·约翰逊基金会（RWJF）赞助对美国卫生系统进行大规模调查。CTS的医师调查板块采访了60个CTS

站点的医师和一个补充的全美医师样本。CTS医师调查分为四轮：1996年、1998年、2000年和2004年。2008年，HSC健康追踪医师调查取而代之。只有前四轮调查含有详细的收入数据。合并后的数据包含了近5万个观测值。

可获得的医师特征包括性别、年龄、种族、拉丁裔血统、取得医学博士的年份、详细专业、工作小时数、周数、收入、所有权、执业类型、职业满意度和地理位置。可以找到有关医师执业和患者总体特征的高度翔实信息；但是缺乏关于婚姻状况和子女状况的统计信息。这些都是横截面数据，不过也含有纵向分量，因为部分医师接受了多次采访。由于本研究的目的是追踪医师及其患者群体，因此不包括没有患者基础的专科，如放射科和麻醉科。数据可从ICPSR获得。限制使用版本包含详细的医师专业和收入。

第10章　美国兽医协会2007年和2009年数据集

美国兽医协会（AVMA）数据集包含2007年和2009年8 340名兽医的培训、执业时间、收入、职位、专业、服务年限和诊所所有权的横截面和综述信息，按性别以及其他人口和地理特征划分。数据来自《美国兽医协会》（2007，2009）。

由于美国现役兽医的总数相对较少（大概6万人左右），更常见的数据来源，如当前人口调查甚至十年一次的人口普查，均无法提供足够的信息。此外，通常的数据集缺少有关培训、专业、所有权的信息以及AVMA调查中包含的其他变量。AVMA数据每两年采集一次；研究人员敬请联系AVMA以了解这些版本和最新版本的调查。

注　释

本书章节使用了许多大型美国全国调查的微观数据，通过分析数以百万计的观测结果，提供人口和经济统计数据及趋势。数据来源包括：1900—2000年美国人口普查，包括"完整统计"10年人口普查的微观数据（1900—1940年）；2000年至今的美国社区调查（ACS）；以及当前人口调查（CPS）。CPS来源包括基本的月度数据、合并的轮换出组数据（称为MORG）、CPS年度社会和经济补编（称为ASEC或3月补编）和6月生育率补编。CPS微观数据样本一般从1962年开始，MORG从1979年开始，6月补编的微观数据则从1973年开始。微观数据文件主要通过IPUMS（综合公共用途微观数据系列，https://ipums.org/）查询，也可以从美国人口普查局和国家经济研究局网站获取。此外，本书还使用了大量其他数据源和档案文件；资料来源附录对它们做了描述。

第1章

1　克莱尔·凯恩·米勒（Claire Cain Miller）推广了"贪婪的工作"这一说法。参见"Work in America Is Greedy. But It Doesn't Have To Be"，《纽约时报》，2019年5月15日。

2　引文摘自1939年妇女事务局调查的原始手稿。参见 Goldin（1990），Data Appendix，1940 Office Worker Survey。"贷款工作不适合"来自洛杉矶汽车银行；"女性并不合适"来自洛杉矶汽车经销商Don Lee；"不会让女性从事"则是Jewel Marache and Co.经纪公司的说法。

3　引文摘自1957年Hussey报告的原稿，报告对费城的公司做了调查。参见Goldin（1990），Data Appendix，1957 Hussey Report。"有孩子的女性"出自公平生命保障协会；宾州互助人寿保险公司提出"已婚女性"一说；"怀孕是……理由"出自公积金互助人寿保险公司。

4　相关计算参见第8章和Goldin（2014）。

5　参见第10章关于医生工作时间和性别工资的讨论。

6　有关大学毕业生和MBA数据的进一步讨论，参见第8章。

7　作者使用图2.5注释中援引的数据计算而得；在线附图4A（第2章）"按种族划分的男女大学生毕业率（30岁时）"的数据，可外推到出生年份1998年。（本章所有与大学毕业率相关的统计数据均取自这些来源，除非另有说明。）

8　参见Goldin、Katz and Kuziemko（2006）。

9　生育数据来自CPS 6月生育率补编。后面一章对此做了详细讨论。现在要确切知道新冠疫情和经济衰退对怀孕及未来生育的影响还为时过早，但有证据表明，婴儿出生低潮将很快出现。

10　参见Yohalem（1979，第52页）。

11　见图6.1，其中结婚年龄中位数按出生年份绘制。在出生年1948年之前，结婚年龄中位数约为23岁，因此转折点大致在1971年。

12　见图6.1。

13　见图2.3，图中给出按年龄划分的未生育比例。关于辅助生殖方法的影响，见第7章。

第2章

1　"1880年美国人口普查手稿"。1880年的人口普查手稿中称该地区为格兰特溪和赫尔盖特谷，1910年改称为赫尔盖特镇。

2　Office of History and Preservation, Office of the Clerk, U.S. House of Representatives（2006，第40页）。

3　这个数字是指那些当选的人，而不是被任命的人；当时一些女性正是这样，在曾是众议员的丈夫去世后进入国会。

4　达克沃斯1989年毕业于夏威夷大学，2015年获得乔治·华盛顿大学硕士学位和卡佩拉大学博士学位。

5　陆天娜1988年毕业于达特茅斯学院，1991年获得加州大学洛杉矶分校法学院法学博士学位。

6　关于众议院女议员怀孕的信息来自：https://en.wiki pedia.org/wiki/Women_in_the_United_States_House_of_Representatives#Pregnancies。

7　1940年美国人口普查首次包含了受教育程度的信息。在此之前，各领域研究人员可以使用也一直使用来自大学校友和女性毕业生记录的信息（Cookingham，1984；

Solomon, 1985）。这些数据很有意义, 其中一些将在这里使用。但它们的样本量不大, 也不是全国性的, 并且受到相关机构的限制。

8　参见Yohalem（1979, 第54页）。与1974年Yohalem的所有研究对象一样, 受访者是20世纪40年代哥伦比亚大学研究生院的研究生或学生, 目前已经50多岁。这位特殊受访者和她所在组别的许多人一样, 从未生过孩子。

9　参见Sicherman and Green（1980）, 收在弗吉尼亚阿普加的条目下。

10　参见Hsieh、Jones、Hurst and Klenow（2019）。

11　见图2.3。本节关于子女和婚姻的许多统计数据来自图2.2和图2.3。

12　见图4.1。

13　这些数据来自Isen and Stevenson（2010）的表3.1, 他们使用了收入和项目参与调查（SIPP）。这些数据主要面向白人女性。在20世纪50年代结婚的群体中, 黑人女性的离婚率远高于白人女性。因此, 她们的离婚率在上升之前就已经很高。目前没有50年代以前结婚群体的相关资料。我也使用了SIPP数据, 发现30年代出生的人中有17%在结婚10年后离婚, 40年代出生的人的这一比例为32%。

14　Yohalem（1979, 第52页）。受访者是20世纪40年代末哥伦比亚大学的研究生, 出生于1919—1926年。

15　参见Yohalem（1979, 第53页）。

16　参见Isen and Stevenson（2010, 表3.1）, 适用于白人女性大学毕业生。在20世纪60年代结婚的黑人女性中, 32%的人在结婚20周年前离婚, 而70年代结婚的黑人女性的这一比例为44%。

17　美国高等教育研究所（HERI）年度《CIRP新生调查》（也称Astin调查）表明, 从1969年到20世纪80年代中期, 男女大学新生对家庭和事业的渴望都有增加, 当时达到了一个稳定状态, 事业和家庭情况都可以反映在关于各种目标问题的回答中。感谢戴夫·帕特尔从微观数据中找出了这些趋势。

18　美国人口普查在2000年ACS中首次记录了同性伴侣的情况。在那之前, 美国人口普查通常会对未婚同性伴侣中一方的性别进行重新编码。

19　见图6.1 "按出生年份划分的女性大学毕业生初婚年龄中位数：1925—1988年"。只能从第三组开始生成这类可靠一致的数据。

20　参见在线附图1A（第2章）"按年龄和出生年份划分的非大学生白人女性未婚比例"和在线附图2A（第2章）"大学毕业和非大学毕业白人女性未婚比例的差异"。比较的研究对象是拥有高中及以下学历的女性, 而不是未从大学毕业的女性。之所以排除"某大学"群体, 是因为这是一个跨世纪改变构成的群体。在这段时期结束时,这个群体更像是高中毕业生群体；但在早期，它包括那些上师范院校的人。而到最近，它还将包括许多获得注册护士资格的人。

21　有许多潜在原因可以解释为什么黑人女性大学毕业生的结婚率远低于白人女性大学毕业生，尤其是第五组，这一比例在50~54岁之间下降了约10个百分点。一个原因是，黑人男性的大学毕业率没有提升至黑人女性的水平。参见在线附图4A（第2章）"按种族划分的男女大学毕业率（30岁时）"。

22　参见Lundberg、Pollak and Stearns（2016，第85页图3）。从1980—1984年到2009—2013年，40岁以下大学毕业的未婚和无伴侣（非同居）女性的生育比例从4%降至2.5%。同学历、同年龄的同居女性生育比例从不足1%升至7%。原始数据来自美国家庭增长调查（NSFG）。NSFG最新版将同性伴侣的生育纳入常规程序，也得出结论：在2014—2017年所有女性大学毕业生的生育情况中，只有约2.8%来自无伴侣的女性。

23　更高频率的数据来自20世纪70年代初开始的CPS 6月生育率补编。收养数据来自美国社区调查，调查对象是20世纪50年代中期至60年代中期出生的45岁女性大学毕业生，她们既没有亲生子女，也没有继子女。

24　计算这些数字时，我使用了两个年龄较大的五年组的数据，将第一组的出生信息扩展到1880年。这一组40~44岁群体可观察的情况并不多。原因是，1940年的人口普查是首次纳入关于出生率和教育程度的全国性信息。

25　这一计算基于一个事实，即这些女性中有92%曾经结婚，并且假设从未结婚的女性没有或极少生育。

26　出生人数的相关数据参见在线附图3A（第2章）"女性大学毕业生生育率中位数"，并提供了没有零生育女性和含有零生育女性的中位数。

27　相比之下，第四组的平均生育率仅为1.6，曾经生育孩子的女性平均生育率为2.2。

28　这些数据从1940年至2000年每十年一次的人口普查以及随后几年的ACS中收集而得。由于人口普查每十年进行一次，1940年人口普查的就业数据将受到大萧条的影响，而1950年人口普查的就业数据则可能受到二战期间女性经历的影响。劳动力数据的讨论主要使用这些日期之后的数据。因此，结论没有受到这两大事件的严重影响。第一组不能包括在数据分析中，因为1940年人口普查数据只涵盖这些女性晚年之前的一小部分群体。

29　我将交替使用"就业"和"劳动参与"这两个术语。劳动力包括目前有工作的人和正在积极找工作的失业者。如果失业率很低，这些数字近似相等。

30　数据从25岁开始，允许大多数人完成学业。

31　实际数字是45%，但还在继续上升。请注意，图2.5中的数据止于1983年的出生组，不过数据可以外推到以后的出生年份。

32　参见在线附图4A（第2章）"按种族划分的男女大学生毕业率（30岁时）"。

33　女性也出现类似的异常现象（尽管女性并未被征入伍），但远没有那么极端。女性上大学的决定受到男性的影响。这种影响部分与约会和婚姻有关，另一部分与送儿子上大学的家庭是否更可能送女儿上大学有关。

34　Goldin、Katz and Kuziemko（2006）探讨了美国和世界其他地方女性受教育程度相对提高的原因。

35　使用人口普查住户调查构建同年出生人口的数据系列。

36　在线附图5A（第2章）"按大学入学年份和出生年份划分的男女大学生比例"给出了这两个系列。两个系列的比较均假设毕业年龄为22岁，但许多人并没有那么年轻就毕业，尤其是在男性应征入伍或女性抚养孩子后重返学校时。

37　朝鲜战争的美国士兵可以解释部分差异，但另一部分差异是由于美国在和平时期征兵，而有些男大学生已经服过兵役。

38　在线附表1A（第2章）"1897—1980年男女同校院校的男女大学生比例"。关于美国大学历史上男女同校的信息，另见Goldin and Katz（2011）以及该项目的基础数据。

39　我使用"拉德克利夫"女性这个称呼，即使她们在某个时候成了"哈佛"女性，这取决于个人的定义。对一些人来说，男女同校的转折点是1943年，当时哈佛大学的男生和拉德克利夫学院的女生同堂听课。对另一些人来说，转折点是1963年，当时这两项学位都由"哈佛大学校长及院士"颁发。其他的转折点包括20世纪70年代初，当时招生流程合并，宿舍实行男女同校制；还有1977年的"非兼并合并"，女性进入拉德克利夫学院意味着她被哈佛大学录取。

40　参见Lemann（2000）。

41　参见来源附录（第3章）"1928年拉德克利夫校友问卷"；（第5章）"1977年拉德克利夫学院百年纪念调查"；（第7章）"哈佛及以后"项目。结婚率是70年代末的数据，所以只包括超过40岁的女性。

42　参见在线附图6A（第2章）"拉德克利夫/哈佛大学毕业生与所有大学毕业生的婚姻和生育情况比较"。最早出生的群体是一个例外。第一组拉德克利夫毕业生的未婚率高于美国所有女性大学毕业生的未婚率。在1900年之前出生的人中，拉德克利夫女性50岁前尚未结婚的比例高达惊人的50%，而所有女性大学毕业生的这一比例为30%。

注　释　273

43 第三组的拉德克利夫女性没有孩子的比例非常低。这项调查的受访对象有子女者可能占绝大多数。同学聚会通常会吸引有孩子的人或名人（或两者兼而有之者）。但拉德克利夫百年纪念调查问卷是邮寄的，并非在聚会上分发或收集。

44 在线附表1A（第2章）提供了1897年至今单性别院校与男女同校院校的男女比例数据。

45 "世代传承"一词出自劳动经济学家约翰·达纳·杜兰德（John Dana Durand，1948）。

46 在线附图2A（第2章）提供了大学毕业生和非大学生女性的结婚率差异。

第3章

1 2019年8月14日，来自休·罗克夫（Hugh Rockoff，芝加哥大学博士，1972年生）的电子邮件。"我对玛格丽特·里德的印象和你差不多。大家会说：'有那么一位古人。她很重要，令人吃惊的是，她仍然在搞研究！'关于她的工作，我唯一记得的是，她参与了二战期间有关生活成本指数的争论。"

2 2019年8月11日，詹姆斯·史密斯（James Smith，芝加哥大学博士，1972年生）在电子邮件里写道："我确实与玛格丽特·里德有过一些互动，她的确参加了贝克尔的研讨会。"因此，对她所在领域有浓厚兴趣的学生确实和她有过接触。研究生毕业后的某个时候，我对这一领域的兴趣开始高涨。

3 20世纪70年代末，NBER迁至马萨诸塞州坎布里奇，开启它的新使命。自1978年以来，我一直是研究局的助理研究员之一，并在1989—2017年的28年里指导了它最早的一个项目。

4 US Congress（1934）。最后的报告指出（第xi页）："库兹涅茨博士全权负责这项工作，并负责编制最终核算以及报告的组织和案文。"

5 US Congress（1934，第4页）。

6 关于现代的观点，参见Folbre（2001）。

7 1943—1944年，里德担任预算局统计标准司的经济顾问；1945—1948年，担任美国农业部家庭经济司司长。

8 在不同时期，凯尔克和表妹唐·凯尔克·斯特林（Don Kyrk Strine）的孩子们住在一起，斯特林最终有五个女儿和两个儿子。当凯尔克住在艾奥瓦州的艾姆斯时，1925年艾奥瓦州人口普查手稿列入了她和斯特林一家最大孩子露丝（14岁）共同生活的情况。《美国知名女性录》中凯尔克的条目称露丝为她的"养女"。1940年凯尔克住在华盛顿特区和芝加哥时，被记为与27岁的玛格丽特和23岁的玛丽·斯特林同住。

Ancestry.com网站提供了人口普查条目。斯特林（Strine）这个姓在《美国知名女性录》中被录为"Struie"。但在人口普查和死亡记录中，这个家庭成员的姓氏都是斯特林。应该注意的是，录入这一条目的伊丽莎白·纳尔逊（Elizabeth Nelson）与露丝交流过，因此并不清楚这是拼写错误还是事实错误。

9　国际旅行证件没有显示里德或凯尔克有任何女性伴侣的情况。人口普查文件也没有列出里德的任何女性同伴或室友。关于凯尔克，人口普查文件显示她与侄女们共同生活了一段时间；1920年，她在欧柏林学院短暂工作期间，寄宿在数学家玛丽·艾米莉·辛克莱及其年幼子女的家里。

10　凯尔克和父亲埃尔默一起被列入1900年的人口普查手稿，埃尔默是卡车司机。她母亲刚刚过世。凯尔克在前往俄亥俄卫斯理大学之前曾担任教职，是经济学教授利昂·卡罗尔·马歇尔（Leon Carroll Marshall）的互惠生，他后来成为芝加哥大学商学院（现为布斯商学院）院长。她和他的家人一起去了芝加哥，并于1910年在那里拿到学士学位。随后，她在韦尔斯利学院任教，并返回芝加哥攻读博士学位，同时在欧柏林学院任教。第一次世界大战爆发后，她和她的顾问到伦敦担任统计学家。1920年她在芝加哥大学获得博士学位。

11　见图2.2。

12　回顾之前的探讨，20世纪60年代以后出生的黑人女性大学毕业生的未婚率特别高。

13　参见前面的讨论，将拉德克利夫/哈佛大学毕业生的结婚率和生育率与美国所有大学毕业生的相应比率进行比较。这一比较表明，随着时间的推移，上大学的选择对婚姻和生育率的变化几乎没有影响，因为拉德克利夫/哈佛大学群体随着时间形成了特别相似的选择，而其人口结构的变化几乎与所有女性大学毕业生无异。

14　根据美国人口普查手稿，1930年，多萝西和保罗带着他们的四个孩子驻留芝加哥。多萝西列为"大学教师"，保罗列为"教授"。不久，多萝西去了史密斯学院。1940年美国人口普查手稿中，她在北安普顿，列为"大学教师"，跟着四个孩子（已是青少年），还有"经济研究员"凯瑟琳·兰普金。她与兰普金合著了《美国童工》（*Child Workers in America*），并作为伴侣一起生活了30年。

15　与美国的历史数据相似，今天在亚洲许多地区，拥有高等学历的年轻女性结婚率也非常低。社会规范往往要求她们"应该"做家庭主妇，而不是追求耗时的事业。Hwang（2016）讨论了韩国和日本的"黄金小姐"现象。

16　参见Alsan and Goldin（2019）。

17　9%这一数据来自数卷《美国知名女性录》（Sicherman and Green，1980；

Ware and Braukman，2004）中第一组女性大学毕业生条目。

18　关于婴儿和儿童死亡率长期下降的原因，参见 Alsan and Goldin（2019）。Preston and Haines（1991）探讨了1900年的社会经济状况和婴儿死亡率。

19　Sicherman and Green（1980）收录了1951—1975年去世者的传记；Ware and Braukman（2004）收录了1976—1999年去世者的传记。前三卷包含截至1951年去世的所有女性的传记。1951年之前去世的第一组成员都在前三卷中。她们不属于数据集的一部分，可能在50岁至70多岁去世。

20　较晚出生的女性群体的死亡年龄相对年轻。好在，这样的人很少。

21　在结过婚的知名女性中，45%的人没有孩子，而所有结过婚的女性大学毕业生的这一比例为29%。至于35岁之前结婚的知名女性群体，这一比例略高（36%），见图4.1。

22　1920年美国人口普查显示，玛丽·艾米莉·辛克莱和两个年幼孩子（被误认为是她的侄女和侄子）住在俄亥俄州的欧柏林；黑兹尔·凯尔克也住在一起，被认为是寄宿者。另见 https://www.agnesscott.edu/LRiddle/women/sinclair.htm。

23　计算方法见在线附录（第3章）"计算第一组的'成功'矩阵"。

24　我不考虑其丈夫已经去世而她们没有再婚的可能性。

25　拉德克利夫1928年和1977年的调查表明，1920年以前出生的人终身未婚的比例高于全美国整体水平，但1920年以后出生的人终身未婚的比例较低。这一差异表明，在20世纪50年代拉德克利夫学院的同学聚会中，与会者大多是有孩子的人，但以前人们对生孩子的选择较少。

26　我们从1940年的40多岁劳动力人口比例列表中发现了这一事实。在所有受过四年或以上大学教育的女性中，40~44岁女性的劳动力比例为0.923，45~49岁女性的劳动力比例为0.893。这是非常高的比例。

27　根据SIPP（收入和项目参与调查），20世纪20年代结婚并维系了约15年婚姻关系的女性大学毕业生的离婚率为20%左右。第一组的知名女性结婚时间稍早。关于所使用程序的说明，参见 Stevenson and Wolfers（2007）。

28　像黑兹尔·凯尔克一样，伊迪丝和格蕾丝都必须挣钱读大学。从内布拉斯加大学毕业后，伊迪丝·艾伯特获得奖学金进入芝加哥大学，师从芝加哥大学另一位女性社会科学家索福尼斯巴·布雷肯里奇（Sophonisba Breckinridge，1866—1948）。格蕾丝·艾伯特毕业于格兰德岛学院，最后也进了芝加哥大学。俩姐妹和布雷肯里奇一起协助移民女性接受就业培训。

29　关于芝加哥大学家政与家庭管理系的历史，参见 https://www.lib.uchicago.edu/

collex/exhibits/exoet/home-economics/。

30　珀金斯最初被纽约州州长阿尔·史密斯任命为州工业委员会成员。

31　Cookingham（1984）对这些主张及其支持者进行了评述。

32　参见Shinn（1895）。Shinn是第一位获得加州大学博士学位的女性。其引文为："可以很肯定地回答……这并不是因为她们渴望更刺激的公共生活；她们大多……都是教师"（第947页）。

33　参见Shinn（1895，第948页）。

34　参见Shinn（1895，第948页）。

35　参见Grunwald and Adler（2005，第516页）。

36　参见Davis（1928）。她指出，46%的人年龄在30~39岁之间，近80%的人年龄在30岁及以上。她没有提到是谁做的调查以及调查是什么时候完成的，但由于这是一份"关于毕业5年以上普通未婚大学生性生活调查问卷"，所以可能是戴维斯做的调查；她是社会卫生局的研究员，1918—1928年任该局局长。应当指出，戴维斯是优生学家，她在社会卫生局的工作主要涉及犯罪学领域和犯罪行为可能的遗传基础。

37　调查问卷显然允许受访者做出开放式回答。有趣的是，1.6%的女性说她们不结婚是因为有"同性恋关系"。戴维斯没有注意到，她的数据来自她在性方面的研究，而在未婚女性大学生样本中，近30%的人有过同性恋关系（1929，第272页）。毫无意外，大部没有同性恋关系的女性表示自己不结婚是因为"没有遇到合适的男人"。

38　参见"Katharine B. Davis Converted to Wets：Social Worker, Long Friendly to Prohibition, Now Favors Control by States"，《纽约时报》，1930年5月26日。

39　关于凯瑟琳·贝门特·戴维斯的文章并不多。Gilette（2018）对其生平做了最好的描述。

40　Davis（1928）中包含的表格参见Davis（1929，第272页）。一个重要区别是，她在关于性的论述中区分了有同性恋关系的女性和没有同性恋关系的女性。在她调查的1 200名未婚女性大学生中，约30%的人自称有同性恋关系。她的书用近百页篇幅探讨了同性恋主题。

41　1928年的拉德克利夫调查在拉德克利夫50周年庆典期间通过邮件发放。毕业于19世纪80年代至20世纪20年代的近1 900名拉德克利夫文学学士回应了调查。完整样本约有3 000人，但包括特殊学生、研究生以及转学或未毕业的学生。对可能兼顾"事业与婚姻"和"母亲与婚姻"给出"是"答案的群体解读为"无条件同意"，"希望"组列为"有条件同意"。这些问题只面向"结过婚"的人。该计算将"否"答案视为否定。参见Solomon（1985，1989）和资料来源附录（第3章）"1928年拉德克利夫校友问卷"。

42　她在1981年接受一个老年护理团队的采访时说："一旦（学院的）雇主发现我是黑人，我就玩完了。"见https://www.sciencedirect.com/science/article/pii/S0197457281800936。

第4章

1　参见Elizabeth Day，"The Group by Mary McCarthy"，《卫报》2009年11月28日，https://www.theguardian.com/books/2009/nov/29/the-group-mary-mccarthy。

2　本章关于《她们》的全部引用均来自McCarthy（1963）。

3　女性只有符合某些标准并在选定日期前去世，才会被列入"名人"录。由于最后一卷（第五卷）中的女性是在20世纪90年代末被选中的，所以第二组第二部分的女性会比第一组女性去世得早。第一组的平均死亡年龄为80岁，第二组的平均死亡年龄仅68岁。第一组的女性也比第二组多得多，因为她们有更多的时间成就"名人"。死亡年龄中位数几乎与平均年龄相同，因此，异常值没有对各组的平均值造成太大的向上或向下扰动。

4　非女性大学生的数据见在线附图1A（第2章）"按年龄和出生年份划分的非大学生白人女性未婚比例"。另见在线附图2A（第2章）"大学毕业和非大学生白人女性未婚比例的差异"。

5　想要了解一系列家用电器和公用事业创新的影响，详见Greenwood（2019）。在线附录Greenwood、Seshadri and Yorukoglu（2005）提供了家庭用电普及和家用电器使用的数据。

6　1900年职业人口普查（美国人口普查局，1904）列出了327 586名女教师（不包括大学、音乐和艺术专业的教师）和431 179名所有专业的服务人员。办公室和销售人员的数量略少，有85 269名文员和抄写员，86 158名速记员和打字员，74 186名簿记员和会计师。

7　1900年有431 179名女性从事专业服务工作（大多是教师），1930年有1 526 234人。1900年有260 963名文书工作人员（文员、打字员、速记员、电话接线员和簿记员），但在1930年有1 986 830人（美国人口普查局，1904，1933）。

8　美国人口普查局（1904，1933）。1900年有327 586名非大学女教师，1930年有853 987名。

9　关于文书和办公室部门女性就业的兴起，Rotella（1981）最早提供了最出色、最全面的研究。

10 关于"高中运动",见Goldin and Katz(2008)的第5章和第6章。许多高中之前的"院校"并非精英预备学校,不少预备学校创办时间较早,一些甚至成立于18世纪。

11 对于黑人女性及其家庭,这一规范远没有那么明显,因为早期她们在农业和家政服务领域的就业率很高。目前并不清楚缺失这一规范是否揭示社会不关心黑人女性的负担,或者不需要激励黑人男性工作。

12 参见Goldin(1990,2006)关于女性劳动力长期增长的原因。

13 对于20世纪20年代的黑人女性,文书工作的兴起并没有改变游戏规则,即使她们接受了必要的教育,往往也无法获得这些工作。根据1939年对雇用文员的公司进行的一项广泛调查,经理和人力资源专员承认,其他文员对与黑人女性共事普遍存在偏见。参见Goldin(2014a)关于这些调查及其内容的讨论。

14 无须构建复杂模型和检测时间效应及群体效应(经济学家称之为"组群效应"),我们也可以做一些简单的分析,观察年龄和时间的变化。在1902年出生的人中,约25%的人32岁时进入劳动力市场,而1917年左右出生的人的这一比例为37%。所有年龄组都出现了类似的增长。同时,女性生命周期内的变化也很大。总体上,对于1900—1930年出生的群体,可能有一半的增长是由于整个生命周期的变化,另一半是由于时间序列的变化。从27岁到42岁约有20个百分点的变化,而27岁或42岁的人则有10个百分点的变化。(数据面向美国各种人口普查微观数据中的已婚白人女性大学毕业生。)

15 婚姻限制政策并非美国独有,英国、爱尔兰、澳大利亚等国家也曾存在针对教师和其他专业人士的类似政策。

16 Goldin(1991)使用20世纪30年代的调查和20世纪早期的学区汇编分析了大萧条期间的婚姻限制制度及其扩张。

17 参见Goldin(1991)。数据来自《妇女事务局公报》的一份原始手稿。当时近200家公司坐落于费城和堪萨斯城。第三个城市洛杉矶的数据更低(25%和10%)。

18 较早的数据是1931年的,很难知道这些政策在经济衰退前是否已经存在。由于这些都是实际执行的政策,公司可能并没有足够的时间制定新的人力资源章程。1931年的研究包括芝加哥、哈特福德、纽约和费城的178家公司。女性就业的加权平均值比1940年婚姻限制政策的平均值低5个百分点,但与留任政策的平均值相似。

19 这些差异可能要追溯到20世纪20年代甚至更早,但有关教育和就业的信息始于1940年人口普查。

20 参见Goldin(1977)。

21　参见附表1A（第4章）"按年龄、种族和地区划分的已婚教师比例"。

22　Pedersen（1987）采访了这两名女士并详细报道了案件。本节中关于此案件的引文均出自这一来源。

23　IBM副总裁兼财务主管A. L. Williams致WHQ高管和部门经理及其他人员的#3930号信函。1951年1月10日，详见https://thesociety pages.org/socimages/2010/06/23/ibm-decides-to-let-women-work-after-marriage-1951/。

24　参见Sprogis v. United Air Lines，Inc.，308 F. Supp.959（N. D. Ill. 1970），以及Romasanta v. United Airlines，Inc.，537 F. 2d 915（7th Cir. 1976）。20世纪60年代，很多航空公司禁止雇用已婚女乘务员，美联航只是其中之一。斯普罗吉斯案于1966年提起；罗马桑塔案是针对工资拖欠的集体诉讼，于1970年提起。美联航1965年发起的口号是"飞越友好的天空"。

25　这些引文摘自我收集的一份"1931年办公室公司调查"手稿。参见Goldin（1990）的数据附录。"婚后工作效率下降"出自北美赔偿保险公司（Indemnity Insurance Company of North America）；"男人太自私"出自戴维斯出版公司（F. A. Davis and Company Publishing）。

26　费城储蓄基金协会（1956年12月6日），1957 Hussey Report。参见Goldin（1990）的数据附录。

27　参见Seim（2008）。

28　我所说的"真正的男女同校"，是指女生与男生一起学习相同课程的能力（反之亦然）。1943年哈佛大学/拉德克利夫学院还没有完全实行男女同校，许多男女同校的院校也存在类似的弊端。例如，拉德克利夫女性不能使用拉蒙特图书馆。但她们能参加大多数相同的课程，这是一个巨大的变化。

第5章

1　出自《拉尔夫兄弟》一集（时间为8:44），https://www.youtube.com/watch?v=OmadqPZvjoM。

2　在《我爱露西》的很多情节中，里基试图阻止露西受聘，但每每以失败告终。例如第一季第30集《露西做电视广告》，或第三季第2集《女孩们经商》。

3　参见Friedan（2013/1963，第14页）。

4　参见Friedan（2013/1963）。本段中的引文分别摘自第14页、第112页和第15页。

5　丹尼尔·霍洛维茨（1998）在其关于弗里丹的精彩传记中，探讨了她声称在写书之前是一名郊区家庭主妇而不是女权主义者的真实性。他还指出,她对史密斯学院班级的调查结果比她在宽泛总结(第 209 页)中的回答积极得多。据霍洛维茨所说,弗里丹重塑了自己,让她的受访者对他们的生活有了更狭隘的看法。

6　大学毕业的定义是完成四年大学学业或获得学士学位。参见图2.5"男性和女性的大学毕业率(30岁时)"。

7　这些事实收集自1993—2015年的美国大学毕业生调查(NSCG),调查对象是20世纪40年代至90年代获得本科学位的个人。我按性别计算了获得高等学位(硕士、博士)或专业学位(如法学博士、医学博士、MBA)的本科生比例。从40年代至70年代,女性的这一比例呈现大幅增长。男性的比例也有增加;但随着退伍军人加入本科教育,70年代该比例渐有下降,这可能是因为本科后教育不再推迟服兵役。

8　所有大学毕业生中女性的比例从0.058升至0.12,大学毕业后获得高等学位的女性比例从0.3升至0.43。因此,1940年左右出生的女性比1920年左右出生的女性获得高等学位的比例多了3倍=(0.43×0.12)/(0.3×0.058)。

9　参见在线附表1A(第5章)"1900—1969年按毕业年份划分的拉德克利夫高等学位女性毕业生比例"。加上硕士学位,20世纪二三十年代的毕业生总数攀至38%。而在50年代末的大学毕业生中,这一数字高达惊人的57%。

10　比较对象是1934—1945年出生的人群和1910年左右至20世纪30年代初出生的人群。根据美国人口普查和CPS数据,辍学率的计算方法是1减去大学毕业生(四年及以上)与至少上过一年大学者的人数之比。1934—1945年出生群体的辍学率从40%升至50%。尽管这些数字似乎支持弗里丹60%的辍学率,但是,以同样方法计算的男性辍学率约为50%。这两个比率如此之高的原因是,其中一些大学生读的是两年制大学,实际上并非辍学。

11　数据来自拉德克利夫学院学生名录,http://listview.lib.harvard.edu/lists/drs-43586165。许多女性在二战期间离开大学从事志愿工作,一年或更长时间后返回,这给40年代的辍学率测量制造了麻烦。

12　摘自美国劳工部妇女事务局(1966)。参见在线附表3A(第5章)。83%的丈夫表示不反对。

13　本段中的两处引文来自1957年妇女事务局调查,1964年追踪调查述评。参见资料来源附录(第5章)"妇女事务局1957年调查和1964年追踪调查"。

14　1957届毕业生的数据显示,子女不满6岁的女性毕业七年后的这一比例为26%,子女不满6岁但超过1岁的女性的比例为37%。在毕业三年后的1961届毕业生中,37%有子女的人就业。资料来源:美国劳工部妇女事务局(1966);美国国家档案

注 释　281

馆的微观数据样本;"远大抱负"微观数据。参见资料来源附录(第5章)"妇女事务局1957年调查和1964年追踪调查";(第5章):"远大抱负"数据。

15　1957年妇女事务局调查,1964年追踪调查述评。

16　所引用的关于婚姻限制的数据和事实,见Goldin(1991)。另见本书图4.2。

17　多萝西和保罗都获得了哥伦比亚大学的经济学博士学位,他在1920年获得,她在1923年左右获得。两人1930年离婚,四个孩子随多萝西留在北安普顿。参见https://www.bowdoin.edu/economics/curriculum-requirements/douglas-biography.shtml。

18　参见Horowitz(1998,第52页)。这门课是经济学319,对美国历史上的劳工运动做了相对激进的论述。弗里丹了解了阶级斗争、资本主义的压迫性和其他相当左翼的观念。霍洛维茨最重要的观点是,她接触了复杂的女权主义思想。按霍洛维茨的说法,弗里丹声称在写《女性的奥秘》之前对女权主义知之甚少,是想掩盖她的左翼共产主义背景。

19　参见本书第4章和Goldin(1991)。

20　1957年《Hussey报告》原稿。参见Goldin(1990)的数据附录。

21　见图2.5"男性和女性的大学毕业率(30岁时)"。

22　1957年妇女事务局调查,1964年追踪调查述评。

23　参见在线附图1A(第5章)的B部分,其中显示了按教育程度划分的女性与男性大学毕业生结婚的比例。例如对于1932年出生的女性,女性大学毕业生的这一比例是70%,而大学三年后辍学的女性的这一比例是50%。从1912年到1950年,所有出生年份都存在20个百分点的差距。

24　大量文献探讨了上大学在健康和收入方面的因果回报。关于后者,参见Zimmerman(2019)。关于女性教育与子女教育之间的因果关系,参见Currie and Moretti(2003)。

25　这些数据来自在线附图5A(第2章)"按大学入学年份和出生年份划分的男女大学生比例"。二战结束后,男女大学生比例达到2.3∶1的峰值。20世纪50年代中期,这一比例为1.7∶1。

26　参见在线附图1A(第5章)"按女性教育程度划分的1912—1980年出生的女性与男性大学毕业生结婚的比例"。为了计算毕业年份,我假设女性22岁大学毕业。

27　参见Easterlin(1980)关于经济衰退影响初婚年龄的讨论。

28　类似地,二战后,其他国家的生育率也出现高峰,但只有美国的婴儿潮持续了几十年。

29　见图2.3。

30 关于非大学生群体结婚晚了多久以及未婚比例的信息，参见在线附图2A（第2章）"大学毕业生和非大学生白人女性未婚比例的差异"。

31 美国教育部从1968届毕业班开始收集大学专业的数据。过去关于大学专业的信息来源五花八门。虽然总体水平和趋势相似，但也存在细微差别。我使用了美国大学毕业生调查的所有可用调查，以获取不同专业的大学毕业比例。

32 估算教育专业的大学毕业生比例时，1957届调查数据［在线附表3A（第5章）"选定的女性大学毕业生人口及经济特征：1957年6月班，1958年1月和1964年1月调查"］和NSCG调查数据［在线附表2A（第5章）"按大学毕业年份划分的选定大学专业女性毕业生比例"］之间存在差异，可能是因为即便NSCG受访者主修的是另外的专业，但也取得了教师资格证书。NSCG受访者列出的是调查开始前30年或更长时间完成的专业，而1957届受访者才刚刚毕业。

33 参见Yohalem（1979，第53页）。

34 20世纪初毕业生的最终事业成功率低于20世纪50年代的毕业生，这一观点来自他们40多岁时的劳动参与率证据。之后我按群体对事业和家庭成功进行了评估。

35 Steinmann et al.（2005）为康奈尔大学1950届女性毕业生的生活故事制作了揭秘合辑，旨在消除"伟大的神话，一种普遍存在且错误至极的刻板印象"。

36 本节数据来源见在线附表3A（第5章）"选定的女性大学毕业生人口及经济特征：1957年6月班，1958年1月和1964年1月调查"。

37 美国劳工部妇女事务局（1959，1966）。在1957年的初始调查中，准确的观察数量为5 846人（占最初8 200名调查对象的70%以上），其中4 930人在七年后的追踪调查中做了回应（接近原始调查组的85%）。调查和追踪调查均通过邮件完成。参见资料来源附录（第5章）"妇女事务局1957年调查和1964年追踪调查"。

38 另有8%的人在上学而不是工作。

39 只有2%的受访者表示不打算"在可预见的未来工作"。另有6%的受访者表示将来"只在必要时出于经济原因"才会工作。因此，只有8%的人不确定自己将来是否就业。

40 摘自美国国家档案馆1964年的原始调查文件。参见资料来源附录（第5章）"妇女事务局1957年调查和1964年追踪调查"。

41 在图5.1中，男女大学毕业生的趋势几乎相同，除了每个出生群体中女性大学毕业生的反馈都低10个百分点。

42 摘自美国劳工部妇女事务局（1966）。参见在线附表3A（第5章）。

43 摘自美国国家档案馆1964年的原始调查文件。参见资料来源附录（第5章）

"妇女事务局1957年调查和1964年追踪调查"。

44　这些引文出自美国国家档案馆1957年的原始调查文件。参见资料来源附录（第5章）"妇女事务局1957年调查和1964年追踪调查"。该调查要求受访者填写评论，尤其是"关于可能使你的大学学业变得更有价值的方式"。这就是1957年大多数评论都与大学课程和专业有关的原因。

45　本节的数据来源见在线附表4A（第5章）"选定的女性大学毕业生人口及经济特征：1961届，1961年、1962年、1963年、1964年和1968年春季调查"。

46　"远大抱负"是一个基于人口的样本，由来自美国135所高等院校的近3.6万名1961届毕业生（包括1.3万名女性）组成。从1964年到1968年，每年都要求开展后续调查。1964年增加了一份女性补充资料。后续的调查出现了一些人员流失，但所有的样本都相当大。

47　参见Davis（1964）。

48　截至2018年，我和研究助理发现并重组了1961—1968年的所有调查材料。"远大抱负"调查被搁置50年的原因参阅资料来源附录（第5章）"远大抱负"数据。

49　1961年春天，只有9%的人表示毕业后会做"家庭主妇"；46%的人表示将从事"全职工作"；25%的人打算继续接受教育，不论工作与否。

50　参见在线附表4A（第5章）"选定的女性大学毕业生人口及经济特征：1961届，1961年、1962年、1963年、1964年和1968年春季调查"。

51　1962年，20%的人表示她们其实只想成为家庭主妇；28%的人表示希望成为偶尔工作的家庭主妇。其余52%的人认为她们最终会工作。

52　三年后，1961届学生中有67%的人结婚，其中63%的人有孩子。

53　1961届高等学位毕业生数据根据1993—2015年各轮美国大学毕业生调查数据计算而得。这些数据表明，在1961年左右获得本科学位的人中，大约50%的男性和40%的女性最终取得了更高的学术或专业学位。1962年春季的"远大抱负"调查显示，女性和男性的该比例分别为15%和27%，但这轮调查的人数低于全年任何时候入学的人数。

54　这些数据高于图5.1中的数据，而后者来自所有个人的综合社会调查，因此这些数据甚至会高于GSS的大学毕业生数据。一个原因是，GSS数据收集于"远大抱负"数据发布的20多年后。另一个原因是，GSS的回答是二元的，但在"远大抱负"的回答中，我把"强烈"同意和"温和"同意归为了一类。

55　这一段和下一段的引文摘自美国国家档案馆1964年的原始调查文件。参见资料来源附录（第5章）"妇女事务局1957年调查和1964年追踪调查"。

第6章

1　这些法律是1873年通过的联邦反色情法案的遗产，俗称《康斯托克法案》（真实名称为《禁止淫秽文学和不道德用途物品的交易和流通法案》）。这项法律相对来说不太重要，但它推动了州《康斯托克法案》的通过。其中最后一条是禁止向未婚人士出售避孕用品，这一条已于1974年被废除（Baird v. Lynch in Wisconsin Federal District Court）。

2　Goldin and Katz（2002）的文章中含有州法律变更的年份。这些女性可以合法获得避孕药，但部分女性完全依赖大学和学院的医疗部门提供药物，可能就不容易获得。

3　2020年7月21日《纽约时报》报道称，"大纽约避孕节育协会将从曼哈顿医疗诊所中删除该国家组织创始人玛格丽特·桑格的名字，因为她与优生学运动存在有害关联。"

4　凯瑟琳·德克斯特是麻省理工学院第一位获得生物学学士学位的女性。

5　美国全国妇女组织（NOW）成立于1966年。此后不久，一些持不同意见的团体成立，包括纽约激进妇女组织、芝加哥妇女解放联盟、妇女公平行动同盟和"红长袜"。分歧的形成主要是因为NOW没有充分接纳性、时代责任和生育权利等更激进的问题。

6　根据CPS数据，1933—1942年出生的已婚女性大学毕业生中，约90%的人在30多岁时已经有了孩子。

7　参见Smith and Hindus（1975）。在18世纪和19世纪，两位作者把结婚和第一次生育记录联系起来。这些数据的计算时间间隔长，而且混杂。有些年份（18世纪70年代、19世纪90年代、20世纪50年代后期）的婚前怀孕率较高，有些年份则较低。尽管历史学家对1700年至1950年的估计有很大起伏，但20%是一个合理的长期平均值。对于20世纪后半叶，作者使用了CPS数据，其中包含结婚日期和孩子出生日期。用于计算差异的截止时间约为8个月。婚后8个月内发生的任何分娩都被视为婚前怀孕。近年来，随着婚前性行为的耻辱感下降，婚前怀孕率激增，尤其是在受教育程度较低的女性当中。

8　参见Goldin and Katz（2002，图6）。另见Finer（2007），了解使用相同来源的类似估算。请注意，这些数字提供的是人口的年龄中位数，并不要求整个人口都有过性行为。

9　Rotz（2016）评估了晚婚对离婚率的影响。

10 根据上一章的数据,在1940年前后出生的女性大学毕业生中,19.7%的人37岁左右时尚无子女,17.9%的人45岁左右时尚无子女。这使得玛丽生孩子的概率只有9.4%。在婚姻方面,1940年前后出生的人中约有10.5%在30多岁时尚未结婚,7.4%在50多岁时尚未结婚。这让玛丽有30%的机会结婚。两项概率分别取决于年满37岁尚未结婚和尚未生育的情况。

11 曾就读四年制大学但没有毕业的女性初婚年龄也出现了类似的提高。

12 参见 Goldin(2006,图9)的计算。这些数据适用于所有女性,而不仅仅是女性大学毕业生。

13 离婚率为什么上升是一个更具争议的问题。最初有人认为,离婚率上升完全是由于20世纪60年代的法律变化,即各州放宽了离婚法规,允许单方面离婚。另有人根据科斯定理提出,法律上的变化无关大局。实证文献表明,这些法律的直接影响是提高了离婚率,但十年后,离婚率又回到了当初的水平。关于离婚法律变化短期和长期影响的辩论总结和实证分析,参见 Wolfers(2006)。

14 Stevenson(2007)观察了夫妇婚后前几年的行为,并与法律改变前相同州的夫妇以及不改变法律的州的夫妇进行对比,确定了离婚法变化产生的影响。

15 "女士"一词的使用传播迅速,但最初甚至在《纽约时报》上也遭到了抵制。1984年,《纽约时报》报道说,"格洛丽亚·斯泰纳姆50岁生日晚宴的收益将捐给女士基金会……该基金会出版《女士》杂志,斯泰纳姆小姐担任杂志编辑"(《纽约时报》,1984年5月24日第C10版)。两年后,《纽约时报》改变了政策:"从今天起,《纽约时报》将使用'女士'作为敬语"(《纽约时报》,1986年6月20日第B1版)。

16 Goldin and Shim(2004)探究了这个话题,使用的是来自《纽约时报》时尚版、大学聚会书册和马萨诸塞州出生记录的数据。20世纪90年代,大学毕业生中保留原来的姓氏的女性比例有所下降,原因不明。

17 参见 Goldin、Katz and Kuziemko(2006)。

18 1971年批准的宪法第26条修正案将投票年龄扩大到18岁,从而使成年年龄降至18岁。越南战争的口号"能打仗了,就能投票"刺激了这一变化。该战斗口号起源于第二次世界大战,1971年之前,许多州把州和地方选举的投票年龄下调为18岁。

19 Bailey(2006,2010)调查了避孕药的生育后果。虽然避孕药使女性能够控制生育,但它并没有使生育数量减少多少。确切地说,它使夫妇更能够控制生育时间。

20 Goldin and Katz(2002)阐述了避孕药扩散导致初婚年龄增加的模型,并提供有关避孕药在年轻女性中传播的时间证据。

21 石油地质学家贝蒂·克拉克写给布拉德福德·德龙的电子邮件(2010年9

月),当时她"无意中发现了伯克利的网络广播,于是走进了他的经济学入门课"。德龙的私人信件。原文中强调。

22　Collins(2009)在其内容广泛且引人入胜的著作中得出了相同结论。

23　参见Goldin and Mitchell(2017)以了解自20世纪60年代以来女性劳动参与率的变化。

24　3月当前人口调查,面向非拉丁裔白人女性。有婴儿的女性的劳动参与率从1973年的0.20增至2000年的0.62,此后一直保持在这个水平。

25　1978年,35岁女性的实际就业率为56%。虽然女性的就业率上升,但年轻群体的期望值提高了很多,而且新的期望值与后来的就业率一致。请注意,就业预期的变化适用于所有年龄段的受访者。14岁孩子对这个问题的回答和18岁孩子的几乎相同。

26　摘自1979年人种志学家Mirra Komarovsky(1985)对大一女生的采访,以及1983年她对大四女生的后续采访。"我不想……"(第172页);"我妈妈从不工作……"(第173页);"妈妈整天在家……",(第139页);"我时常希望……"(第148—149页)。

27　实际劳动参与率来自CPS,适用平均年龄在34~36岁的已婚白人女性。她们母亲的30%比例是1962年的数据。由于黑人样本非常小,两项NLS调查的数据均面向白人女性。

28　关于女性大学毕业生的情况,参见Goldin and Mitchell(2017)。

29　Goldin、Katz and Kuziemko(2006)发现,在女性大学预科青少年中(1968年为14~18岁),声称35岁时将加入劳动力大军的人大学毕业率,比表示35岁时"待在家陪伴家人"的人高14.3个百分点。前者的平均毕业率为32.8%,后者为18.5%。

30　数学和科学课程以及算术和阅读能力测试分数相对提高的信息,来自NLSY72和NELSY88(NELS=美国教育长期追踪调查)。这些变化与美国国家教育进步评估(NAEP)和教育部成绩单调查的结果一致,尽管变化幅度略大。参见Goldin、Katz and Kuziemko(2006)。

31　差别之所以很小,是因为其标准低得多。

32　这一计算涉及构建一项简单的男女大学专业毕业不平等指数。参见Goldin(2005)。

33　这项计算使用高等教育研究所关于大学新生职业意向的调查数据(也称为Astin数据)构建了一个差别指数。1985—2015年,该指数一直保持在25%左右,不过,它是从20世纪60年代末的50%开始下降的。

34　参见在线附表2A(第5章)"按大学毕业年份划分的选定大学专业女性毕业生比例"。

35　1982年，17%的男性和34%的女性主修这两个领域。

36　男性的比例从1967年的24%升至1982年的28%。主修商科的女生主要选择会计、人力资源和市场营销专业；主修商科的男生主要选择金融专业。

37　法律和社会因素起作用的另一个证据包括经验的回报，主要针对第三组女性。从20世纪70年代到80年代，考虑受教育程度，女性获得的经济回报大大高于男性。关于经验回报的增加，参见Blau and Kahn（1997）、Olivetti（2006）和O'Neill and Polachek（1993）。Olivetti指出，在一段较长时期内（70年代与90年代相比），女性的回报增长了约25%，男性增长了6%~9%。

38　人们还注意到，即使在同龄人中，女性的收入相对于男性也有所增长，这表明变化可能已经扩散至中年群体，并且至少部分是劳动力市场内部变化或反歧视立法导致的。

39　参见Goldin and Katz（2018）。

40　参见Rubin（1994，第81页和第83页）。20年前她曾进行过类似的研究。她把后期的作品与早期的论著做了比较。

41　O'Neill and Polachek（1993）解析了女性相对收入的增长，发现与工作年限的增加相比，经验回报的增加解释了更大部分的差异。然而，他们没有从"更好地为劳动力市场做准备"或"劳动力市场提供更好的待遇"的角度解释经验回报的增加。

42　这些数据高度可靠，来自当前人口调查的6月生育率补编。

第7章

1　20世纪90年代末和21世纪初两部很受欢迎的情景喜剧《老友记》和《欲望都市》，主题都是不孕不育和对为人父母的追求。在《老友记》中，莫妮卡和钱德勒结婚，但由于怀孕困难，他们很快找到了怀孕的单身妈妈并在剧集结束前领养了宝宝。《欲望都市》里的夏洛特也很难受孕。网飞公司制作的电影《私生活》（Private Life，2018）讲述一对夫妇深受不孕及其治疗困扰的婚姻生活。在《后备计划》（The Back-Up Plan，2010）中，詹妮弗·洛佩兹通过人工授精生了孩子，然后遇到了完美的男人。在《播种爱情》（The Switch，2010）中，詹妮弗·安妮斯顿用"火鸡滴油管"人工受孕法生下了一个宝宝，但她认为孩子的父亲不是捐献精子的那个人。这类例子举不胜举。显然，第五组的集体焦虑反映到了娱乐节目中。

2　见图2.3。此外，根据美国社区调查对1955年出生的女性的计算，她们45岁时收养孩子的能力增加了约1.7个百分点。（针对1965—1969年出生的人群的计算结果几近相同。）这意味着1955年出生的人群中有26.3%（28%-1.7%）没有生育或收养过孩子。

3　关于公司提供的产假政策，参见Goldin、Kerr and Olivetti（2020）。

4　Komarovsky（1985）指出，她在研究1983届毕业班时得到的答案与她之前记录的答案大不相同。足足85%的大四学生表示，他们希望在毕业15年后实现事业和家庭目标，而此前来自同一所大学的数据（当然是40年前的数据）要小得多。

5　美国人口委员会高级研究员约翰·邦加茨（John Bongaarts）质疑了法国这项研究的某些方面，尤其是其结论，即建议女性应尽早开始生育。参见1982年3月21日的《纽约时报》。关于法国对2 193名女性生育能力进行研究的原始文章刊登在1982年2月18日的《纽约时报》上。

6　根据2009—2013年美国家庭出生人口增长调查数据，Manning、Brown and Stykes（2015）报告称，在所有生育过孩子的女性大学毕业生中，有3%当前未婚或没有伴侣。

7　据1962年12月8日《纽约时报》报道，美国医学生协会出版的《新医生》报告称，1962年美国人工授精新生儿人数约为1 100人。

8　引自Georgia Dullea发表在1979年3月9日《纽约时报》上的一篇文章。

9　这里使用的是美国国家医学图书馆国家生物技术信息中心的搜索引擎。我们统计了所有包含"human""female""infertility"等词的文章，以中性词"January"的文章数量为分母；因此，随时间变化的相对数字比绝对数字更准确。不孕症文章的第一次增长涉及年龄问题。第二次增长幅度更大，涉及不孕症治疗问题。

10　"5倍"这一数字来自在Google Ngram中使用"美式英语2009"语料库搜索（不孕不育+体外受精）。该系列从1970年左右开始增加，但1980年后增加得更迅猛。

11　这些数据来自搜索包含单词（"female"或"woman"）和"infertility"的所有文章数量，除以包含"January"的所有文章数量。January是中性词，用于衡量文章的总数和篇幅。

12　这一高峰出现在1986—1987年，当时经济学家兼人口学家David Bloom发表了一篇学术论文，阐明22岁前生育的女性在以后的生活中收入将低于生育推迟至27岁的女性。Bloom与合著者James Trussell以及Anne Pebley撰写过大量文章探讨无子女和延迟生育的问题。Bloom与合著者Neil Bennett还就推迟结婚的后果写了一篇备受争议的论文。这些有关延迟生育各种后果的文章都曾被广泛引用。

13　Menken、Trussell and Larsen（1986）讨论了当前不孕症数据中的诸多偏差，并得出结论，实际不孕率低于大多数估计值（20岁出头时可能为6%，30岁出头时为16%）。有受孕困难的夫妇比例更高。

14　参见Boston Women's Health Book Collective（1970）。

15　参见Boston Women's Health Book Collective（1984，第420页）。

16　CPS 6月生育率补编中的数据。第四组是1948—1957年出生的女性大学毕业生；第五组是1960—1985年出生的女性大学毕业生。

17　这一段中的数据来自CPS 6月生育率补编微观数据分析（1973—2018年）。专业学位和博士学位高于硕士学位。

18　美国高校毕业生调查（1993—2017年）微观数据显示，1949—1953年出生并获得专业学位（医学博士、法学博士等）或博士学位的女性中，39%的人在40~44岁期间没有孩子（住在家里）。但1969年后出生的女性的这一比例下降为22%。

19　Bitler and Schmidt（2012）分析了州政府要求私人医疗保险计划涵盖各种不孕症治疗程序的影响。他们发现，在强制覆盖的15个州中，年龄较大、受教育程度较高的女性接受不孕症治疗的人数大大增加了。州法律颁布的年份参见他们文章中的表1，主要都在20世纪80年代后期。

20　比较第四组和第五组时有一个假设是，前一组女性没有借助生殖技术生育第一个孩子。因此，50%是个上限。该计算使用了美国疾控中心的实际出生数据，但这些数据始于2011年。我估计，对于1976年出生的女性大学毕业生，第一次生育的总人数为55万人，其中约2万人得到了"帮助"，占3.6%。如果1976年出生的女性大学毕业生中80%是首次生育，而1956年出生的女性中74%是首次生育，那么这2万人就"解释"了50%的差异。如果较早出生群体使用辅助生殖技术的比例是较晚出生群体的四分之一（比如5 000例），那么辅助生育技术可以解释37%的差异。

21　参阅资料来源附录（第7章）"事业与家庭成功"。

22　使用NLSY97计算而得。

23　Office of History and Preservation, Office of the Clerk, US House of Representatives（2008，第596页）。这些话摘自《纽约时报》食品专栏作家玛丽安·巴罗斯（Marian Burros）对众议员克莱顿的采访，刊登在1993年6月20日《芝加哥论坛报》的文章《众议员妈妈》（Rep. Mom）中。

24　事实上，在考虑每位女性当选时间的差异时，第三组女性的确要年轻一点。为此，我创建了与第四组时长相同的第三组（假设她们1930—1943年出生），但直到2005年才有机会当选国会议员，从而使她们的当选年数与第四组相同。这样，第三组和第四组就具有了可比性。结果是，第三组的选举平均年龄为51.9岁，第四组保持在52.7岁。

25　为使第四组和第五组具有可比性，我维持1944—1957年出生的第四组，但创建了时长相同的第五组，出生于1958—1971年。如果第四组直到2005年才当选国会议员，那么测算她们第一次当选时的年龄，即可保持第四组和第五组的年数相同。第五组的平均年龄是48岁，第四组的平均年龄是47.1岁。

26　2018年，34名女性新当选众议员，3名当选参议员。另外还有1人在2019年的补缺选举中当选参议员。其次是1992年，当时有24名女性新当选众议员，4名当选参议员。2020年，26名女性当选众议员，1人当选参议员，险些追平记录。2018年和1992年被称为"女性之年"。第117届国会的女性任职人数创历史新高，超过140人。

27　参见资料来源附录（第7章）"哈佛及以后"项目。另可参见Goldin and Katz（2008a）和以下关于该项目的更多信息：https://scholar.harvard.edu/ goldin/pages/harvard-and-beyond-project。

28　参见Bertrand、Goldin and Katz（2010）。

第8章

1　参见Ledbetter and Isom（2012，第115页）。本节中的许多细节都来自这一自传。

2　"到2005年秋，第十一巡回上诉法院……推翻了陪审团的裁决，声称我的案子提交得太晚"（Ledbetter and Isom，2012，第202页）。

3　550 U.S. ___ (2007) Ginsburg, J., 异议，美国最高法院第05-1074号，原告Lilly M.Ledbetter诉The Goodyear Tire & Rubber Company, Inc.，2007年5月29日，第19页。

4　性别收入差距趋于稳定，然后略有缩小。对于较早的女性大学毕业生群体，差距开始缩小的年龄较小，可能是因为她们生育的时间更早。对于较晚近的女性大学毕业生群体，差距开始缩小的年龄较大，可能是因为她们在年龄较大时才生孩子。

5　性别收入差异通常表示为对数，而以对数表示的比率即是一种差异。因为比率的对数是两个对数的差：$\log(x/y) = \log(x) - \log(y)$。

6　参见皮尤研究中心（2017）。

7　关于组织的偏见，参见Bohnet（2016）。

8　直接原因是费城的种族事件。关于星巴克的报道，参见https://www.vox.com/identities/2018/5/29/17405338/starbucks-racial-bias-training-why-closed。

9　参见Goldin and Rouse（2000）。

10　关于波士顿市长的谈判倡议，参见https://www.boston.gov/departments/womens-advancement/aauw-work-smart-boston#about-the-workshops。

11　该法案的详细信息可访问https://www.mass.gov/service-details/ learn-moreabout-the-massachusetts-equal-pay-act. 法案还规定同工同酬,这是一个复杂的概念。

12 按性别划分的职业差异通过一个称为"差别指数"的概念来衡量。差别指数 $I = \frac{1}{2}\sum_i |m_i - f_i|$,其中 $m_i(f_i)$ 是经济中每个职业的男性(女性)工人比例。如果男性和女性在不同的职业中平均分布,则该指数为零。该指数给出了女性(或男性)工人为获得平均的性别分布必须转换职业的比例。如果没有职业重叠,则该指数为1,所有女性(或所有男性)都必须转换职业。请注意,计算每个职业的女性(或男性)比例需要有关劳动力中男性和女性总数的信息。如果男性和女性人数相等,那么职业 i 的女性比例将为 $[f_i/(m_i + f_i)]$。

13 Goldin(2014a)提供了1939年进行的大量公司层面的调查证据,这些调查涉及哪些职业仅限女性,哪些职业仅限男性,以及这些限制往往出于哪些复杂的原因。男性经常被允许担任诸如"邮差"之类的低级职位,女性则被拒之门外。女性经常被允许担任速记员等较高的职位,男性则被禁止。

14 计算差别指数的方法很多。例如,参见Hegewisch and Hartmann(2014)了解该指数从1972年到2011年的时间趋势。

15 参见Goldin(2014)。在回归背景下,22%~30%的收入差距将消失。在包含年龄的四次方、教育类别、工作小时数和周数以及女性虚拟变量等的回归中,较小的数字适用于所有工人,较大的数字适用于大学毕业生。加入职业虚拟变量,则得出的估计值表示女性的系数变化。相反,如果进行更简单的实验,让女性获得男性的职业分布,或者男性获得女性的职业分布,那么大学毕业生群体的差距将减少30%~40%。

16 美国人口普查中大约有500种职业。一些是狭义的,一些是广义的。"医师"是一个广义的类别,包括从外科医生到精神科医生的各种专业。"律师"可以在大公司、小公司或政府部门工作,也可以担任公司的法律顾问。这里就不一一列举了。换言之,职业和工作未必相同。职业更倾向于指一种特长或专长。

17 另一方面,相对于女性,男性的收入包含更多异常高的值,这一事实对平均收入的影响更大。由于CPS收入被截断,极高的收入对于计算就没么重要了。

18 参见Goldin and Katz(2008)。

19 Blau and Kahn(2017)的表4给出了1980年和2010年工资差距的估计值,以及可以由教育和工作经验差异解释的部分差距。1980年,性别收入差距为0.62,其中29%的差距可以归因于教育和工作经验的差异,经济学家称之为"人力资本"因素。足有52%的差距可以由"人力资本"因素以及工人的职业和行业差异解释。2010年,这一差距缩小到0.79,而"人力资本"因素仅占15%。根据他们的估计,相比1980年,

2010年职业和行业差异所占的比例更大。这里的主要结论是，与2010年相比，1980年收入差距中更大一部分是"人力资本"差异造成的。请注意，这些估算适用于所有工人，而不仅仅是大学毕业生群体。

20　Blau and Kahn（2017）的表2列出了美国收入动态面板调查（PSID）中25~64岁男性和女性全职工作且至少工作26周的平均年数。1981年，男性的就业时间比女性多了近7年，但在2011年仅为1.4年。

21　参见Muriel Niederle的大量研究，例如Niederle and Vesterlund（2007）。

22　我要指出的是，性别收入比率（见图8.2）基本上是平均收入的比率，并且会略低于中位数的比率。之前描述过中位比率，因为它是一个标准测量方法，所以对非常高的收入不敏感。

23　如Goldin（2014）所述，性别收入差距的扩大停止了，然后在女性进入40多岁或50多岁时发生反转，具体年龄取决于所考虑的出生群体。

24　这项研究由我和玛丽安·伯特兰（布斯商学院教授）、劳伦斯·卡茨（Lawrence F. Katz）共同参与。参见Bertrand、Goldin and Katz（2010）。

25　MBA的样本包括1990—2006年毕业的学生。我们汇总了10~16年前毕业的群体。在讨论这一群体时，我把他们称为13年前的毕业生，而不是10~16年前的毕业生。我们在2006年对毕业生进行调查，芝加哥大学商学院提供了他们学生时期和入学时的管理数据。

26　该规定还要求，这些女性休假不得超过6个月。黑色柱状图是样本中所有女性相对于所有男性的比例。浅色柱状图表示到那时为止尚无子女的女性。因此，浅色柱状图的样本将随时间而变化。

27　在获得MBA学位不久后生育孩子并继续工作的女性MBA似乎更受青睐。这意味着，由于无法观察因而也无法测量的原因，她们更有可能挣更多的钱。有孩子之后，她们的收入实际上比没有孩子的女性高。随着越来越多的女性生儿育女，身为人母所致的收入差异变得更加突出。

28　参见在线附图2A（第8章）"获得MBA学位13年（10~16年）后的男女MBA年收入比率"。

29　每次离职时间必须超过6个月，不包括带薪产假和探亲假。

30　"哈佛及以后"项目研究表明，获得最高学位后，女性MBA在工作的前10年会休假更长时间。参见Goldin and Katz（2008a）以了解这项研究的基本信息。根据"哈佛及以后"项目数据，对于1980年前后从哈佛大学毕业的学生，97%的医学博士、94%的哲学博士、91%的法学博士和87%的MBA获得学士学位15年后仍在就业。

而1990年前后毕业学生的结果略有不同（分别为96%的医学博士、94%的哲学博士、87%的法学博士和85%的MBA）。

31　2003年10月26日，Lisa Belkin在《纽约时报》上发表文章《选择退出革命》（The Opt-Out Revolution），"选择退出"一词由此流行起来。随后，大量学术文章驳斥了"选择退出"现象越演越烈的说法；而在后大衰退时期，其他文章则认为"选择退出"可能确有增加。

32　本段提到的所有性别收入差距，都根据获得MBA学位时的技能进行了修正。这些技能包括他们在商学院的课程和成绩。

33　参见Cortes and Pan（2020），他们得出结论，三分之二的性别收入差距可归因于劳动力市场上父母的惩罚差异。

34　在我们的样本中，男性MBA毕业7年后的年薪中位数是20万美元。样本中的男性MBA收入略高于女性MBA的丈夫。MBA丈夫的20万美元收入水平覆盖约40%有子女的已婚女性MBA（调查当年）。

35　参见Bertrand、Goldin and Katz（2010，表9）。这一估算包括个别固定效应。

36　参见Bertrand、Goldin and Katz (2010，表6）。

37　参见Goldin、Kerr、Olivetti and Barth（2017）。

38　参见Angelov、Johansson and Lindahl（2016）对瑞典的研究，Kleven、Landais and Sogaard（2019）对丹麦的研究。

39　作者可以使用的最后一个出生年份是2002年，因为需要15年时间跟踪孩子出生产生的影响。

40　Kleven、Landais and Sogaard（2019）还分析了祖父母的影响，以评估性别规范的代际传递，这种传递会导致一对夫妇在育儿方面的分工程度高于其他夫妇。

41　使用Angelov、Johansson and Lindahl（2016）表3以及一个完整对照组的回归结果，夫妇在第一次生育后第15年的年收入增加了0.279个对数点（或32%）。如果丈夫和妻子在孩子出生前收入相等，那么丈夫在第15年的收入将是妻子的1.32倍。也就是说，女性与男性的收入比率从1降至0.76。如果他在孩子出生前的收入是她的1.18倍，那么现在他的收入将是她的1.56倍。在这种情况下，女性与男性的收入比率将从0.85降至0.64。

42　参见Kleven et al.（2019），他们比较了许多国家在育儿方面的成本。

43　皮尤研究中心（2012），观测数量为2 511。

44　Goldin and Katz（2008a）估算了休假的惩罚，并将其标准化为大学毕业15年后的18个月。MBA只能获得60%的收入，法学博士或哲学博士只能获得71%的收入，医学博士放弃的收入最少,可获得84%的年收入。

45　参见在线附录(第8章)"美国社区调查职业和O*NET样本"。使用了2009—2016年的8个ACS。我选择使用全职全年工作的工人以创建男性和女性工人样本之间的可比性。

46　通常很少包括生产、保护性服务和运输职业,这并不奇怪,因为此处只考虑大学毕业生。

47　我用工程学来表示"技术"(tech),但技术也包括数学和计算机类别。

48　在线附表2A(第8章)"O*NET值和性别收入比率",提供了O*NET特征的(未加权和加权)平均值,以及按职业分组的log(性别收入比)回归。

49　O*NET特征由美国劳工统计局使用从不同来源(包括职业工人)收集的信息创建的指数来测量。为了对每个特征值取一个简单的平均数,我首先要对它们进行标准化(均值=0,标准差=1),因为每个特征的测量方法不同,一些特征的方差很大,一些则很小。

50　在线附图1A(第8章)"收入不平等与性别收入差距",给出了男性收入不平等的90/10指标与143种职业性别收入差距之间的关系。90/10指标取第90百分位男性工人的年收入除以第10百分位男性工人的年收入。如图所示,该统计数据的计算方法是,第90百分位数的收入对数减去第10百分位数的收入对数。使用的收入是在线附录中进一步描述的收入回归残差。性别收入差距的测量方法与本章其他地方使用的方法相同。

第9章

1　中位数适用于全职全年工人,数据来自1970年美国人口普查和2014—2016年美国社区调查。请注意,全职意味着35小时或更长的工作时间,且男性的工作时间比女性长。

2　Lepore(2018)指出,法兰克福被告知金斯伯格是女性,却还是做出了该决定。

3　这些结果以及本章的其他结果,使用法学院校友在获得法学博士学位后不同时间间隔的受限访问数据。参见资料来源附录(第9章)"密歇根大学法学院校友调查研究数据集"。原始数据显示,5年后,法学女博士的收入是男博士的90%。然而一旦考虑了工作时间和工作经验,收入就没有什么差别了。此外,尽管5年后女性的工作时间略有减少,但时间差异很小。

4　工作小时数见图9.1。兼职按照通常的定义,即每周工作少于35小时。关于劳动参与率,见图9.2。

5　回想一下，5年后，80%的女性每周工作超过45小时，而90%的男性也是如此。

6　关于数字56%，参见在线附表1A（第9章）"法学博士的收入方程：密歇根大学法学院校友调查纵向样本"。

7　另请参见Azmat and Ferrer（2017）以了解关于律师性别收入差距的类似解释，他们使用了美国律师协会2006年"法学博士之后"调查中的样本，即通过律师资格考试6年后的样本。他们的研究结果支持一种解释：男性表现更好是因为他们工作的时间更长，带来收入更高的客户。但作者只能对这些律师进行6年的研究。

8　在线附表1A（第9章）"法学博士的收入方程：密歇根大学法学院校友调查纵向样本"，提供了81%估计值和56%估计值的回归结果，这些结果来自Goldin（2014，表1）。

9　时薪的结果参见在线附表1A（第9章）"法学博士的收入方程：密歇根大学法学院校友调查纵向样本"。

10　对所有在律师事务所工作的人于第5年成为合伙人的概率进行估算，纳入第5年的工作时间、学业成绩变量、第15年是否有子女、子女与女性的互动，以及女性虚拟变量。

11　见在线附表1A（第9章）"法学博士的收入方程：密歇根大学法学院校友调查纵向样本"。一旦加入同时期的工作时长，女性时薪的回归系数与0没有显著差异。

12　有趣的是，男律师在第15年的收入中位数约为20万美元（按2007年美元计），大致相当于法学女博士丈夫的平均收入。因为男性的收入分配有很长的右尾，所以丈夫的平均收入低于所有律师。请注意，丈夫并非都是律师。另外，MBA样本的收入中位数（按2006年美元计）也是20万美元。

13　性别收入比率为全职全年工作女性工人和男性工人的收入中位数之比。根据我之前分析中的系数，保持小时、周数、年龄等因素不变并计算平均比率，可以得出律师在143种职业中排名倒数第29位。

14　请注意，夫妻不公平可以也确实存在于同性伴侣之间。对任何有家庭责任的夫妇来说，两个人都接受时间更灵活的工作代价高昂。

15　"男性收入的67%"这个数字是1970年全职全年工作的女药师相对于男性的收入中位数。

16　94%是两个估计值的平均数：96%来自使用2014—2016年ACS数据的中位数分析。而前一章的回归分析给出的结果是92%。

17　支持这些观点的证据参见Goldin and Katz（2016，表4）。

18　中位数收入是指25~64岁全职全年工作人口的工资和薪水加上营业收入。这些数据来自1970年、1980年、1990年和2000年美国人口普查和2009—2010年的ACS。

第10章

1　关于最近职业学校女性毕业生比例的数据，见图6.3。按年龄划分的女兽医比例可以查询在线附图2A（第10章）"按年龄组划分的女兽医、兼职兽医和所有者比例"。这些数据低估了近十年来最近几届女性在毕业生中所占的比例。

2　CSWEP年度报告（各年）。仅对拥有博士课程的学术机构进行调查。至少在过去20年里，女性获得经济学博士学位的比例为30%~35%不等。

3　数据来自Ginther and Kahn（2004）和CSWEP年度报告（各年），适用于拥有博士课程的各系。

4　Ginther and Kahn（2004）使用美国国家科学基金会（NSF）收集的"博士学位获得者调查"（SDR）数据，阐明女性在各个学术领域的升职率低于男性，经济学领域就是其中之一。

5　最大的类别包括拥有100名或以上注册会计师的事务所，最小的类别是拥有2~10名注册会计师的事务所。会计师事务所的雇用情况差异悬殊。2016年，美国约有42 000家注册会计师事务所。其中，41 600家的员工不足20名。但四大会计师事务所（德勤、普华永道、安永、毕马威）都拥有超过3 000名注册会计师和更多的员工。最大的一家（德勤）有5万多名员工，最小的毕马威也有3万多名员工。就业数据还包括事务所其他部门的员工，如咨询部门。四大会计师事务所没有公布其合作伙伴的性别分类。

6　大型和小型会计师事务所女性合伙人比例21%和其他数据，来自会计师事务所性别调查（AICPA，2017）。Burke、Hoitash and Hoitash（2019）使用审计数据揭示，四大会计师事务所的女性审计合伙人占17.7%。

7　AICPA的研究没有报告不同规模事务所在样本中的占比。在他们的研究里，几乎所有注册会计师都在拥有100名或更多注册会计师的事务所工作。

8　参见Azmat and Ferrer（2017）。

9　该声明出自David Solomon，https://dealbreaker.com/2013/11/ goldman-sachs-spells-out-new-saturday-rule-for-junior-employees/。

10　美国银行2009年收购了美林，但在2019年停用这个名字，更名为现在的美国银行。

11　关于最初的公告，参见https://www.washingtonpost.com/ news/the-switch/

wp/2016/08/26/amazon-is-piloting-teams-with-a-30-hour-work-week/?noredirect=on&utm_term=.217f3557a09d。相关更新参见https://www.forbes.com/sites/kaytiezimmerman/2016/09/11/what-amazons-new-30-hour-work-week-means-for-millennials。

12　参见McCracken（2000）和Molina（2005）。1989年，德勤会计师事务所由Deloitte Haskins & Sells和Touche Ross & Co两家会计师事务所合并而成。

13　参见Hewlett（2008）。

14　最近一项规定要求注册会计师事务所披露负责每项审计的合伙人身份，所以Burke、Hoitash and Hoitash（2019）使用了注册会计师审计合伙人的公开数据。2017年，德勤（规模排名第一）的女性合伙人比例为17.4%，普华永道（第二）为18.7%，安永（第三）为19.9%，毕马威（第四）为13.7%。

15　顶级注册会计师事务所雇用的注册会计师只占全部注册会计师的一小部分，因此，所有注册会计师的女性比例可能是50%，但最大注册会计师事务所的女性比例也许要低得多。

16　参见Antecol、Bedard and Stearns（2018）。

17　参见Ramey and Ramey（2010）；作者根据2010—2018年的ATUS估算了2015年的数据。这里给出的数字取自他们的图表，是对25~64岁成年人的年龄、年份、教育程度和性别虚拟变量的回归分析。陪伴孩子的时间包括抚养和教育、娱乐、旅行等。

18　Guryan、Hurst and Kearney（2008）还提供了2002—2003年陪伴孩子的时间证据，并揭示美国和其他地方的教育水平存在显著的梯度。受教育程度越高的父母花在孩子身上的时间越多。

19　皮尤研究中心（2012），观测数量为2 511。使用的微观数据见http://www.pewsocialtrends.org/datasets/。问题26a的结果是："你认为你陪伴孩子的时间太多、太少还是合适？"只有养育18岁及以下子女的父母被问及这个问题。使用样本权重。

20　皮尤研究中心（2012）。给出的信息来自问题26b。

21　皮尤研究中心（2012）。给出的信息来自问题40a~40d。对于女性大学生，唯一比工作灵活性重要的因素是工作保障。

22　皮尤研究中心（2010），观测数量为2 691。使用的微观数据应用了样本权重。给出的信息来自问题17。皮尤研究中心的报告将这些发现与哥伦比亚广播公司和《纽约时报》1977年的一项民意调查进行了比较；在该调查中，认为最好的婚姻是"更多地共同分担"的比例为48%，而2010年的比例达到62%（第26页）。

23　"哈佛及以后"调查开展于2006年。1990年前后毕业的学生还太年轻，没法包括完整生育状况。然而，当时那些班级的女医生生育的孩子比拥有其他专业研究生学位的女性多。收养三岁以下儿童也包括在内。有趣的是，样本中男医生的孩子并不比其他领域的男性多。他们的孩子比女医生多，却比男MBA和男法学博士少。

24　我采用了CTS的限制使用版本。CTS没有太多关于医生的人口统计信息，比如婚姻状况、子女的数量和年龄。本章对CTS的所有分析都以每周工作20~100小时、每年至少有40周工作时间为前提。参见资料来源附录（第10章）"社区追踪研究"。由于2008年没有提供详细的收入信息，所以分析范围一般限于1996—2004年。

25　这些方法适用于每周工作20~100小时（工时分布已经调整）并且每年至少工作40周的医生。如果可以获得有关子女的信息，医生每周工作时间的性别差异会更大。"年轻"与"年长"医生之间的界线是45岁。请注意，CTS排除了没有自己患者的医生，它也并非所有医生的随机样本。

26　美国医学会（AMA）关于应届毕业生专业的数据显示，各个专业中女性所占的比例高于CTS数据，部分原因是AMA数据较为新近。

27　我使用男医生的工作时间作为参考，这样的陈述更具因果关系。

28　在19个有足够多女性进行分析的专业中，女性占比与45岁以下男性的平均工作时长密切相关。只出现两个异常值：妇产科和儿科。这些专业的女性占比高于根据男医生工作时长与女性占比关系预测的比例。如果没有这两个"异常"专业，女性占比与男性每周工作时长的相关系数约为–0.8。对于整个样本，它是–0.66。

29　每个专业的女性占比来自美国医学会（2013），但工时数据来自CTS数据。此处使用的2013年AMA数据与较旧的CTS数据更加一致。

30　参见在线附图1A（第10章）"按专业、性别和年龄划分的医生工作时间"，图中给出了按专业和年龄组划分的男女医生工作时间的关系。

31　CTS不含实际工作经验，这些估算使用了获得医学博士学位后的时间信息。CTS也没有关于儿童和其他家庭变量的信息。关于性别收入差距的计算，参见在线附表1A（第10章）"医生和性别收入差距"，其中因变量为年收入的对数。请注意，数字0.67来自第（1）列，因为exp（0.408）= 0.665；而数字0.82则来自第（4）列，因为exp（0.203）= 0.816。

32　Medscape（2018），来自29个专业超过2万名的医生做了回应。分钟数的分布由bin（二进制文件）给出。为计算平均时间，我通常使用bin的中位数。对于上层的bin（>25分钟），我使用32分钟；对于下层的bin，我使用8分钟。

33　医生专业来自美国医学院协会（2018），参考2017年的数据。"年轻"指45岁以下。

34　1993—2000年，儿科医生的兼职就业率从24%升至28%（美国儿科学会，

注　释　299

2002）。CTS的数据表明，2008年，年轻女性儿科医生的兼职率为30%，兼职时间为35小时。根据《儿科杂志》（the Journal of Pediatrics，2016）上Cull等人的研究，35%的女性儿科医生和9%的男性儿科医生从事兼职工作。

35　麻醉科不是CTS数据集涵盖的专业，因为麻醉师通常没有自己的患者。CTS是一项关于医生自身及其患者群体的调查。

36　对于2008年按兽医年龄划分的女性比例参见在线附图2A（第10章）"按年龄组划分的女兽医、兼职兽医和所有者比例"A部分。25~31岁的女性比例为0.72，57~61岁的女性比例为0.16。

37　这些数据来自2007年和2009年美国兽医协会向我提供的关于兽医培训、工时、收入和所有权的保密调查资料。尽管过去10年间某些信息可能发生了变化，但它们都是可用的最新数据。这一职业规模太小，无法使用美国人口普查数据。参见资料来源附录（第10章）"美国兽医协会2007年和2009年数据集"。

38　这些是按性别划分的工时分布中位数。

39　美国兽医协会的数据显示，27~31岁女兽医中只有5%从事兼职，而32~46岁女兽医中有22%兼职，到60岁时这一比例增至30%。只有5%的男兽医在50岁以前从事兼职工作，之后这一比例开始上升。参见在线附图2A（第10章）"按年龄组划分的女兽医、兼职兽医和所有者比例"B部分。

40　参见在线附图2A（第10章）"按年龄组划分的女兽医、兼职兽医和所有者比例"C部分。

41　数字0.72保持毕业年份不变。

42　所有估算中包括的其他变量是：调查年份、社区规模虚拟变量和拿到兽医学位的年数。全职指每周工作时间在40小时或以上，全年指工作时间在45周或以上。保持小时数或周数不变可以得出相同的结果。有关兽医培训和就业的其他变量包括学会认证、住院医师计划和就业部门（如政府、行业、学术界、私人执业等）。

43　已婚男兽医的收入高于未婚男兽医，但女兽医的情况则相反，这个发现与其他许多面向所有职业的研究结果相呼应。此一差异揭示了家庭负担在性别上的不同表现形式。仅使用工作时长是难以衡量这类差异的。纳入婚姻状况以及与女性的交互项，该比例进一步提高至0.90。这个差距的其余部分，和许多其他研究的发现类似，很难用可观测的数据来解释。测量工作时长可能无法很好地替代改变工作时长的能力。至于非私人执业者，性别收入差距较小。

44　我没有纳入K–12教学工作，女性在这一职业的占比可能更高。

45　参见McCracken（2000，第5页）。

300　事业还是家庭？

46 参见Krentz（2017）。截至本章撰写时，包括德勤咨询和波士顿咨询在内的咨询专业都有为期16周的全薪产假和陪产假政策。

47 参见Olivetti and Petrongolo（2017）表1中的比率：（政府幼儿教育和儿童保育支出）/GDP。美国的比率是0.4%，法国是1.2%，瑞典是1.6%，英国是1.1%。在政府育儿支出占GDP比例较高的国家，女性劳动参与率也普遍较高。

48 美联储主席杰罗姆·鲍威尔（Jerome Powell）也说过同样的话，以支持能提高女性就业率的保育政策。参见Jeanna Smialek，《鲍威尔称，更好的儿童保育政策可能会提升女性的就业率》，《纽约时报》，2021年2月24日。

后记

1 之前我把第五组界定为1958—1978年出生的群体，以便能够追踪她们到40多岁。但是正如我当时指出的，第五组包括了更年轻的女性，其结束日期尚不确定。

2 Amanda Taub, "Pandemic Will 'Take Our Women 10 Years Back' in the Workplace",《纽约时报》，2020年9月26日。

3 Patricia Cohen and Tiffany Hsu, "Pandemic Could Scar a Generation of Working Mothers",《纽约时报》，2020年6月3日。

4 Julie Kashen、Sarah Jane Glynn and Amanda Novello, "How COVID-19 Sent Women's Workforce Progress Backward"。美国进步中心，2020年10月30日，https://www.americanprogress.org/issues/women/reports/2020/10/30/492582/ covid-19-sent-womens-workforce-progress-backward/。

5 Deb Perelman,《在新冠疫情泛滥的经济形势下，你只能要么带娃，要么工作。二者不可得兼》,《纽约时报》，2020年7月2日。另见Allyson Waller,《一名女子说她被解雇是因为孩子干扰了她的工作电话》,《纽约时报》，2020年7月8日。

6 劳动参与率的月度CPS数据用于比较2020年9月至2021年1月的比率和2019年9月至2020年1月的比率。"孩子"是指有监护权的母亲的孩子。大学学历以下、至少有一个5~13岁孩子的35~44岁黑人女性的劳动参与率下降，大大超过相同人口特征的非黑人女性。

7 Deryugina et al.（2021）在2020年5月至7月对学者进行了调查，结果表明，所有父母做研究的时间都减少了，但女性的时间减少得更多。Flaherty（2020）分析了*Elsevier*杂志的数据，发现在新冠大流行的最初几个月，除生命科学领域外，女性的论著发表量均落后于男性。

8 类似观点参见Garbes（2021）。另见Jessica Bennett关于《原始尖叫》的评述

《悬崖边的三个女人》，《纽约时报》，2021年2月4日。

9　我搜索了"性歧视"和"性别歧视"。直到2010年左右，"性"这个词的使用频率都远远超过"性别"。为控制报纸的篇幅，我使用中性词缩减短语的计数（在本例为"January"），进而创建了一个索引。参见在线附图1A（后记）"性别不满：1960—2019年《纽约时报》短语搜索"。Google Ngram（使用美式英语2019）呈现了从1960年开始的类似趋势，但最近几年的增长并不明显。

10　#MeToo运动始于2006年，但只有在2016年，随着Gretchen Carlson指控福克斯新闻CEO兼董事长Roger Ailes性骚扰以及许多女性提起类似指控，这场运动才获得了全美国（乃至全球）的重视。对Bill Cosby的指控发生在2015年。而《纽约时报》直到2016年才开始密集报道#MeToo运动。

11　这些估计值将IPUMS CPS（2017年人口普查分类）中的个人职业与美国劳工统计局2018年标准职业分类（SOC）中的22个两位数总职业组之一相匹配。Dingel and Neiman（2020）使用O*NET中的各个条目，根据可以在家完成的工作比例对不同的BLS职业进行了分类。使用2018年BLS职业就业统计数据，他们按两位数分类将数据汇总。我可以使用在家工作的能力，对所有列出的500多种职业进行汇总。但这些数据不会有太大的不同。

12　2020年5月至12月，CPS询问受访者是否"因为疫情而进行远程有偿工作"。到2020年12月时，肯定回答的比例降至43%。

13　失业和"有工作但不上班"的数据根据2020年4月的CPS计算而得。

14　家庭按最小孩子的年龄进行分类。家里可能不止一个孩子。

15　这个比例似乎很低，但样本家庭的母亲都有工作。

16　这些母亲都不工作，有一个有工作的配偶和至少一个未满18岁的孩子。而父亲都有工作，并有一个不工作的配偶和至少一个未满18岁的孩子。

17　通过封锁期间进行的大规模调查（例如参见Andrew et al., 2020）估算育儿时间的增加，可以合理了解有学龄前和学龄孩子的家庭增加的负担。参见在线附图2A（后记）"大学学历在职母亲与大学学历在职父亲的育儿时间，按最小孩子的年龄划分"。

18　这些计算包括男性照顾孩子的小时数。许多研究都有大量证据表明，男性夸大了他们在家工作的时间，尤其是照顾孩子的时间。但是"美国人时间使用调查"确保总小时数加起来等于一天的总时间，因此，对照顾孩子的任何夸大都必然来自其他时间的减少。

19　最小的孩子上小学或中学的父母每周投入15个小时，而在封锁前，母亲投入的时间占总时间的58%。封锁后，总的育儿时间增加了一倍多，达到每周33小时，但母亲们现在的时间投入占该群体总时间的52%。

20　参见Andrew et al.（2020）。皮尤研究中心（2020）报告称，2020年10月，一半在家工作的父亲和母亲受到打扰。

21　参见在线附图2A（后记）"大学学历在职母亲与大学学历在职父亲的育儿时间，按最小孩子的年龄划分"，了解两种方法的估算。一种方法假设在新冠后兼新冠疫情期间，父母的总工时介于前新冠时代和新冠时期之间，但父亲将恢复到他们前新冠时代的工时。另一种方法为最小孩子是学龄前儿童的父母提供接近前新冠时代工时的时间，为最小孩子是学龄儿童的父母提供接近新冠时期工时的时间，从而反映日托所开放但公立学校不开放的现实。

22　自2020年5月开始，CPS向从业人员提出的特别问题之一是："过去四周里，你是否因为新冠疫情而从事远程工作或在家工作？"2020年5月，60%的大学毕业生回答他们一直居家办公。2020年9月，这一比例只有大约40%。公布的数据没有按性别细分，但在这两个月里，女性在家工作的总体比例高于男性。

23　Elisa Martinuzzi and Marcus Ashworth，"银行家文化在新冠大流行中滑坡"，彭博观点，2020年9月25日，https://www.bloomberg.com/opinion/articles/2020-09-25/why-wall-street-wants-bankers-back-in-the-office。

24　参见Handley（2020）。

25　参见前面关于新冠后兼新冠疫情时期计算的讨论。新冠后兼新冠疫情时期汇总数据不受上述在线附图2A（后记）中使用的两种假设的影响。

26　根据2020年1月至3月的CPS计算，女性占美国劳动力的48%。在18~64岁的人群中，她们也占48%。

27　托儿中心的资金来自1941年《国防公共工程法案》（1940年《国防住房法案》第二章），该法案旨在协助解决社区的各种基本需求。它被称为《兰哈姆法案》，这个名字一直沿用至今。

28　参见Coleman（1968）。

29　详情参见《犹太妇女档案百科全书》，www.jwa.org。

30　《87岁建筑师诺拉·巴尼夫人去世》，《纽约时报》，1971年1月20日。

31　https://www.npr.org/templates/story/story.php?storyId=128249680。

32　https://www.mic.com/articles/110848/9-quotes-prove-ruth-bader-ginsburg-has-all-the-relationship-advice-you-ll-ever-need.

33　1961届大学毕业生"远大抱负"调查。参见资料来源附录（第5章）"远大抱负"数据。

34　GSS询问受访者是否同意"妻子帮助丈夫发展事业比自己拥有事业更重要"。1977年，在所有年龄段的大学毕业生中，33%的人表示同意（男性和女性比例相同）；而从1985年到1990年，大约有20%的人表示同意，女性的比例略低于男性。在每次调查中，观察到的大学毕业生数量都很少（约250人）。提出这个问题的最近一次GSS调查是在1998年，当时约有14%的人表示同意。

35　https://knowledge.wharton.upenn.edu/article/high-powered-women-and-supportive-spouses-whos-in-charge-and-of-what-2/.

36　https://knowledge.wharton.upenn.edu/article/high-powered-women-and-supportive-spouses-whos-in-charge-and-of-what-2/.

37　图7.1中第五组40~44岁女性拥有事业和家庭的比例为22%，50~54岁时升至31%。但这两个年龄段的男性大学毕业生拥有事业和家庭的比例都在63%左右。

38　皮尤研究中心（2020，第4、14、23页）。请注意，这项研究的数据收集于2020年10月。

39　例如参见"Return-to-Office Plans Are Set in Motion, but Virus Uncertainty Remains"，《纽约时报》，2021年3月4日。

参考文献

AICPA (Association of Independent Certified Public Accountants). 2017. "2017 CPA Firm Gender Survey." Discussed in AICPA, "Women's Initiative Executive Committee." https://www.aicpa.org/content/dam/aicpa/career/womenintheprofession/downloadabledocuments/wiec-2017-cpa-firm-gender-survey-brochure.pdf.

Alsan, Marcella, and Claudia Goldin. 2019. "Watersheds in Child Mortality: The Role of Effective Water and Sewerage Infrastructure," *Journal of Political Economy* 127(2): 586–638.

American Academy of Pediatrics. 2002. Division of Health Policy Research. "Pediatricians Working Part Time: Past, Present, and Future." https://www.aap.org/en-us/professional-resources/Research/Pages/Pediatricians-Working-Part-Time-Past-Present-and-Future.aspx.

American Association of Medical Colleges. 2018. *Physician Specialty Data Report*. Data are from the AMA Masterfile. https://www.aamc.org/data-reports/workforce/interactive-data/active-physicians-sex-and-specialty-2017.

American Medical Association. 2013. *Physician Characteristics and Distribution in the United States*. American Medical Association Press.

American Veterinary Medical Association (AVMA). 2007. *AVMA Report on Veterinary Compensation*. Schaumburg, IL: AVMA.

American Veterinary Medical Association (AVMA). 2009. *AVMA Report on Veterinary Compensation*. Schaumburg, IL: AVMA.

Andrew, Alison, Sarah Cattan, Monica Costa Dias, Christine Farquharson, Lucy Kraftman, Sonya Krutikova, Angus Phimister, and Almudena Sevilla. 2020. "How Are Mothers and Fathers Balancing Work and Family under Lockdown?" Institute for Fiscal Studies (IFS), London, England. May.

Angelov, Nikolay, Per Johansson, and Erica Lindahl. 2016. "Parenthood and the Gender Gap in Pay," *Journal of Labor Economics* 34(3): 545–79.

Antecol, Heather, Kelly Bedard, and Jenna Stearns. 2018. "Equal but Inequitable: Who Benefits from Gender-Neutral Tenure Clock Stopping Policies?," *American Economic Review* 108(9): 2420–441.

Azmat, Ghazala, and Rosa Ferrer. 2017. "Gender Gaps in Performance: Evidence from Young Lawyers," *Journal of Political Economy* 125(5): 1306–355.

Bailey, Martha. 2006. "More Power to the Pill: The Impact of Contraceptive Freedom on Women's Lifecycle Labor Supply," *Quarterly Journal of Economics* 121(1): 289–320.

Bailey, Martha. 2010. "Momma's Got the Pill: How Anthony Comstock and *Griswold v. Connecticut* Shaped US Childbearing," *American Economic Review* 100(1): 98–129.

Bertrand, Marianne, Claudia Goldin, and Lawrence F. Katz. 2010. "Dynamics of the Gender Gap for Young Professionals in the Financial and Corporate Sectors," *American Economic Journal: Applied Economics* 2(3): 228–55.

Bitler, Marianne P., and Lucie Schmidt. 2012. "Utilization of Infertility Treatments: The Effects of Insurance Mandates," *Demography* 49(1): 125–49.

Blau, Francine D., and Lawrence M. Kahn. 1997. "Swimming Upstream: Trends in the Gender Wage Differential in the 1980s," *Journal of Labor Economics* 15(1, Part 1): 1–42.

Blau, Francine D., and Lawrence M. Kahn. 2017. "The Gender Wage Gap: Extent, Trends, and Explanations," *Journal of Economic Literature* 55(3): 789–865.

Bohnet, Iris. 2016. *What Works: Gender Equality by Design*. Cambridge, MA: Harvard University Press.

Boston Women's Health Book Collective. 1970. *Women and Their Bodies: A Course*. https://www.ourbodiesourselves.org/cms/assets/uploads/2014/04/Women-and-Their-Bodies-1970.pdf.

Boston Women's Health Book Collective. 1984. *The New Our Bodies, Ourselves: A Book by and for Women*. New York: A Touchstone Book, Simon & Schuster.

Burke, Jenna, Rani Hoitash, and Udi Hoitash. 2019. "Audit Partner Identification and Characteristics: Evidence from U.S. Form AP Filings," *Auditing: A Journal of Practice & Theory* 38(3): 71–94.

Coleman, Robert G. 1968. "Memorial of Adolph Knopf," *American Mineralogist* 53(3–4): 567–76.

Collins, Gail. 2009. *When Everything Changed: The Amazing Journey of American Women from 1960 to the Present*. New York: Little, Brown and Company.

Cookingham, Mary E. 1984. "Bluestockings, Spinsters and Pedagogues: Women College Graduates: 1865–1910," *Population Studies* 38(3): 649–64.

Cortés, Patricia, and Jessica Pan. 2020. "Children and the Remaining Gender Gaps in the Labor Market." NBER Working Paper No. 27980. October.

CSWEP (Committee on the Status of Women in the Economics Profession). Various years. *Annual Reports*. https://www.aeaweb.org/about-aea/committees/cswep/survey/annual-reports.

Cull, William L., Mary Pat Frintner, Karen G. O'Connor, and Lynn M. Olson. 2016. "Pediatricians Working Part-Time Has Plateaued," *Journal of Pediatrics* 171: 294–99. https://www.jpeds.com/article/S0022-3476(15)01652-2/fulltext.

Currie, Janet, and Enrico Moretti. 2003. "Mother's Education and the Intergenerational Transmission of Human Capital: Evidence from College Openings," *Quarterly Journal of Economics* 118(4): 1495–532.

Davis, James A. 1964. *Great Aspirations: The Graduate School Plans of America's College Seniors*. Chicago, IL: Aldine Publishing Company.

Davis, Katharine Bement. 1928. "Why They Failed to Marry," *Harper's Magazine* 156 (March): 460–69.

Davis, Katharine Bement. 1929. *Factors in the Sex Life of Twenty-Two Hundred Women*. New York: Harper and Brothers. https://archive.org/details/factorsinsexlifeoodavi/page/n25.

Deryugina, Tatyana, Olga Shurchkov, and Jenna E. Steans. 2021. "COVID 19 Disruptions Disproportionately Affect Female Academics." NBER Working Paper No. 28360. January.

Dingel, Jonathan I., and Brent Neiman. 2020. "How Many Jobs Can be Done at Home?" NBER Working Paper No. 26948. April; revised June.

Durand, John Dana. 1948. *The Labor Force in the United States, 1890–1960*. New York: Social Science Research Council.

Easterlin, Richard A. 1980. *Birth and Fortune: The Impact of Numbers on Personal Welfare*. New York: Basic Books.

Finer, Lawrence B. 2007. "Trends in Premarital Sex in the United States, 1954–2003," *Public Health Reports* (Jan/Feb): 73–78.

Flaherty, Colleen. 2020. "Women are Falling Behind." *Inside Higher Ed*. October 20.

Folbre, Nancy. 2001. *The Invisible Heart: Economics and Family Values*. New York: New Press.

Friedan, Betty. 2013. Orig. pub. 1963. *The Feminine Mystique*. 50th Anniversary Edition. New York: W.W. Norton and Company.

Garbes, Angela. 2021. "The Numbers Don't Tell the Whole Story." *New Yorker*. February 1.

Gilette, Moriah. 2018. "Profile of Katharine Bement Davis." In A. Rutherford, ed., *Psychology's Feminist Voices Multimedia Internet Archive*. Retrieved from http://www.feministvoices.com/katharine-bement-davis/.

Ginther, Donna K., and Shulamit Kahn. 2004. "Women in Economics: Moving Up or Falling Off the Academic Career Ladder?" *Journal of Economic Perspectives* 18(3): 193–214.

Goldin, Claudia. 1977. "Female Labor Force Participation: The Origin of Black and White Differences, 1870 to 1880," *Journal of Economic History* 37(1): 87–108.

Goldin, Claudia. 1990. *Understanding the Gender Gap: An Economic History of American Women*. New York: Oxford University Press.

Goldin, Claudia. 1991. "Marriage Bars: Discrimination against Married Women Workers from the 1920s to the 1950s." In Henry Rosovsky, David Landes, and Patrice Higonnet, eds., *Favorites of Fortune: Technology, Growth, and Economic Development since the Industrial Revolution*. Cambridge, MA: Harvard University Press: 511–36.

Goldin, Claudia. 1997. "Career and Family: College Women Look to the Past." In R. Ehrenberg and F. Blau, eds., *Gender and Family Issues in the Workplace*. New York: Russell Sage Foundation Press.

Goldin, Claudia. 2004. "The Long Road to the Fast Track: Career and Family," *Annals of the American Academy of Political and Social Science* 596(November): 20–35.

Goldin, Claudia. 2005. "From the Valley to the Summit: A Brief History of the Quiet Revolution that Transformed Women's Work," *Regional Review* 14(Q1): 5–12.

Goldin, Claudia. 2006. "The 'Quiet Revolution' That Transformed Women's Employment, Education, and Family," *American Economic Review* (Ely Lecture), 96(2): 1–21.

Goldin, Claudia. 2014. "A Grand Gender Convergence: Its Last Chapter," *American Economic Review* 104(4): 1091–119.

Goldin, Claudia. 2014a. "A Pollution Theory of Discrimination: Male and Female Differences in Occupations and Earnings." In Leah Boustan, Carola Frydman, and Robert A. Margo, eds., *Human Capital and History: The American Record*. Chicago: University of Chicago Press: 313–48.

Goldin, Claudia, and Lawrence F. Katz. 2002. "The Power of the Pill: Oral Contraceptives and Women's Career and Marriage Decisions," *Journal of Political Economy* 110(4): 730–70.

Goldin, Claudia, and Lawrence F. Katz. 2008. *The Race between Education and Technology*. Cambridge, MA: Belknap Press.

Goldin, Claudia, and Lawrence F. Katz. 2008a. "Transitions: Career and Family Life Cycles of the Educational Elite," *American Economic Review: Papers & Proceedings* 98(2): 363–69.

Goldin, Claudia, and Lawrence F. Katz. 2011. "Putting the 'Co' in Education: Timing, Reasons, and Consequences of College Coeducation from 1835 to the Present," *Journal of Human Capital* 5(4): 377–417.

Goldin, Claudia, and Lawrence F. Katz. 2016. "A Most Egalitarian Profession: Pharmacy and the Evolution of a Family Friendly Occupation," *Journal of Labor Economics* 34(3): 705–46.

Goldin, Claudia, and Lawrence F. Katz. 2018. "Women Working Longer: Facts and Some Explanations." In C. Goldin and L. Katz, eds., *Women Working Longer: Increased Employment at Older Ages*. Chicago: University of Chicago Press.

Goldin, Claudia, Lawrence F. Katz, and Ilyana Kuziemko. 2006. "The Homecoming of American College Women: The Reversal of the College Gender Gap," *Journal of Economic Perspectives* 20(4): 133–56.

Goldin, Claudia, Sari Pekkala Kerr, and Claudia Olivetti. 2020. "Why Firms Offer Paid Parental Leave: An Exploratory Study." NBER Working Paper no. 26617. January. In Isabel Sawhill and Betsey Stevenson, eds., *Paid Leave for Caregiving: Issues and Answers*. Washington, DC: AEI/Brookings Institution.

Goldin, Claudia, Sari Pekkala Kerr, Claudia Olivetti, and Erling Barth. 2017. "The Expanding Gender Earnings Gap: Evidence from the LEHD-2000 Census," *American Economic Review, Papers & Proceedings* 107(5): 110–14.

Goldin, Claudia, and Joshua Mitchell. 2017. "The New Lifecycle of Women's Employment: Disappearing Humps, Sagging Middles, Expanding Tops," *Journal of Economic Perspectives* 31(1): 161–82.

Goldin, Claudia, and Cecilia Rouse. 2000. "Orchestrating Impartiality: The Impact of 'Blind' Auditions on Female Musicians," *American Economic Review* 90(4): 715–41.

Goldin, Claudia, and Maria Shim. 2004. "Making a Name: Women's Surnames at Marriage and Beyond," *Journal of Economic Perspectives* 18(2): 143–60.

Greenwood, Jeremy. 2019. *Evolving Households: The Imprint of Technology on Life*. Cambridge, MA: MIT Press.

Greenwood, Jeremy, Ananth Seshadri, and Mehmet Yorukoglu. 2005. "Engines of Liberation," *Review of Economic Studies* 72(1): 109–33.

Grunwald, Lisa, and Stephen J. Adler, eds. 2005. *Women's Letters: America from the Revolutionary War to the Present*. New York: Dial Press.

Guryan, Jonathan, Erik Hurst, and Melissa Kearney. 2008. "Parental Education and Parental Time with Children," *Journal of Economic Perspectives* 22(3): 23–46.

Handley, Lucy. 2020. "Companies Will Have to 'Seduce' Staff to Go Back to the Office, Real Estate CEO Says." In *Our New Future*, McKinsey and Company report. September 29.

Hegewisch, Ariane, and Heidi Hartmann. 2014. *Occupational Segregation and the Gender Wage Gap: A Job Half Done*. Institute for Women's Policy Research report. January.

HERI CIRP (Astin) Freshman Survey. https://heri.ucla.edu/cirp-freshman-survey/.

Hewlett, Sylvia Ann. 2008. *Off-Ramps and On-Ramps: Keeping Talented Women on the Road to Success*. Cambridge, MA: Harvard Business Press.

Horowitz, Daniel. 1998. *Betty Friedan and the Making of "The Feminine Mystique": The American Left, the Cold War, and Modern Feminism*. Amherst: University of Massachusetts Press.

Hsieh, Chang-Tai, Charles I. Jones, Erik Hurst, and Peter J. Klenow. 2019. "The Allocation of Talent and U.S. Economic Growth," *Econometrica* 87(5): 1439–74

Hwang, Jisoo. 2016. "Housewife, 'Gold Miss,' and Educated: The Evolution of Educated Women's Role in Asia and the U.S.," *Journal of Population Economics* 29(2): 529–70.

Isen, Adam, and Betsey Stevenson. 2010. "Women's Education and Family Behavior Trends in Marriage, Divorce, and Fertility." In J. Shoven, ed., *Demography and the Economy*. Chicago: University of Chicago Press: 107–40.

James, Edward T., Janet Wilson James, and Paul S. Boyer, eds. 1971. *Notable American Women, 1607–1950: A Biographical Dictionary*. Vol. 1–3. Cambridge, MA: Harvard University Press.

Kleven, Henrik, Camille Landais, Johanna Posch, Andreas Steinhauer, and Josef Zweimüller. 2019. "Child Penalties across Countries: Evidence and Explanations," *AEA Papers and Proceedings* 109(May): 122–26.

Kleven, Henrik, Camille Landais, and Jakob Egholt Søgaard. 2019. "Children and Gender Inequality: Evidence from Denmark," *American Economic Journal: Applied Economics* 11(4): 181–209.

Komarovsky, Mirra. 1985. *Women in College: Shaping New Feminine Identities*. New York: Basic Books.

Krentz, Matthew. 2017. "Men Wanted: How Men Can Increase Gender Parity." LinkedIn October. https://www.linkedin.com/pulse/men-wanted-how-can-increase-gender-parity-matt-krentz/.

Ledbetter, Lilly, and Lanier Scott Isom. 2012. *Grace and Grit: My Fight for Equal Pay and Fairness at Goodyear and Beyond*. New York: Three Rivers Press, Crown Publishers.

Lemann, Nicholas. 2000. *The Big Test: The Secret History of the American Meritocracy*. New York: Farrar, Straus, and Giroux.

Lepore, Jill. 2018. "Ruth Bader Ginsburg's Unlikely Path to the Supreme Court." *New Yorker*. October 1.

Lundberg, Shelly, Robert A. Pollak, and Jenna Stearns. 2016. "Family Inequality: Diverging Patterns in Marriage, Cohabitation, and Childbearing," *Journal of Economic Perspectives* 30(2): 79–102.

Manning, Wendy D., Susan L. Brown, and Bart Stykes. 2015. "Trends in Births to Single and Cohabiting Mothers, 1980–2013." Family Profiles FP-15-03, National Center for Family and Marriage Research.

McCarthy, Mary. 1963. *The Group*. New York: Harcourt, Brace & World.

McCracken, Douglas M. 2000. "Winning the Talent War for Women: Sometimes It Takes a Revolution," *Harvard Business Review* (Nov.–Dec.). Reprint R00611.

Medscape. 2018. "Female Physician Compensation Report." https://www.medscape.com/slideshow/2018-compensation-female-physician-6010006#23.

Menken, Jane, James Trussell, and Ulla Larsen. 1986. "Age and Infertility," *Science* 233(4771): 1389–394.

Midwest Pharmacy Workforce Research Consortium. 2000. *Final Report of the National Pharmacist Workforce Survey: 2000*. Alexandria, VA: Pharmacy Manpower Project.

Midwest Pharmacy Workforce Research Consortium. 2005. *Final Report of the 2004 National Sample Survey of the Pharmacist Workforce to Determine Contemporary Demographic and Practice Characteristics*. Alexandria, VA: Pharmacy Manpower Project.

Midwest Pharmacy Workforce Research Consortium. 2010. *Final Report of the 2009 National Pharmacist Workforce Survey to Determine Contemporary Demographic and Practice Characteristics*. Alexandria, VA: Pharmacy Manpower Project.

Molina, V. Sue. 2005. "Changing the Face of Consulting: The Women's Initiative at Deloitte," *Regional Review of the Federal Reserve Bank of Boston* (Q1): 42–43.

National Education Association (NEA). 1928. *Practices Affecting Teacher Personnel*. Research Bulletin of the NEA, VI(4). Washington, DC: NEA. September.

National Education Association (NEA). 1932. *Administrative Practices Affecting Classroom Teachers*. Part I: *The Selection and Appointment of Teachers and Retention, Promotion, and Improvement of Teachers*. Research Bulletin of the NEA, X(1). Washington, DC: NEA. January.

National Education Association (NEA). 1942. *Teacher Personnel Procedures: Selection and Appointment*. Research Bulletin of the NEA, XX(2). Washington, DC: NEA. March.

National Education Association (NEA). 1952. *Teacher Personnel Practices. 1950–51: Appointment and Termination of Service*. Research Bulletin of the NEA, XXX(1). Washington, DC: NEA. February.

Niederle, Muriel, and Lise Vesterlund. 2007. "Do Women Shy Away from Competition? Do Men Compete too Much?" *Quarterly Journal of Economics*, 122(3): 1067–101.

Office of History and Preservation, Office of the Clerk, US House of Representatives. 2006. *Women in Congress: 1917–2006*. Washington, DC: US GPO.

Office of History and Preservation, Office of the Clerk, US House of Representatives. 2008. *Black Americans in Congress: 1870–2007*. Washington, DC: US GPO.

Olivetti, Claudia. 2006. "Changes in Women's Hours of Market Work: The Role of Returns to Experience," *Review of Economic Dynamics* 9(4): 557–87.

Olivetti, Claudia, and Barbara Petrongolo. 2017. "The Economic Consequences of Family Policies: Lessons from a Century of Legislation in High-Income Countries," *Journal of Economic Perspectives* 31(1): 205–30.

O'Neill, June, and Solomon Polachek. 1993. "Why the Gender Gap in Wages Narrowed in the 1980s," *Journal of Labor Economics* 11(1): 205–28.

Pedersen, Sharon. 1987. "Married Women and the Right to Teach in St. Louis, 1941–1948," *Missouri Historical Review* 81(2): 141–58.

Pew Research. 2010. "The Decline of Marriage and Rise of New Families." November 18.

Pew Research. 2012. "Social and Demographic Trends Project, 2012 Gender and Generations Survey." November/December.

Pew Research. 2017. "Gender Discrimination Comes in Many Forms for Today's Working Women." Kim Parker and Cary Funk. July/August.

Pew Research. 2020. "How the Coronavirus Outbreak Has—and Hasn't—Changed the Way Americans Work." Kim Parker, Juliana Horowitz, and Rachel Minkin. December. https://www.pewresearch.org/social-trends/2020/12/09/how-the-coronavirus-outbreak-has-and-hasnt-changed-the-way-americans-work/.

Preston, Samuel H., and Michael R. Haines. 1991. *Fatal Years: Child Mortality in Late Nineteenth-Century America*. Princeton, NJ: Princeton University Press.

Ramey, Garey, and Valerie Ramey. 2010. "The Rug Rat Race," *Brookings Papers on Economic Activity* (Spring): 129–99.

Reid, Margaret G. 1934. *Economics of Household Production*. New York: John Wiley & Sons.

Rotella, Elyce J. 1981. *From Home to Office: U.S. Women at Work, 1870–1930*. Ann Arbor, MI: UMI Research Press.

Rotz, Dana. 2016. "Why Have Divorce Rates Fallen?: The Role of Women's Age at Marriage," *Journal of Human Resources* 51(4): 961–1002.

Rubin, Lillian B. 1994. *Families on the Fault Line: America's Working Class Speaks about the Family, the Economy, Race, and Ethnicity*. New York: Harper Collins.

Seim, David L. 2008. "The Butter-Margarine Controversy and 'Two Cultures' at Iowa State College," *The Annals of Iowa* 67(1): 1–50.

Shinn, Milicent Washburn. 1895. "The Marriage Rate of College Women," *Century Magazine* 50 (1895): 946–48.

Sicherman, Barbara, and Carol Hurd Green, eds. 1980. *Notable American Women: A Biographical Dictionary*. Vol. 4. *The Modern Period*. Cambridge, MA: Belknap Press.

Smith, Daniel Scott, and Michael S. Hindus. 1975. "Premarital Pregnancy in America 1640–1971: An Overview and Interpretation," *Journal of Interdisciplinary History* 5(4): 537–70.

Solomon, Barbara Miller. 1985. *In the Company of Educated Women: A History of Women and Higher Education in America*. New Haven, CT: Yale University Press.

Solomon, Barbara Miller. 1989. "Radcliffe Alumnae Questionnaires of 1928 and 1944." Data archive listing. Henry A. Murray Research Center at Radcliffe.

Steinmann, Marion, and "the Women of the Cornell Class of 1950." 2005. *Women at Work: Demolishing a Myth of the 1950s*. Bloomington, IN: Xlibris Corporation.

Stevenson, Betsey. 2007. "The Impact of Divorce Laws on Marriage-Specific Capital," *Journal of Labor Economics* 25(1): 75–94.

Stevenson, Betsey, and Justin Wolfers. 2007. "Marriage and Divorce: Changes and Their Driving Forces," *Journal of Economic Perspectives* 21(2): 27–52.

US Bureau of the Census. 1904. *1900 Census Special Reports: Occupations at the Twelfth Census*. Washington, DC: US GPO.

US Bureau of the Census. 1933. *1930 Census: Volume 4. Occupations, by States. Reports by States, Giving Statistics for Cities of 25,000 or More*. Washington, DC: US GPO.

US Congress. 1934. *National Income, 1929–32*. 73d Congress, 2d Session. Document No. 124. Washington, DC: US GPO.

US Department of Education, NCES. Various years. *Digest of Education Statistics*. U.S. GPO. See also: https://nces.ed.gov/programs/digest/.

US Department of Labor, Women's Bureau. 1959. "First Jobs of College Women: Report of Women Graduates, Class of 1957," Women's Bureau Bulletin no. 268. Washington, DC: US GPO.

US Department of Labor, Women's Bureau. 1966. "College Women Seven Years after Graduation: Resurvey of Women Graduates—Class of 1957," Women's Bureau Bulletin no. 292. Washington, DC: US GPO.

Ware, Susan, and Stacy Lorraine Braukman, eds. 2004. *Notable American Women: A Biographical Dictionary*. Vol. 5. *Completing the Twentieth Century*. Cambridge, MA: Belknap Press.

Wolfers, Justin. 2006. "Did Unilateral Divorce Laws Raise Divorce Rates? A Reconciliation and New Results," *American Economic Review* 96(5): 1802–20.

Yohalem, Alice M. 1979. *The Careers of Professional Women: Commitment and Conflict*. Montclair, NJ: Allanheld Osmun.

Zimmerman, Seth. 2019. "Elite Colleges and Upward Mobility to Top Jobs and Top Incomes," *American Economic Review* 109(1): 1–47.